Corporate Social Responsibility und nachhaltige Entwicklung

Jan Jonker · Wolfgang Stark · Stefan Tewes

Corporate Social Responsibility und nachhaltige Entwicklung

Einführung, Strategie und Glossar

Dr. Jan Jonker
Radboud University Nijmegen (RU)
Nijmegen School of Management
Management Sciences (BW)
Thomas van Aquinostrasse 1-5
6500 HK Nijmegen
Niederlande
janjonker@wxs.nl

Dipl.-Kfm. Stefan Tewes
Universität Duisburg-Essen
Labor für Organisationsentwicklung (OrgLab)
Universitätsstraße 12
45141 Essen
Deutschland
stefan.tewes@uni-due.de

Prof. Dr. Wolfgang Stark
Universität Duisburg-Essen
Labor für Organisationsentwicklung (OrgLab)
Universitätsstraße 12
45141 Essen
Deutschland
wolfgang.stark@uni-due.de

ISBN 978-3-642-14688-6   e-ISBN 978-3-642-14689-3
DOI 10.1007/978-3-642-14689-3
Springer Heidelberg Dordrecht London New York

© Springer-Verlag Berlin Heidelberg 2011

Dieses Werk ist urheberrechtlich geschützt. Die dadurch begründeten Rechte, insbesondere die der Übersetzung, des Nachdrucks, des Vortrags, der Entnahme von Abbildungen und Tabellen, der Funksendung, der Mikroverfilmung oder der Vervielfältigung auf anderen Wegen und der Speicherung in Datenverarbeitungsanlagen, bleiben, auch bei nur auszugsweiser Verwertung, vorbehalten. Eine Vervielfältigung dieses Werkes oder von Teilen dieses Werkes ist auch im Einzelfall nur in den Grenzen der gesetzlichen Bestimmungen des Urheberrechtsgesetzes der Bundesrepublik Deutschland vom 9. September 1965 in der jeweils geltenden Fassung zulässig. Sie ist grundsätzlich vergütungspflichtig. Zuwiderhandlungen unterliegen den Strafbestimmungen des Urheberrechtsgesetzes.

Die Wiedergabe von Gebrauchsnamen, Handelsnamen, Warenbezeichnungen usw. in diesem Werk berechtigt auch ohne besondere Kennzeichnung nicht zu der Annahme, dass solche Namen im Sinne der Warenzeichen- und Markenschutz-Gesetzgebung als frei zu betrachten wären und daher von jedermann benutzt werden dürften.

Einbandentwurf: estudio Calamar

Printed on acid-free paper

Springer ist Teil der Fachverlagsgruppe Springer Science+Business Media (www.springer.com)

Vorwort

Dieses Buch richtet sich vornehmlich an Studierende und Nachwuchskräfte, die an dem Themengebiet der gesellschaftlichen Verantwortung von Unternehmen interessiert sind. Aber auch erfahrene Praktiker[1] und wissenschaftlich Interessierte finden hier eine kurze Zusammenfassung der wesentlichen Argumentationslinien, die in der Debatte um gesellschaftliche Verantwortung zu finden sind sowie ein Glossar der essentiellen Begriffe. Insbesondere für Einsteiger erscheint die Debatte vielschichtig und komplex und birgt eine Vielzahl an Fragen. Diese resultieren aus der häufig unscharfen und manchmal simultanen Nutzung verschiedener Konzepte und Begrifflichkeiten. Die somit existierenden Abgrenzungsprobleme zwischen den Konzepten sind auch für Wissenschaftler, Experten und Praktiker problematisch.

Gesellschaftliche Verantwortung von Unternehmen und Organisationen und die damit verbundenen strategischen Komponenten, die sich in den Ansätzen von Corporate Social Responsibility (CSR) und Nachhaltigkeit (Sustainability) wiederfinden, gewinnen in der Ausbildung zukünftiger Führungskräfte in allen Disziplinen – nicht nur in den Wirtschaftswissenschaften – an Bedeutung. Diese Einführung und das nachfolgende Glossar dienen dazu, insbesondere für Studierende und angehende Führungskräfte die in dieser Debatte wichtigen Begriffe zu erklären und damit ein grundlegendes Verständnis für das Themenfeld der gesellschaftlichen Verantwortung zu schaffen. Die Erklärung und Definition bestimmter Begrifflichkeiten im Rahmen eines Glossars soll auch die einheitliche Verwendung von Begriffen fördern und dadurch homonymisch bedingte Ungenauigkeiten vermeiden. Denn die ungenaue sprachliche Verwendung der Begriffe führt in der unternehmerischen wie in der akademischen Praxis zu einem immer wiederkehrenden Kreislauf der Entdeckung und Beschreibung identischer Gegenstände. Daher ist es entscheidend, dass alle Akteure – und insbesondere Studierende und Lernende – von Beginn an die gleiche

---

[1] Zur besseren Lesbarkeit des Buches wird im Folgenden die männliche Form verwendet. In allen Fällen gilt jedoch immer die weibliche und männliche Form.

Sprache sprechen. Nur so ist es möglich, die Basis für eine konstruktive Weiterentwicklung von CSR und Nachhaltigkeit zu schaffen.

Dieses Buch besteht aus zwei Teilen. Der erste Teil bietet eine Einführung in den Inhalt und den Kontext gesellschaftlicher Verantwortung. Dabei wird die Rolle von CSR und Nachhaltigkeit in Unternehmen, die Komplexität der Debatte, deren strategische Perspektiven und die Zukunftsfähigkeit beschrieben.

Der erste Abschnitt gibt einen Überblick über die wichtigsten Begriffe der Debatte um gesellschaftliche Verantwortung. Die Begriffe der gesellschaftlichen Verantwortung und verschiedene in diesem Zusammenhang verwendete Konzepte werden erklärt und der Terminus ‚Verantwortung' beleuchtet. Im zweiten Abschnitt wird ein kurzer historischer Einblick in die Debatte um CSR und Nachhaltigkeit gegeben und die zugehörigen Schlüsselelemente und Meilensteine beschrieben. Darauf aufbauend folgt die Begründung gesellschaftlichen Engagements von Unternehmen aus gesellschaftlicher, ethischer und ökonomischer Sicht. Abschnitt vier stellt Aspekte der Wertschöpfung und Geschäftätigkeit dar – dies beinhaltet eine detaillierte Betrachtung der Wertschöpfung in Verbindung mit gesellschaftlicher Verantwortung, eine Ausdifferenzierung verschiedener Kapitalarten sowie eine Zusammenfassung der Verantwortungsdebatte. Auf dieser Basis wird in Abschnitt fünf gesellschaftliche Verantwortung und Nachhaltigkeit unter unternehmensstrategischen Gesichtspunkten betrachtet. Die Einführung schließt ab mit einem Ausblick in zukünftige Entwicklungen der Debatte in den Bereichen Gesellschaft, Führungskräfte und multiple Wertschöpfung.

Der zweite Teil des Buches dient zur Klärung der unterschiedlichen Begrifflichkeiten im Bereich CSR und Nachhaltigkeit und soll die Auseinandersetzung mit diesen Themen im Rahmen der Aus-, Fort-, und Weiterbildung erleichtern. Dieses Glossar der wichtigsten Begriffe im Bereich CSR und Nachhaltigkeit beschreibt 111 Fachbegriffe, Namen, Institutionen und Meilensteine. Damit sollen die wesentlichen Elemente der Debatte um gesellschaftliche Verantwortung von Unternehmen kompakt dargestellt und die elementarsten Fragen einerseits schnell beantwortet werden, aber gleichzeitig zu einer vertieften Beschäftigung anregen. Dazu werden vielfältige Ressourcen angegeben, die Klarheit und Verständnis vertiefen und zur weiteren Beschäftigung anregen sollen.

Die einzelnen Begriffe des Glossars wurden von 28 Studierenden aus verschiedensten Fakultäten und Studiengängen (Englisch, Germanistik, Pädagogik, Philosophie, Politikwissenschaften, Soziale Arbeit, Soziologie,

Wirtschaftswissenschaften, Wirtschaftsinformatik) verfasst und von *Stefan Tewes* und *Wolfgang Stark* überarbeitet und vervollständigt.

Für die Ausarbeitung der Artikel gilt unser Dank folgenden Studierenden: *Erkan Aykanat, Sebastian Böker, Jonathan Brandstäter, Tobias Braun, Sinan Bulut, Enzo Cumbo, Daniel Deutschmann, Marc El-Hayek, Julia Fengler, Mario Ganz, Eva Goldberg, Carmen Hallenberger, Iris Heitland, Patrick Jedamzik, Michal Kratochvil, Katrin Lingelbach, Michaela Margiciok, Daniel Neugebauer, Fatih Önder, Jeanette Patela, Martin Pietrowski, Nicole Preuß, Nicolas Reichart, Ferdi Saliver, Stefanie Voege, Katrin Warstat, Tobias Weller* und *Stefanie Wölfle*.

Ganz besonders danken wir *Tobias Weller, Nina Chengappa* und *Nadine Kleiber* für die unermüdliche und engagierte Hilfe bei der Überarbeitung der Texte.

Nijmegen und Essen, im Juli 2010
Jan Jonker
Wolfgang Stark
Stefan Tewes

Inhaltsverzeichnis

Vorwort   V

Teil 1: CSR und Nachhaltigkeit in Unternehmen – Grundlagen und Strategien

1 Gesellschaftliche Verantwortung von Organisationen   3
- 1.1 Begriff der Verantwortung   3
- 1.2 Vier Konzepte   4
- 1.3 Einordnung der Begriffe in die Debatte   8

2 Historische Betrachtung   11
- 2.1 Hintergründe der Debatte   11
- 2.2 Meilensteine der gesellschaftlichen Verantwortung   12
- 2.3 Die Debatte um gesellschaftliche Verantwortung von Unternehmen in Europa   15
- 2.4 Unternehmensstrategie im Wandel   16

3 Legitimation und Rechtfertigung   19
- 3.1 Befürworter und Gegner   19
- 3.2 Gesellschaftliche Veränderungen und Verantwortung   21
- 3.3 Unternehmerische Legitimierung gesellschaftlicher Verantwortung   23
- 3.4 Die gesellschaftliche Rolle von Unternehmen: Friedman vs. Freeman   25

4 Wertschöpfung und Geschäftstätigkeit — 27

- 4.1 Wertschöpfung als Basis der Unternehmenstätigkeit — 27
- 4.2 Die Black Box der Wertschöpfung — 29
- 4.3 Vier Kapitalarten — 30
- 4.4 Zusammenfassende Aussagen zum Kern der Debatte — 31

5 CSR und Nachhaltigkeit im Kerngeschäft des Unternehmens — 35

- 5.1 Accountability und Berichtswesen — 35
- 5.2 Einbettung in die Unternehmensstrategie — 36
- 5.3 Prozess der Strategieplanung — 38
- 5.4 Neue Strategieansätze — 39

6 Zukünftige Entwicklungen der Debatte zur gesellschaftlichen Verantwortung — 43

- 6.1 Einbettung in die Gesellschaft — 43
- 6.2 Anforderungen an Führungskräfte von morgen — 44
- 6.3 Multiple Wertschöpfung als neues Managementmodell — 45
- 6.4 Zusammenfassung und Ausblick — 48

Quellenverzeichnis zu Teil 1 — 49

Teil 2: Glossar

AA 1000	57
Abschaffung von Kinderarbeit	58
Agenda 21	59
Arbeitsschutz	60
Armutsbekämpfung	62
Audit	64
Blue- und Greenwashing	66
Base of the Pyramid (BoP)	67
Brundtland Kommission (World Commission on Environment and Development)	68

Bürgergesellschaft	70
Business Case	71
Cause Related Marketing	72
Chancengleichheit	73
Change Management	75
Club of Rome	76
Code of Conduct (Verhaltenskodex)	77
Corporate Citizenship	79
Corporate Foundations	81
Corporate Giving	82
Corporate Governance	83
Corporate Social Innovation	85
Corporate Social Responsibility	86
Corporate Volunteering	88
Cradle to Cradle	90
Diversity Management	91
Dokumente der Europäischen Union im Bereich gesellschaftlicher Verantwortung	93
EFQM	94
EMAS	96
Empowerment	98
Engagementbereiche	99
Ethisches Verhalten	101
Fair Trade	102
Finanzindizes	103
Generationengerechtigkeit	105
Gesundheitsmanagement	106
Global Compact	108
Global Governance	110
Global Marshall Plan	112
Global Reporting Initiative (GRI)	113
Global Value Chain	114
Globale Erwärmung	115

Good Governance	116
Human Resource Management	118
Humankapital	119
International Labour Organization	120
Interne und externe Dimension gesellschaftlichen Engagements von Unternehmen	122
ISO 9000	123
ISO 14000	124
ISO 26000	126
Kernarbeitsnormen	127
Klimawandel	128
Korruptionsbekämpfung	130
Kritik und Legitimität von CSR	132
Label/Gütesiegel	133
Life Cycle Assessment (Ökobilanz)	135
Limits to Growth (Grenzen des Wachstums)	136
Menschenrechte	137
Mikrokredite	139
Mission Statement (Leitbild)	140
Multi-Stakeholder-Forum	141
Nachhaltige Entwicklung	143
Nachhaltigkeit	145
Nichtregierungsorganisationen	147
Non-Profit-Organisationen	149
OECD (Leitsätze)	150
Ökoeffizienz	152
Our Common Future	154
People, Planet, Profit	155
Philanthropie	156
Profitmaximierung	157
Public Private Partnership	158
Rat für nachhaltige Entwicklung	160
Rechenschaftspflicht (Accountability)	161

Recycling	162
Regulierung – ethisch und ordnungspolitisch	163
Reporting	164
Reputation (Image)	166
Risk Assessment	167
Risk Management	169
SA 8000	171
Selbstverpflichtung	172
Service Learning	173
Social Case	175
Social Entrepreneurship	176
Social Return on Investment	177
Socially Responsible Investing	179
Sozialkapital	180
Sozialkompetenz	182
Sponsoring	183
Stakeholder	183
Stakeholder Theorie	185
Stakeholder Value (vs. Shareholder Value)	186
Standards	188
Strategische Allianzen	190
Supply Chain	191
Technikfolgenabschätzung	192
Think Tanks	194
Transparenz	195
Triple Bottom Line	196
Umweltinvestitionen	197
Umweltökonomie	199
Umweltschutz	200
Umweltverträglichkeitsprüfung	202
Unternehmenswerte (Business Values)	203
Wertorientierte Unternehmensführung	204

Wertschöpfung	206
Wettbewerbsfähigkeit	206
Whistleblowing	208
Wirtschafts- und Unternehmensethik	209
World Business Council for SD	212
Zivilgesellschaft	213
Quellenverzeichnis zu Teil 2	**215**
Anhang: Informationsportale	**245**
Über die Autoren	**249**

Teil 1:

CSR und Nachhaltigkeit in Unternehmen – Grundlagen und Strategien

1 Gesellschaftliche Verantwortung von Organisationen

1.1 Begriff der Verantwortung

In der Debatte um gesellschaftliche Verantwortung von Unternehmen wird ein Begriff fast immer verwendet, aber nur selten erklärt: Was bedeutet eigentlich ‚Verantwortung'? Können Unternehmen, als bedeutsame gesellschaftliche Akteure mit umfassenden Möglichkeiten, aber auch eng beschriebenen Rollen und entsprechenden Grenzen, überhaupt Verantwortung übernehmen?

Grundsätzlich lässt sich der Begriff als dreistellige Relation darstellen und in Verantwortungssubjekt, Verantwortungsobjekt und Verantwortungsinstanz aufspalten (vgl. Aßländer/Zimmerli, 1996). *Verantwortungssubjekte* können Individuen, Gruppen oder Institutionen sein. Eine alleinige Zurechenbarkeit von Entscheidungen auf einzelne Entscheidungsträger lässt das Konstrukt ‚Unternehmen' heute aufgrund der Komplexität der Organisationen allerdings nicht mehr zu. Das ‚Was' verantwortet werden soll, wird als *Verantwortungsobjekt* bezeichnet. Dabei werden die Handlungen mit allen gewollten und ungewollten Folgen und Nebenwirkungen inkludiert. Als *Verantwortungsinstanz* werden die Institutionen oder Personen bezeichnet, gegenüber denen sich das Verantwortungssubjekt rechtfertigen muss. Diese lassen sich in formelle (Gerichte, Schiedsstellen, etc.) und informelle Institutionen (Gewissen, öffentliche Meinung, etc.) unterteilen. Zu den informellen Institutionen im Sinne der nachhaltigen Entwicklung gehören auch die zukünftigen Generationen.

Zudem kann der Verantwortungsbegriff nach prospektiven und retrospektiven Gesichtspunkten aufgeteilt werden. Während die prospektive Verantwortung – das Verantwortungsgefühl – eher einer auf den ersten Blick individuellen moralisch-ethischen Seite zuzuordnen ist, kann die retrospektive Sicht – nämlich die Haftungsverantwortung für das bereits Geschehene – den Unternehmen voll zugerechnet werden (vgl. Aßländer, 2006). Die Einordnung eines Unternehmens als vollwertiges Verantwortungssubjekt wird daher durchaus kontrovers diskutiert. Eine prospektive Verantwortungsübernahme, die moralisches Handeln impliziert, wird

Unternehmen einerseits teilweise abgesprochen. Hier wird der Begriff der Verantwortung ausschließlich an das Individuum gebunden (vgl. Ulrich, 2007). Eine andere Sicht sieht die prospektive Verantwortung nicht als Grundlage der individuellen Moral. Hier ist vielmehr relevant, „ob Organisationen eine Identität ausbilden, die Ihnen neben der Fähigkeit zu intentionalem und folgenorientiertem Handeln auch die moralische (Selbst-) Zurechnung dieses Handelns ermöglicht" (Ulrich, 2007: 62). Dieses ist durch die Verankerung der Verantwortung in der Unternehmenskultur möglich. Diese moralische Identität eines Unternehmens wird oft auch als *Code of Ethics* bezeichnet (vgl. Wieland, 1999).

Die folgende Abbildung 1 verdeutlicht grafisch die dreistufige Relation der Verantwortung (vgl. Stark et al., 2010).

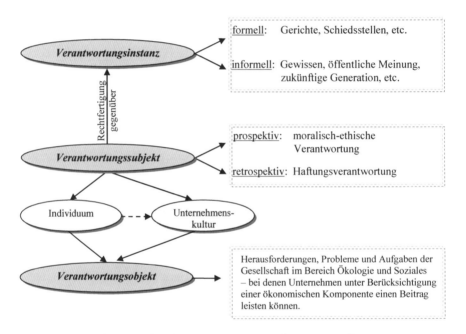

Abb. 1. Dreistufige Relation der Verantwortung (eigene Darstellung)

1.2 Vier Konzepte

Die Debatte um gesellschaftliche Verantwortung durch Unternehmen und die Ausrichtung ihrer Wertschöpfung auf die Säulen Ökologie, Ökonomie und Soziales kann in vier primäre Konzepte unterteilt werden, die im Folgenden genauer voneinander abgegrenzt werden. Neben der Corporate

Social Responsibility (CSR) und der nachhaltigen Entwicklung sind das Corporate Citizenship und die Unternehmens- bzw. Wirtschaftsethik entlang der benannten Säulen gesellschaftlicher Verantwortung ausgerichtet.

Corporate Social Responsibility

Corporate Social Responsibility (gesellschaftliche Verantwortung von Unternehmen) kann als die (meist freiwillige) Integration sozialer und ökologischer Belange innerhalb der Unternehmenstätigkeit bezeichnet werden. Dies meint eine selbstverpflichtende Investition in verantwortliches Handeln entlang der gesamten Wertschöpfungskette und soll im Verantwortungsbereich der eigenen Geschäftstätigkeit über die Einhaltung vorhandener gesetzlicher Regelungen hinausgehen. Da das Attribut ‚social' eine Einengung des Blickwinkels impliziert, wird zunehmend die vereinfachte Terminologie ‚Corporate Responsibility' verwendet. Dabei umfasst die Übernahme der Verantwortung vier Kernbereiche: Kapital, Mitarbeiter, Gesellschaft und Umwelt (vgl. Habisch et al., 2004). CSR kann in einer internen und einer externen Dimension wahrgenommen werden. Die interne Dimension bezieht sich primär auf die Mitarbeiter. Die Gewinnung und Erhaltung qualifizierter Arbeitskräfte durch ein systematisches Human-Ressource-Management, die Förderung des Arbeitsschutzes und betriebliches Gesundheitsmanagement, die notwendige Anpassung an den Wandel durch sozial verträgliche Umstrukturierungsmaßnahmen gehören zum Mitarbeiterbereich, ebenso wie ein umweltbewusstes und ein sozial verantwortliches Handeln in allen Hierarchieebenen.

Bei der externen Dimension geht es um die Verantwortungsübernahme hinsichtlich der lokalen Gemeinschaft sowie weiteren Stakeholdern (lokalen, regionalen oder auch überregionalen Interessens- oder Anspruchsgruppen). Dazu zählen insbesondere Geschäftspartner, Zulieferer, Kunden, Behörden und Nichtregierungsorganisationen (vgl. Europäische Kommission, 2001). Wichtige Aufgabenbereiche in dieser Hinsicht sind die Einhaltung und aktive Unterstützung der Menschenrechte, der Unterstützung des Umweltschutzes, aber auch der Interessen der Stakeholder nach Gesundheit, Unversehrtheit, gemeinsamer Entwicklung und sozialer Gemeinschaft.

Corporate Citizenship

Unter Corporate Citizenship (bürgerschaftliches Engagement von Unternehmen) fallen Aktivitäten, bei denen Unternehmen in das gesellschaftliche Umfeld investieren (z. B. durch Freiwilligenarbeit, Spenden) und somit gestaltende (und teilweise auch ordnungspolitische) Mitverantwortung übernehmen. Dabei unterstützen Unternehmen den Aufbau von sozialem Kapital in Form von Projekten oder sozial, ökologisch oder soziokulturell orientierten Einrichtungen, und versuchen, durch bereichsübergreifende Zusammenarbeit gesellschaftliche Missstände und Probleme zu beheben (vgl. Habisch, 2003). Die Mitgestaltung des gesellschaftlichen Umfelds ergibt sich aus den zumeist regionalen Projekten, die in Verbindung mit staatlichen Institutionen oder Nicht-Regierungs-Organisationen (NGOs) durchgeführt werden.

Neben dem Recht, eigene unternehmerische Interessen zu verfolgen und damit auch auf die Gesellschaft einzuwirken (Produktgestaltung, Preispolitik) werden Unternehmen auch Pflichten im Sinne einer ordnungspolitischen Mitverantwortung für die Gesellschaft auferlegt. Diese gesellschaftlichen Pflichten werden in vielen Fällen durch die Bereitstellung von Gütern und Dienstleistungen und durch die Übernahme von Verantwortung für das Gemeinwesen erfüllt (vgl. Pommerening, 2005). In diesem Zusammenhang wird oftmals die Erarbeitung eines neuen Gesellschaftsvertrags gefordert, der eine Neu- und Umverteilung der Rechte und Pflichten von Bürgern, Staat, Unternehmen und gemeinnützigen Organisationen zum Gegenstand hat.

In Abgrenzung zu Corporate Social Responsibility, die sich auf die Verantwortungswahrnehmung innerhalb des Kerngeschäfts bezieht, werden unter Corporate Citizenship Aktivitäten außerhalb des Kerngeschäfts eines Unternehmens gefasst. Das Engagement kann in vielen gesellschaftlichen Bereichen ausgeführt werden, zu denen u. a. Gesundheit, Bildung, Jugend, Umwelt, und Kultur gehören. Zu Corporate Citizenship zählen Instrumente wie z. B. Corporate Giving, Corporate Volunteering und Corporate Foundations. Corporate Giving beinhaltet in erster Linie die freiwillige Zuwendung von Geld oder Gütern ohne Gegenleistung (Spenden) und Zuwendungen mit Leistungsaustausch zwischen Sponsor und Empfänger (Sponsoring). Corporate Volunteering kann temporär begrenzte (sogenannte ‚Days of Service') oder langfristige Mitarbeiterabstellungen an gemeinnützige Organisationen (Secondments) beinhalten. Die Bildung von runden Tischen (Community Roundtables) dient hier oft zur gemeinschaftlichen lokalen Planung von Aktivitäten. Die Gründung unternehmenseigener Stiftungen wird als Corporate Foundation bezeichnet. Weitere Instrumente sind: die durch Unternehmen um einen bestimmten Betrag ergänzte Mitarbeiterspende (Employee Matched Giving), die mit einem ethischen Zweck gekoppelte Produktwerbung (Cause Related Marketing) und die Zusammenarbeit von Privatwirtschaft und öffentlicher Hand (Public Private Partnership). Auch der Einsatz von Kontakten (Social Lobbying) und die Auftragsvergabe an soziale Organisationen (Social Commissioning) können den Corporate Citizenship-Instrumenten zugerechnet werden.

Nachhaltige Entwicklung

Die Quelle des Konzeptes der nachhaltigen Entwicklung liegt ursprünglich in dem von *Hans Carl von Carlowitz* verfassten Werk ‚Sylvicultura oeconomica, oder hauswirthliche Nachricht und Naturmäßige Anweisung zur wilden Baum-Zucht' über die Forstwirtschaft aus dem Jahre 1713. Im Zuge der neuzeitlichen Ökologiebewegung wandelte sich der Begriff ‚Nachhaltigkeit' Ende des 20. Jahrhunderts von der ressourcenökonomischen Interpretation zu einem umwelt- und gesellschaftspolitischen Leitkonzept. Der von der World Commission on Environment and Development (Brundtland-Kommission) 1987 herausgegebene Report ‚Our Common Future' kann als Meilenstein der ökologischen Nachhaltigkeitsdebatte angesehen werden. Erstmals wird nachhaltige Entwicklung zum Leitbild erhoben und definiert: *Sustainable Development* ist eine gesellschaftliche Entwicklung, „which implies meeting the needs of the present without compromising the ability of future generations to meet their own needs" (United Nations, 1987: 1). Nachhaltige Entwicklung bezeichnet dabei den Prozess der gesellschaftlichen Veränderung, Nachhaltigkeit den finalen Zustand dieses Prozesses (vgl. Grunwald/Kopfmüller, 2006). Verfestigt wurde dieses Konzept 1992 in der Konferenz der Vereinten Nationen für Umwelt und Entwicklung in Rio de Janeiro, bei der Nachhaltigkeit als Grundprinzip in der Rio-Deklaration und der Agenda 21 verankert wurde. Der Nachhaltigkeitsbegriff wurde 1995 mit der Anerkennung des 3-Säulen-Modells (Triple Bottom Line) durch die Enquete-Kommission ‚Schutz des Menschen und der Umwelt' auch in Deutschland weiterentwickelt (vgl. Deutscher Bundestag, 2004). Sowohl Ökonomie, Ökologie und Soziales stehen hier gleichberechtigt nebeneinander; eine erfolgreiche nachhaltige Entwicklung ist nur im Einklang aller Dimensionen möglich. Dies stellt eine Abkehr vom bisherigen Denken dar, nach dem Unternehmen ausschließlich nach wirtschaftlichen Kriterien beurteilt werden (vgl. Hardtke/Prehn, 2001).

Wirtschafts- und Unternehmensethik

Der Begriff Ethik wird abgeleitet aus dem altgriechischen ‚ēthos', was übersetzt Sitte, Gewohnheit oder Brauch bedeutet. Im zeitgenössischen Sprachgebrauch versteht man darunter eine Form des sittlichen Handelns.

Unternehmens- und Wirtschaftsethik sind dem Bereich der angewandten Ethik zuzuordnen. Die Unterscheidung zwischen Unternehmens- und Wirtschaftsethik wird in Deutschland aufgrund der unterschiedlichen Adressaten vollzogen, muss jedoch größtenteils als fließend angesehen werden. Während die Wirtschafsethik moralische Erwartungen an alle Akteure des Wirtschaftssystems adressiert, liegt der Fokus der Unternehmensethik in erster Linie auf den Unternehmensführern und Entscheidern in Organisationen (vgl. Homann/Blome-Drees, 1992).

Die Wirtschaftsethik als Überbau der Unternehmensethik gibt eine Orientierungshilfe zur Rechtfertigung und Notwendigkeit ethischer Normen innerhalb des Wirtschaftssystems und der Beschäftigung mit den Folgen wirtschaftlichen Handelns auf Gesellschaft und Umwelt. Dabei gibt die Wirtschaftsethik keine direkten Handlungsempfehlungen, sondern bietet Möglichkeiten der Reflexion und der Analyse moralisch normativer Debatten. Insbesondere die Themengebiete Nachhaltigkeit und gesellschaftliche Verantwortung dienen dabei als Gegenstände der Betrachtung.

Die Unternehmensethik hingegen ist der eher praxisorientierte Teilbereich der Wirtschaftsethik. Sie betrachtet das Unternehmen sowohl aus einem externen, gesellschaftlichen Blickwinkel, als aus einer internen, organisationsbezogenen Sichtweise. Extern gilt es, die Beziehungen des Unternehmens zum Gemeinwesen, zur Umwelt, zu anderen Institutionen u. ä. zu hinterfragen und zu klären. Die interne Perspektive beleuchtet die unterschiedlichen Vorgehensweisen im Unternehmen. So gehören u. a. Fragen der Unternehmensführung, der Mitbestimmung von Mitarbeitern, sowie Wertvorstellungen im Unternehmen zum Betrachtungsgegenstand. Vereinbarte Vorgehensweisen (‚So handeln wir bei...') werden zumeist in Leitbildern explizit verankert und sind implizit in der Unternehmenskultur zu erkennen.

1.3 Einordnung der Begriffe in die Debatte

Dieser Abschnitt dient der Zusammenfassung der beschriebenen Einzelkonzepte gesellschaftlicher Verantwortung und soll die Verknüpfungen untereinander darstellen.

Nachhaltigkeit dient als Leitbild eines unternehmerischen und letztlich gesellschaftlichen Veränderungsprozesses, der auf dem Konzept der *Triple Bottom Line* basiert. Dabei werden der ursprünglich dominanten Ausrichtung von Unternehmen auf ökonomische Gewinnerzielung zwei weitere Säulen unternehmerischen Handelns hinzugefügt: Unternehmen sollen neben der finanziellen auch nach der ökologischen und sozialen Performance beurteilt werden (vgl. Savitz/Weber, 2006).

Im Rahmen des Leitkonzeptes der Nachhaltigkeit können die weiteren Konzepte eingeordnet werden. Bei der Einordnung sind zwei Dimensionen zu betrachten. Die beiden Dimensionen können unterteilt werden in ‚Absicht des Engagements' und ‚Fokus des Engagements'.

Hinsichtlich der Absicht eines Engagements können die Konzepte gesellschaftliche und soziale und ökologische Verantwortung und ethisches Handeln unter (a) strategischen und (b) philanthropischen und gesellschaftspolitischen Absichten klassifiziert werden. Der Bereich Strategie ist dabei eher einer gewinn- oder erfolgsorientierten und einer wirtschaftlich-ökonomischen Ausrichtung zuzuordnen. Soziales und ökologisches Engage-

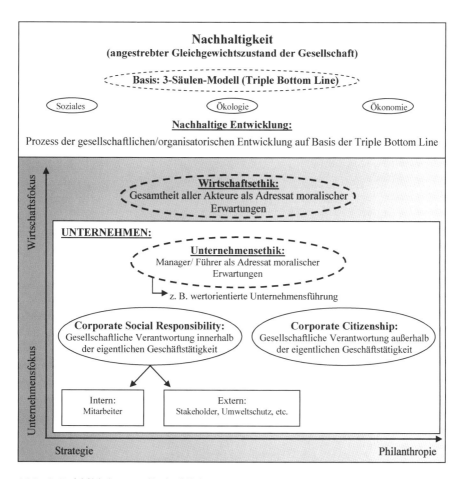

Abb. 2. Leitbild der gesellschaftlichen Verantwortung (eigene Darstellung)

ment wird somit strategisch eingesetzt, um Wettbewerbsvorteile für das Unternehmen zu generieren. Zur Philanthropie zählen gemeinwohlorientierte Handlungen und Aktivitäten, die nicht direkt dem Kerngeschäft zuzuordnen sind und damit Wettbewerbsvorteile allenfalls sehr indirekt erzielen und eher einer moralischen Haltung von Eigentümern, Führungskräften oder Belegschaft entspringen.

Die zweite Dimension bestimmt den Fokus der Aktivitäten. Dabei ist zu unterscheiden zwischen einem Unternehmens- und einem Wirtschaftsfokus; also die Differenzierung zwischen mikropolitischer und makropolitischer Orientierung. Abbildung 2 ordnet die einzelnen Konzepte entsprechend der oben vorgenommen Dimensionalisierung ein.

Betrachten wir den Fokus des Engagements, richten sich in der Unternehmensethik die moralischen Erwartungen und Forderungen an die Unternehmen; in der Wirtschaftsethik an die Gesamtheit aller wirtschaftlichen Akteure. Corporate Social Responsibility und Corporate Citizenship sind dem Unternehmensfokus zuzuordnen. Die Absicht des Engagements ist bei Corporate Social Responsibility eine strategische Orientierung, da Aktivitäten innerhalb der Wertschöpfungskette betrachtet werden. Corporate Citizenship ist stärker dem philanthropischen oder gesellschaftspolitischen Bereich zuzuordnen. Diese Unterscheidung ist bei der Unternehmens- und Wirtschaftsethik nicht klar abgrenzbar, generell finden sich beide Perspektiven wieder.

2 Historische Betrachtung

2.1 Hintergründe der Debatte

Bevor das Konzept der gesellschaftlichen Verantwortung in Zusammenhang mit Organisationen ausgearbeitet wird, müssen einführend einige Worte über die Etymologie von Verantwortung ausgeführt werden.

Das Konzept der Verantwortung oder die Verantwortungsethik geht auf Max Weber zurück. Demnach muss jedes Individuum für voraussehbare Folgen seiner Handlungen Rechenschaft ablegen (vgl. Weber, 1992). Verantwortung bezieht sich auf die Beziehungen zwischen Menschen, Gesellschaft und Organisationen und muss im Kontext der sozialen Situation reflektiert werden, die diese hervorbringt. Für Unternehmen bedeutet das, den Vorgang des wirtschaftlichen Handelns zu reflektieren, der sich auf die Erwartungen der Öffentlichkeit bezieht. Dies impliziert, dass die Produkte und Dienstleistungen, sowie der zu ihrer Erstellung benötigte Prozess, dafür verwendet werden, das *gesamte* sozioökonomische Wohl zu verbessern. Gesellschaftliche Verantwortung meint somit die Bereitschaft, Ressourcen für den allgemeinen gesellschaftlichen Nutzen einzusetzen und nicht die Interessen eines engen Kreises von Privatpersonen und Unternehmen zu präferieren (vgl. Frederick, 1960).

Die Bedeutung gesellschaftlicher Verantwortung kann auch anhand interner und externer organisatorischer Herausforderungen erklärt werden. Zu den internen Herausforderungen einer Organisation gehört die Wahrung und Förderung der Rechte und Interessen von Aktionären und Mitarbeitern. Externe Herausforderungen sind z. B. in den ökologischen Auswirkungen eines Produktes oder einer Dienstleistung, in der Schaffung gesellschaftlich sozialer Werte und in der Förderung und Verbreitung von bürgerschaftlichen Unternehmensengagements zu sehen (vgl. Klein, 1967).

Ursprünge und Paten

Ursprünglich liegen die Wurzeln gesellschaftlicher Verantwortung im philanthropischen Engagement einzelner Unternehmerpersönlichkeiten, die die gesellschaftliche Verantwortung aufgrund persönlicher moralischer Überzeugungen Ende des 19. und Anfang des 20. Jahrhunderts unterstützten. Um 1950 keimte der Gedanke des ethisch-religiös motivierten ‚Giving back to the Community' auf. 1953 wurde das Buch „Social Responsibilities of the Businessman" von Howard Bowen veröffentlicht. Diese Publikation wird für den ersten Versuch gehalten, die Beziehung zwischen Unternehmen und der Gesellschaft auf konzeptioneller Basis zu beschreiben (Carroll, 1979; Lee, 2008). Das Buch war als Untersuchung des Wirtschaftslebens und Verbindung mit geistig-moralischen Werten gedacht. Damit präsentierte Bowen (1953) als Erster eine systematische Darstellung von CSR, die zu diesem Zeitpunkt noch nicht dem Etikett Corporate Social Responsibility zuzuordnen war. Bowen glaubte fest daran, dass zum Geschäftsleben eine gewisse gesellschaftliche Verantwortung gehört, die jedoch hinsichtlich ihrer Inhalte und Prozessabläufe noch genauer bestimmt werden musste. Die Befürworter Bowens stimmten mit der amerikanischen Gesetzgebung und dem Appell an die Verbraucher überein, ihre Eigentumsrechte zu schützen, so dass diese ursprüngliche Darstellung von der Idee von Corporate Social Responsibility in den USA viel Aufmerksamkeit erhielt.

Der ökonomische Nutzen von CSR wurde dagegen erst in den 70er Jahren des 20. Jahrhunderts herausgestellt. Auslöser für die Betrachtung des Unternehmens als *Corporate Citizen* (das Unternehmen als Bürger), der neben gesellschaftlichen Rechten auch Pflichten hat, sind die Überlegungen zahlreicher Unternehmen während der amerikanischen Wirtschaftsflaute der 80er, wie sie ihre und die gesellschaftliche Situation verbessern könnten. Zur historischen Einordnung bietet Kapitel 2.2 eine ausführliche Darstellung der Meilensteine der bisherigen Entwicklung, gefolgt von einer Darstellung der Debatte in Europa in Kapitel 2.3.

2.2 Meilensteine der gesellschaftlichen Verantwortung

Die Entwicklung der CSR- und Nachhaltigkeitsdebatte ist durch einige vornehmlich politisch gesetzte, globale, europäische und nationale Meilensteine geprägt. Die Wichtigsten sollen im Folgenden kurz dargestellt werden:

1972

konzentrierten sich die Teilnehmer der ‚United Nations Conference on the Human Environment' in Stockholm auf die Frage einer ökologischen Politik weltweit. Dies kann als Start einer internationalen Umweltpolitik gesehen werden.

2.2 Meilensteine der gesellschaftlichen Verantwortung

1976

verabschiedeten die OECD (Organisation for Economic Co-operation and Development)-Mitgliedstaaten die OECD-Leitsätze für multinationale Unternehmen. Diese beinhalten umfangreiche Prinzipien und Verhaltensvorschriften für globales unternehmerisches Handeln.

1977

veröffentlichte das ‚International Labour Office' (ILO) die erste Erklärung über grundlegende Rechte von Arbeitenden. Aufbauend auf der Stockholmer Konferenz von 1972 wurden einige Abkommen und Verträge bezüglich Umwelt und Menschenrechtsfragen geschlossen.

1980

wurde der Brandt-Bericht (Nord-Süd-Bericht) der Vereinten Nationen vorgelegt, der die Gefahren der globalen Industrialisierung insbesondere für Entwicklungsländer darlegte.

1983

wurde von der UN-Vollversammlung die Weltkommission für Umwelt und Entwicklung (‚World Commission on Environment and Development') eingerichtet, die

1987

unter dem Vorsitz von *Gro Harlem Brundtland* den Bericht ‚Our Common Future (Brundtland-Bericht) veröffentlichte. Dieser beinhaltete erstmals das (heute noch weitgehend gültige) Leitbild einer nachhaltigen Entwicklung.

1992

fand in Rio de Janeiro die ‚United Nations Conference on Ecology and Development' (UNCED) statt. Die sog. Rio-Konferenz stellte die Weichen für eine nachhaltige Entwicklung und verabschiedete die Rio-Deklaration, Agenda 21, Klimaschutzkonvention, Walddeklaration und Artenschutzkonvention. Im selben Jahr wurde die ‚Commission on Sustainable Development' (Kommission für Nachhaltige Entwicklung) gegründet, die die Fortschritte der Rio-Ziele verfolgen sollte.

1997

fand die UN-Konferenz ‚Earth Summit+5' in New York statt. Diese zog ein Fazit der Ziele aus dem Jahr 1992.

2000

startete die operative Phase des ‚UN Global Compact'. Dieser stellt Prinzipien bzw. soziale und ökologische Mindeststandards für Unternehmen auf. Weitere wichtige Ereignisse 2000 waren die Verabschiedung der ‚Social Policy Agenda' und die 55. Generalversammlung der Vereinten Nationen in New York (‚Millenniumsgipfel'), bei dem die am UN Global Compact orientierten „Millenniumsziele für eine sozial gerechte und nachhaltige globale Entwicklung" verabschiedet wurden.

2001

veröffentlichte die EU das Grünbuch ‚Europäische Rahmenbedingungen für die soziale Verantwortung der Unternehmen'. Weitere Meilensteine waren die Erstauflage einer europäischen Nachhaltigkeitsstrategie und die Verabschiedung des ‚Aktionsprogramms 2015' in Deutschland (legte den deutschen Beitrag an den Zielen des Millenniumsgipfels fest). Ebenfalls wurde der deutsche Rat für Nachhaltige Entwicklung von Bundeskanzler *Gerhard Schröder* initiiert.

2002

folgten in Europa die ‚Mitteilung der Kommission betreffend die soziale Verantwortung der Unternehmen: ein Unternehmensbeitrag zur nachhaltigen Entwicklung' der Europäischen Kommission, eine Erweiterung der europäischen Nachhaltigkeitspolitik um die globale Perspektive und die Einrichtung des ersten ‚Multistakeholderforum on CSR' (2002–2004). Auf globaler Ebene fand der ‚World Summit on Sustainable Development' in Johannesburg statt, der neue Impulse für eine globale Nachhaltigkeitspolitik lieferte. Deutschland stellt erstmals seine im Jahr 2002 verabschiedete Nachhaltigkeitsstrategie auf diesem Weltgipfel vor.

2004

wurde die europäische Nachhaltigkeitsstrategie revidiert und überarbeitet. Deutschland veröffentlichte den ersten Fortschrittsbericht über die Umsetzung seiner Nachhaltigkeitsstrategie und setzte den Parlamentarischen Beirat für Nachhaltige Entwicklung ein.

2005

folgte der nächste Weltgipfel in New York, indem die 2000 aufgestellten Entwicklungsziele bekräftigt wurden. Das Bundeskabinett veröffentlichte den Wegweiser Nachhaltigkeit, der die Umsetzung der 2002-Strategie dokumentierte. Das Thema Nachhaltigkeit wurde bei der Verabschiedung des Koalitionsvertrags erstmalig integriert.

2006

erfolgten eine weitere Überarbeitung der europäischen Nachhaltigkeitsstrategie und die Veröffentlichung der zweiten CSR-Mitteilung der EU-Kommission ‚Umsetzung der Partnerschaft für Wachstum und Beschäftigung: Europa soll auf dem Gebiet der sozialen Verantwortung der Unternehmen führend werden'.

2007–2009

In den folgenden Jahren wurden zwei Fortschrittsberichte zur europäischen Nachhaltigkeitsstrategie (2007 und 2009) und ein nationaler, deutscher Fortschrittsbericht (2008) veröffentlicht. Zudem beschloss die Bundesregierung 2008 die Entwicklung der nationalen CSR-Strategie „Aktionsplan CSR in Deutschland" für 2010 und die Einrichtung eines Nationalen CSR-Forums. 2009 fand auf europäischer Ebene das ‚European Multistakeholder Forum on CSR' in Brüssel statt. In Deutschland ist die Verabschiedung des Zwischenberichts zur Entwicklung der nationalen CSR-Strategie „Aktionsplan CSR in Deutschland" erwähnenswert.

2.3 Die Debatte um gesellschaftliche Verantwortung von Unternehmen in Europa

Die Debatte um gesellschaftliche Verantwortung von Unternehmen wird in verschiedenen europäischen Regionen unterschiedlich geführt. Der nördliche Teil Europas ist durch ausdifferenzierte Wohlfahrtsstaaten gekennzeichnet, die gesellschaftliche Herausforderungen (z. B. soziale Sicherung der Bevölkerung, die Folgen des demographischen Wandels und die hohe Arbeitslosigkeit) in Zeiten wirtschaftlichen Mangels bewältigen müssen. Dennoch, oder gerade deshalb, ist dort unternehmerisches Engagement, trotz der relativ kurzen Bekanntheit des Themas, bereits weit verbreitet und wird von den Regierungen und der Administration unterstützt. Im Süden Europas kann, trotz einer traditionell starken religiös bedingten ethischen Orientierung und einer familienfreundlichen Ausrichtung, bisher noch kein umfassendes Engagement registriert werden. Dies mag auch mit einer eher zurückhaltenden regulierenden Politik der jeweiligen Regierungen zusammen hängen. Vergleichsweise wenig gesellschaftliches Engagement von Unternehmen ist bislang auch im Osten Europas erkennbar. Dies ist gegebenenfalls auf die stark staatlich orientierte Struktur der ehemals kommunistisch geprägten Länder zurückzuführen. Im westlichen Europa ist das Interesse unterschiedlich ausgeprägt. Während Großbritannien und die Niederlande den Leitgedanken bereits fest in die Regierungspolitik verankert haben, wird vor allem in Frankreich und Deutschland prinzipiell eine Lösung gesellschaftlicher Probleme von staatlicher Seite vorausgesetzt. Gesellschaftliches Engagement wird hier noch als ein eher wünschenswertes, aber freiwilliges Engagement von Unternehmen angesehen (vgl. Palz/Schmidtpeter, 2008).

Die Zurückhaltung in Deutschland ist auch auf historische Gründe zurückzuführen. Im Gegensatz zum angloamerikanischen Raum ist der Spielraum für unternehmerisches Engagement aufgrund einer stärkeren gesetzlichen Reglementierung innerhalb vieler Themengebiete kleiner. Dieses gilt insbesondere für den Bereich des Umweltschutzes. Die langjährig gewachsene Auffassung einer bestimmten Rollenverteilung für Staat, Unternehmen und Zivilgesellschaft und die vergleichsweise schwache Rolle zivilgesellschaftlicher Initiativgruppen führt zudem dazu, dass die in Deutschland traditionell starken Gewerkschaften und Verbände das Thema nur sehr zögernd aufgreifen (vgl. Bertelsmann Stiftung, 2006).

Frank Heuberger macht zusätzlich das Fehlen einer in Deutschland historisch gewachsenen Kultur des Ehrenamtes und eine zögerliche Haltung hinsichtlich einer medienwirksamen Anerkennung bzw. Imageverbesserung durch gesellschaftliches Engagement von Unternehmen dafür verantwortlich, dass gesellschaftliche Verantwortung von Unternehmen noch einen vergleichsweise geringen Stellenwert besitzt (vgl. Heuberger, 2008).

Grundsätzlich ist jedoch ein Wandel in der Ausrichtung der Unternehmensstrategie von Unternehmen zu erkennen, auf den im Folgenden näher eingegangen wird.

2.4 Unternehmensstrategie im Wandel

Der immer stärker aufkommende Druck gesellschaftlicher Interessensgruppen (Stakeholder) zu Fragen von gesellschaftlicher Verantwortung und Grenzen der Ausbeutung oder Zerstörung natürlicher Ressourcen veranlasst Unternehmen – freiwillig oder unfreiwillig – zum Handeln. Um die Legitimität ihrer Geschäftstätigkeit aufrechtzuerhalten, befassen sich heute Unternehmen in allen Branchen mit dem Gleichgewicht zwischen Wertschöpfung und Ausbeutung bzw. Zerstörung. Dazu beziehen Unternehmen vielfach auch die Bewertung und das Urteil von gesellschaftlichen Interessensgruppen mit in die Überlegungen ein. Mit der Analyse von Wertschöpfungsprozessen kann daher untersucht werden, welche gesellschaftlichen Kosten die Wertschöpfung erzeugt und wie und auf welche Weise sich Unternehmen für die Belange der Stakeholder einsetzen. Dadurch wird Corporate Social Responsibility und Nachhaltigkeit *zu einem unternehmensstrategischen Thema*. Dieser strategischen Ausrichtung bedarf es, um eine langfristige Integration des Themas zu gewährleisten und nicht als Modetrend mit beschränkter Haltbarkeit angesehen zu werden. Strategische Ausrichtung heißt dabei mehr, als die bislang oft gewählte Darstellung von imagefördernden Wohlfahrtsprojekten, die für viele Unternehmen heute selbstverständlich sind.

Die strategische Komponente ist der Kern der zukünftigen Debatte: CSR und Nachhaltigkeit werden damit von abstrakten Begriffen der Gemeinwohlorientierung für den Unternehmensalltag konkretisiert und in den konkreten Geschäftsplan und die zugrundeliegenden Prozesse der Wertschöpfung jedes einzelnen Unternehmens integriert. Dies bedarf sowohl einer Berücksichtigung eines ausgewogenen Verhältnisses zu den relevanten Stakeholdern des Unternehmens als auch eines nachvollziehbaren Gleichgewichts zwischen Wertschöpfung und -zerstörung; also einer Balance zwischen Nutzung (Abbau) und Aufbau von Ressourcen.

Durch die Veränderung von Gesellschaften und Unternehmen gestalten sich daraus folgend die Verpflichtungen und Handlungsrichtungen neu, die von ihnen erwartet werden. Die alleinige Verpflichtung des Unternehmens ist deshalb nicht mehr ausschließlich Gewinnmaximierung und Wachstum. Diese Perspektive war lange Zeit ausreichend für die Verbraucher und andere Akteure, die letztlich über Vertrauenswürdigkeit, Legitimation und folglich Lebensfähigkeit von Unternehmen entscheiden. Hier haben sich jedoch die Spielregeln geändert: heute besteht die Herausforderung nicht darin, *ob* Unternehmen gesellschaftliche und umweltbezogene Verantwortung übernehmen, sondern eher darin, *wie* sie diese operationalisieren können, d.h. wie sie von reinen Absichtserklärungen zu einer mit dem Alltagsgeschäft verknüpften Strategie gelangen. Eine Reihe von Unternehmen bleibt in der Operationalisierung bisher auf der Absichtsebene. Sie veröffentlichen zwar Verhaltenscodizes und Nachhaltigkeitsberichte, verändern ihr Handeln jedoch nicht grundsätzlich. Noch zu viele Unternehmen wollen gesellschaftlich verantwortlich erscheinen, dieses aber nicht notwendigerweise sein. Verantwortung wird oftmals auch zu selektiv betrachtet. So beschließen Unternehmen, auf bestimmten Gebieten (Produkte, Regionen etc.) verantwortlich zu sein, ignorieren aber Verantwortungen in anderen Gebieten (Lieferanten, Abnehmer etc.). Erfreulicherweise steigt jedoch die Zahl der Unternehmen, die ihre Absichten auch leben, indem sie gesellschaftliche Verantwortung in die Strategieplanung verankern.

3 Legitimation und Rechtfertigung

3.1 Befürworter und Gegner

Die CSR- und Nachhaltigkeitsdebatte teilt sich generell noch in zwei Lager auf – die Befürworter und die Gegner. Die wichtigsten Argumente für und gegen gesellschaftlich verantwortliches Handeln von Unternehmen werden nachfolgend in Verbindung mit den jeweiligen Anhängern vorgestellt.

Einer der expliziten Gegner gesellschaftlicher Unternehmensverantwortung ist *Milton Friedman*. Er sieht die einzige gesellschaftliche Verantwortung für Unternehmen in der Gewinnmaximierung für die Shareholder (vgl. Friedman, 1970). Diese Haltung begründet er wie folgt: Die Grundlage der freien Marktwirtschaft sieht *Friedman* in der Maximierung der Gewinne. Die Gesetze des Marktes (insbesondere die Verdrängung im Wettbewerb) erlauben nach seiner Ansicht keine Übernahme gesellschaftlicher Verantwortung: In dem üblicherweise vorhandenen harten Wettbewerb haben Unternehmen nicht die finanzielle Freiheit gesellschaftliche Probleme zu lösen (vgl. Friedman, 1993). Neben dieser finanziellen Restriktion zur Lösung gesellschaftlicher Probleme können seiner Meinung nach Unternehmen keine gesellschaftliche Verantwortung übernehmen, da eine Verantwortungsübernahme ausschließlich durch Individuen möglich sei (zur Problematik der Übernahme gesellschaftlicher Verantwortung durch Unternehmen vgl. Kapitel 1.1). Die Handlungen der Individuen in Unternehmen müssen dabei unter Berücksichtigung der Shareholderinteressen erfolgen. Da Manager und Mitarbeiter von den Shareholdern des Unternehmens angestellt sind, müssen diese im Sinne der Shareholder arbeiten. Das Hauptziel der Shareholder wiederum sieht Friedman in der Maximierung des Gewinns. Somit sind die Hauptargumente gegen CSR und Nachhaltigkeit in den Gesetzen des Marktes und den Verpflichtungen der Individuen in den Unternehmen zu sehen.

Das Argument der Verfolgung von Shareholderinteressen wird von *John Ladd* unterstützt. Er sieht moralische Probleme aufgrund der Zusammenhänge zwischen Individuen und formellen Organisationen – spezifischer:

Das Problem liegt in der Unsterblichkeit der Organisationen. Demnach können alle Mitarbeiter einer Organisation ersetzt werden, ohne das Fortbestehen der Organisation zu gefährden. Diese Unsterblichkeit und personelle Unabhängigkeit unterscheidet Organisationen von allen anderen sozialen Systemen (vgl. Ladd, 1970). Unternehmen existieren zur Erreichung festgelegter Ziele. Ob eine Handlung eines Unternehmens als positiv eingestuft werden kann, hängt demnach von den Unternehmenszielen ab. Individuen agieren nach *Ladd* zwar als Vertreter der Organisation, jedoch muss die Arbeit ausschließlich auf die Unternehmensziele ausgerichtet sein und darf keine individuellen ethischen Werte und Normvorstellungen zum Inhalt haben.

Gegenüber diesen Argumenten stehen eine Vielzahl an Befürwortern aus politischen, wirtschaftlichen und zivilgesellschaftlichen Institutionen, ebenso wie Wissenschaftler und Praktiker. Die in den folgenden Kapiteln dargelegte strategische Orientierung mit allen Vorteilen soll hier nicht weiter aufgegriffen werden, vielmehr gilt es kurz die wichtigsten Autoren wiederzugeben. *Archie B. Carroll* hat sich als einer der ersten für eine systematische Beschäftigung mit CSR ausgesprochen. 1979 veröffentlichte er ein drei-dimensionales Modell der Corporate Social Performance (CSP). Das Modell beinhaltet neben wirtschaftlichen Zielsetzungen auch gesellschaftliche Unternehmensziele, eingebettet im Rahmen einer allumfassenden gesellschaftlichen Verantwortung im Wirtschaftsleben. Diese Verantwortung beinhaltet wirtschaftliche, gesetzliche, ethische und philanthropische Kategorien. Für jede Kategorie der gesellschaftlichen Verantwortung können Unternehmen eine von vier möglichen Handlungsstrategien wählen: Reaktion, Abwehr, Anpassung oder Aktion (vgl. Carroll, 1979). *Carroll* vermeidet eine Diskussion über die Beziehungen zwischen Unternehmen und Gesellschaft und richtet seine Betrachtung auf die Beziehung zwischen Unternehmen und deren unmittelbare Umwelt. Eine Weiterentwicklung des Modells nahmen *Steven L. Wartick* und *Philip L. Cochran* vor, indem sie *Carrolls* Modell um die Dimensionen Richtlinien, Prozesse und Regeln ergänzten (vgl. Wartick/Cochran, 1985). *Donna J. Wood* verbesserte die praktische Anwendbarkeit des Modells 1991 durch eine Vernetzung der CSP mit verschiedenen Organisationstheorien (Lee, 2008). Einen weiteren Ansatz bietet das ‚Total Responsibility Management' von *Sandra Waddock* und *Charles Bodwell*. Hier werden Verhaltenskodizes und Systeme, die Organisationen zum Management sozialer, ökologischer und ethischer Verantwortung als Antwort auf Forderungen der Stakeholder, globaler Standards, sozialer Entwicklungen und institutioneller Erwartungen entwickeln, beschrieben.

Die deutsche Debatte um Corporate (Social) Responsibility wird durch eine Vielzahl von Akteuren mit unterschiedlichen Themenschwerpunkten beeinflusst. Prägten zu Beginn des 20. Jahrhunderts die Einordnung von Corporate Responsibility in den deutschen Kontext, praktische Handlungsempfehlungen und ‚Best-Practice' das wissenschaftliche Bild, ist nun eine Orientierung hinsichtlich Strategieorientierung und Wirkungsforschung zu erkennen. Die aktuelle Debatte ist zu unterteilen in vielfältige Schwerpunktbereiche: Im Bereich bürgerschaftlichen Engagements sind insbesondere *Sebastian Braun* (2010), *Holger Backhaus-Maul* (2008; 2010) und *André Habisch* (2003; 2008) mit ihren Werken führend. Eine zivilgesellschaftliche Ausrichtung gesellschaftlicher Verantwortung wird von *Ludger Heidbrink* (2006; 2008) vertreten. Das Konzept des ehrbaren Kaufmanns bildet die Grundlage der Arbeiten von *Joachim Schwalbach* (2008; 2009), der mit seinem Institut zusätzlich alle zwei Jahre die ‚International Conference on Corporate Social Responsibility' in Berlin ausrichtet, der bedeutendsten Konferenz im deutschen Bereich. Der Fokus von *Wolfgang Stark* (2007; 2010) liegt insbesondere in den Bereichen der Führungskräfteentwicklung und der umfassenden Verankerung von CSR in Unternehmen – dieses beinhaltet die Einführung von CSR in den Bildungsprozess der Studierenden (UNIAKTIV) sowie die Integration gesellschaftlich verantwortlichen Handelns in die Unternehmenskultur. Die ethische Betrachtung von Corporate Social Responsibility kann *Ingo Pies* (2004; 2007) zugerechnet werden. Der Bereich der systemdynamischen Wirkungsforschung und eine daraus folgende strategische Verankerung von CSR werden aktuell von *Stefan Tewes* (2010) erforscht.

3.2 Gesellschaftliche Veränderungen und Verantwortung

Der bereits angesprochene Vorteil einer strategischen Ausrichtung eines CSR-Engagements basiert auf sich verändernden gesellschaftlichen und wirtschaftlichen Rahmenbedingungen. Die *geänderten Rahmenbedingungen*, hervorgerufen durch Globalisierung, Klimawandel, Fortschritte in der Informations- und Kommunikationstechnologie sowie zunehmender Verschlechterung der wirtschaftlichen Lage öffentlicher Haushalte, führt zu einer Vielzahl an Herausforderungen, auf die sich Unternehmen im 21.

Jahrhundert einstellen müssen. Weitere Faktoren, die einen gesellschaftlichen Wandel bewirken, sind die demographische Entwicklung, die Urbanisierung, die Integration von Menschen mit Migrationshintergrund und die Notwendigkeit vermehrter Investitionen in Bildung, Forschung und Entwicklung. Auch die zunehmende Orientierung von Anlegern in soziale und ökologische Investitionen, die erhöhten Ansprüche der Bürger an Unternehmen und ihre Produkte und die steigenden Erwartungen der Interessensvereinigungen und Nichtregierungsorganisationen bedingen eine neue Betrachtungsweise des Unternehmensumfelds. Exemplarisch für diese Veränderung der Anspruchshaltung durch die Stakeholder der Unternehmen sind die verbesserten Informations- und Kommunikationsmöglichkeiten, insbesondere durch die Möglichkeiten des World Wide Web; sie führen zu einer besseren Vernetzung der Stakeholder untereinander, so dass insbesondere international agierende und globale Unternehmen hinsichtlich ihrer gesellschaftlichen Verantwortung bewertet und Sanktionsmöglichkeiten bei Missachtung internationaler oder nationaler Regelungen hinsichtlich Menschenrechte, Umwelt- oder Sozialpolitik effektiver durchgesetzt werden können.

Neben der erhöhten Anspruchshaltung der Stakeholder ist die Auflösung und Neugestaltung der Aufgabenverteilung zwischen Wirtschaft, Staat und Gesellschaft ein weiterer Nachweis für einen gesellschaftlichen Wandel. Der bisher postulierte größtmögliche Wohlstand, verbunden mit bestmöglicher Absicherung, der durch das Modell des Sozial- und Wohlfahrtstaates Deutschland suggeriert wurde, ist in der heutigen Zeit aufgrund finanzieller staatlicher Engpässe nicht mehr aufrecht zu erhalten. Eine alleinige Finanzierung sozialer Absicherung durch den Staat respektive den Steuerzahler ist in der heutigen Zeit somit nicht mehr tragbar (vgl. Heuberger, 2008).

Eine weitere Notwendigkeit der Übernahme gesellschaftlicher Verantwortung durch Unternehmen ergibt sich aus dem zunehmenden Verlust von Steuerungsmöglichkeiten durch die Nationalstaaten. Durch die steigende Zahl von global ausgerichteten Unternehmen und der fehlenden supranationalen Steuerungsfunktion kann die Aufrechterhaltung bindender Werte für Unternehmen (z. B. Arbeitsgestaltung, Mindestlöhne) nicht mehr nur von nationaler Ebene gewährleistet werden (vgl. Aßländer, 2006). Daher muss alternativ die fehlende nationale Einflussmöglichkeit durch eine verbindliche Forderung der Konsumgesellschaft ersetzt werden. Anstelle von regulativen Vorschriften durch den Staat müssen somit die Kunden und Verbraucher bindende Werte von den Unternehmen fordern.

3.3 Unternehmerische Legitimierung gesellschaftlicher Verantwortung

Neben der beschriebenen gesellschaftlichen Notwendigkeit von CSR und Nachhaltigkeit stellt sich die *Legitimitätsfrage* von CSR-und Nachhaltigkeitsaktivitäten im Unternehmen. Diese muss insbesondere hinsichtlich zweier Gruppen analysiert werden: Zum einen muss die Legitimität hinsichtlich der Aktionäre, deren Geld für die Aktivitäten ausgegeben wird, geprüft werden, zum anderen muss sie hinsichtlich der Steuerzahler betrachtet werden, da aufgrund der Abzugsfähigkeit von Ausgaben dem Staat und der Gesellschaft Steuereinnahmen verloren gehen (vgl. Habisch, 2006).

Generell können vier verschiedene Einwände angeführt werden, die einer Legitimitätsprüfung unterzogen werden müssen. Zu diesen vier Einwänden gehören der Vorwurf eines Nullsummenspiels, die Instrumentalisierung von NGOs, der Verantwortungsrückzug des Staates und die Verdächtigung des Greenwashing.

1. CSR und Nachhaltigkeit unterliegt oft dem Vorwurf eines *Nullsummenspiels*. Das aus der Spieltheorie resultierende Nullsummenspiel beschreibt Konstellationen, bei denen die Summe der Gewinne und Verluste aller Spieler (Regierung, Zivilgesellschaft und Unternehmen) gleich null ist. Widerlegt werden kann diese Behauptung, da die Stärke gesellschaftlichen Engagements insbesondere in der Schaffung von Win-Win-Situationen zwischen den gesellschaftlichen Akteuren liegt. Positive Effekte werden sowohl für die Gesellschaft als auch die Unternehmen generiert; gesellschaftliches Engagement zielt darauf ab, die Wettbewerbsstärke des eigenen Unternehmens und die gesellschaftliche Verantwortung miteinander zu verbinden und damit langfristig einen Mehrwert für das Unternehmen sowie die Gesellschaft zu generieren. Die konträre Sichtweise zu einem Nullsummenspiel ist die der Schaffung von Win-Win-Situationen.

2. Unternehmerischem Engagement wird außerdem nicht selten eine *Instrumentalisierung* von NGOs oder zivilgesellschaftlichen Initiativen durch die Unternehmen vorgeworfen. Die Instrumentalisierung wird mit dem Abhängigkeitsverhältnis der NGOs (insbesondere einem finanziellen) zu den Unternehmen begründet. Durch die Kooperation und der damit verbundenen Abhängigkeit zu den Unternehmen verlieren, laut Argumentation, die Initiativen oftmals ihre

ursprüngliche Verbesserungs- und gesellschaftliche Protestfunktion. Entgegnen dieser Begründung wäre ein daraus resultierender Vorteil durch die Abhängigkeit (und dem damit verbundenen Verlust der kritischen Haltung der NGOs) für die Unternehmen jedoch nur von kurzer Dauer, da NGOs und Initiativen, die ihre kritische Stimme verlieren, für die Unternehmen mittelfristig auch nicht mehr bedeutsam wären; eine unkritische ‚Ja-Sager-Mentalität' der NGOs würde zum einen von der kritischen Öffentlichkeit abgestraft werden, zum anderen würden die positiven Synergien (z. B. License to Operate, Aufbau von Sozialkompetenz) aus einer Kooperation für Unternehmen nicht entfaltet werden können.

3. Ein möglicher *Rückzug des Staates* aus seiner Verantwortung für soziale oder kulturelle Versorgung wird oft als ein weiteres Legitimierungsdefizit gesehen. Der Rückzug von Bund, Land oder Kommunen, etwa aus der Finanzierung sozialer oder kultureller Aufgaben, könnte in einer quasi-feudalen Machtposition für die Unternehmen münden. Die Schaffung von Machtpositionen wird z. B. in der Steuerung der Kultur einer Gesellschaft und des sozialen Systems in Richtung unternehmerischer Interessen begründet. Daher ist ein gesellschaftliches Unternehmensengagement nicht als Ersatz staatlicher Handlungen zu sehen, sondern als Ergänzung dieser. Die Rechtspositionen und Verpflichtungen öffentlicher Institutionen müssen trotz gesellschaftlichen Engagements der Unternehmen weiter unberührt bleiben.

4. Das letzte Argument gegen eine Legitimation gesellschaftlicher Verantwortung ist der ‚*Greenwashing*'-Vorwurf. Greenwashing bezeichnet dabei die reine Fassade unternehmerischen Engagements (zum Imagegewinn, zur Public Relation etc.), ohne eine wirkliche Intention und Absicht der Verbesserung gesellschaftlicher Missstände. Diesem Vorwurf kann entgegengesetzt werden, dass strategische Nutzen für Unternehmen nur bei einem echten Engagement und einer strategischen Ausrichtung realisiert werden können. Zudem wird ein vorgetäuschtes Engagement langfristig von den Stakeholdern erkannt und abgestraft werden (vgl. Habisch, 2006). Der mit einer Vortäuschung eines Engagements verbundene Imageverlust für ein Unternehmen übersteigt bei weitem den Gewinn eines vorgetäuschten Engagements.

3.4 Die gesellschaftliche Rolle von Unternehmen: Friedman vs. Freeman

Hinsichtlich der grundsätzlicheren Frage der gesellschaftlichen Rolle von Unternehmen werden zwei generell gegensätzliche Positionen in der Debatte durch *Milton Friedman* und *Robert Edward Freeman* vertreten. *Friedman* vertritt die Haltung, dass die eigentliche Aufgabe von Unternehmen in der Geschäftstätigkeit selbst liegt und der Beitrag für die Gesellschaft darin zu sehen ist. Somit müssen Unternehmen ausschließlich die Sicherstellung des eigenen Geschäftsbetriebs verfolgen, welches durch ökonomischen Erfolg geschieht (vgl. Friedman, 1970). Diese Perspektive ist mit der traditionellen Rolle von Unternehmen zu vergleichen, die auf Shareholderorientierung bzw. Profitmaximierung basiert. Die Übernahme gesellschaftlicher Verantwortung wird dabei anderen Institutionen, wie Regierung und Nichtregierungsorganisationen, zugerechnet. Diese Sichtweise der Rolle von Unternehmen in der Gesellschaft wird heute zwar vielfach als veraltet und zu eindimensional angesehen, ist aber in der Praxis – gerade in Krisenzeiten – immer noch weit verbreitet.

Die dazu gegensätzliche Sichtweise schreibt Unternehmen eine aktive Rolle innerhalb der Gesellschaft zu und wurde von *Robert E. Freeman* in den 80er Jahren des 20. Jahrhunderts entwickelt. Unternehmen müssen demnach einen Beitrag zur Aufrechterhaltung oder Verbesserung der Lebensverhältnisse leisten, weil sie Umwelt und Gesellschaft durch ihre Geschäftstätigkeit in erheblichem Masse beeinflussen. Dieser Wandel von einer reinen Shareholder- zu einer Stakeholderperspektive (vgl. Freeman, 1984) vollzog sich insbesondere in den letzten zwei Jahrzehnten. Die stakeholderorientierte Sichtweise basiert auf Prinzipien der gesellschaftlich verantwortlichen Optimierung der Geschäftsprozesse und einer multiplen Wertschöpfung. Entwicklung und Pflege von Partnerschaften innerhalb und außerhalb des Unternehmens sind hierfür die Grundlage. Verbunden mit der Erweiterung zur Stakeholdersichtweise haben sich auch die internen und externen Erwartungen an Unternehmen geändert. Selbst wenn sich Unternehmen ausschließlich am Profit orientieren (eindimensionale Wertschöpfung), wird heute Transparenz, ökologische Verantwortung sowie gesellschaftliches und lokales Engagement erwartet. Die Frage, die sich heute stellt, ist daher vor allem, *wie* diese Verpflichtungen und Versprechen gesellschaftlichen Engagements erfüllt und umgesetzt werden können. Die Erlangung einer ‚license to operate' in Bezug auf die Kompetenzen, Prozesse, Werte und Führungsprinzipien führt dabei zu einer Vielzahl an organisationalen Herausforderungen.

4 Wertschöpfung und Geschäftstätigkeit

4.1 Wertschöpfung als Basis der Unternehmenstätigkeit

Das Wirtschaften der Unternehmen geschieht in einem global ausgerichteten Modell der Marktwirtschaft; alle anderen alternativen Modelle (Feudalismus, Kommunismus etc.) sind gescheitert. Innerhalb der Marktwirtschaft waren Wirtschaftsunternehmen, insbesondere in der Vergangenheit, zumeist hinsichtlich einer Shareholder-Value-Steigerung ausgerichtet. Das Konzept der unsichtbaren Hand von *Adam Smith*, welches durch den unsichtbaren Marktmechanismus eine volkswirtschaftliche Wohlfahrtssteigerung durch die Verfolgung der Eigeninteressen propagiert, ist mittlerweile überholt. Heutzutage geschieht jegliches Wirtschaften in einem sozialen Kollektiv aus Arbeitnehmern, Anbietern, Konsumenten und anderen Anspruchsgruppen. Die reine Shareholder-Value-Orientierung wird zunehmend obsolet und Unternehmen müssen einen gesellschaftlich umfassenderen Blickwinkel einnehmen: Ein jegliches Wirtschaften geschieht in einem sozio-ökonomischen System. Nur innerhalb dieses Systems ist es möglich, erfolgreich zu sein. Dabei ist eine ausschließliche Orientierung auf ökonomische Zielsetzungen nicht mehr ausreichend, soziale und ökologische Wirkungen der Unternehmensaktivitäten sind mit einzurechnen. Der Grund dafür ist, dass die Wertschöpfung innerhalb des Systems die Vernichtung von Ressourcen, Umweltverschmutzungen etc. zur Folge hat. Deshalb erfordert unternehmerisches Handeln eine Balance zwischen der Produktion von Gütern und Dienstleistungen und gesellschaftlichen Werten bzw. Forderungen an Unternehmen. Die kapitalistische Verhaltensweise im Markt (reine ökonomische Orientierung) muss durch eine erweiterte, auf vielfältigen Werten basierende Verhaltens- und Handlungsweise substituiert werden. In Folge dieser Verschiebung verändern sich auch die Zielsetzungen von Unternehmen.

Die Festlegung von Zielen ist ein wichtiges Merkmal jeder Geschäftstätigkeit und Voraussetzung für die Existenz von Unternehmen. Jedoch stellt sich die Frage, für wen und zu welchem Zweck diese Ziele bestehen? Allgemein wird die Erzeugung von (materiellen und immateriellen) Werten (Wertschöpfung) als das entscheidende und bedeutsamste Ziel für Unternehmen angesehen, an dem die strategischen Entscheidungsprozesse ansetzen. Werte werden in Unternehmen durch operative Geschäftsprozesse, durch Investitionen in neue Technologien und neue Produkte/Dienstleistungen, durch den Aufbau und die Pflege von Markenbewusstsein, verbesserte und kostengünstigere Produktionsmöglichkeiten, durch spezielle Ausbildungen von Mitarbeitern und durch den Dienst am Kunden geschaffen (vgl. Burke/Logsdon, 1996). Dabei steht die Wertegenerierung in direktem Zusammenhang mit dem Business Plan (Geschäftsplan). Im Geschäftsplan eines Unternehmens wird festgelegt, was ein Unternehmen den Kunden und ihrem sozialen Umfeld anbieten muss, um ihr Verhalten in ihrem Sinne positiv zu beeinflussen. Einfacher gesagt: Ein Unternehmen muss sein Angebot an der Nachfrage ausrichten. Stakeholder haben demzufolge einen großen Einfluss auf die Existenzgrundlage der Unternehmen. Kunden, Aktionäre, Angestellte und die lokale Gemeinschaft sind Beispiele solcher Stakeholder (Anspruchsgruppen), die alle Betroffene (Nutznießer oder Geschädigte) der Wertschöpfung von Unternehmen sind. Stakeholder entscheiden, ob ein Produkt oder eine Dienstleistung gekauft, genutzt oder abgelehnt wird.

Die geschaffenen Werte können materiell (Produkte) und immateriell (Dienstleistungen) sein. Die Wertschöpfung materieller Güter (z. B. Autos, Waschmaschinen) und immaterieller Werte (z. B. Beratungen, Empfehlungen) ist in sich jedoch differenziert zu betrachten: So beruht der Verkauf von Waren häufig auf einer Mischung materieller und immaterieller Werte. Beispielsweise wird ein Auto meist zusammen mit einer Form der Kundenbetreuung (Service, Kundendienst) verkauft. Anders ausgedrückt: Die Wertschöpfung besteht somit aus einem Wechselspiel zwischen menschlichem, organisatorischem und Kundenkapital. Die Schaffung von Werten geschieht durch die Transformation oder die Verbesserung unternehmerischer Routinen und Abläufe (vgl. Mouritsen, 2000). In der heutigen Informationsgesellschaft sind zunehmend auch immaterielle Werte in der Wertschöpfung dominierend: es werden nicht nur materielle Werte (z. B. Autos, Schränke, Handys) geschaffen, sondern Information und Wissen tragen zunehmend zur Gewinnerzielung der Unternehmen bei (siehe etwa Unternehmen wie Google oder Wikipedia). Die Wertschöpfung bzw. -schaffung beruht dabei größtenteils auf der Entwicklung von Werten in Zusammenarbeit mit diversen Stakeholdern.

4.2 Die Black Box der Wertschöpfung

Die bereits beschriebene Relevanz der Wertschöpfung für und in Unternehmen kann jedoch nicht als einfaches (triviales) System dargestellt werden. Demzufolge existiert auch keine Blaupause für die Schöpfung von Werten. Die zumeist geteilte Auffassung, dass Wertschöpfung deshalb als eine Art Black Box-Prozess zu verstehen ist, kann zwar bis zu einem bestimmten Maß stimmen, aber zumindest kann gesagt werden, dass Wertschöpfung:

(a) definitionsgemäß auf Zusammenarbeit und Wechselbeziehung beruht;

(b) kontextgebunden ist (der Wert hängt vom Zusammenhang ab);

(c) nur kundenbezogen geschaffen werden kann (was für jemanden Wert besitzt, ist nicht notwendigerweise ein Wert für jemanden anderen);

(d) zeitabhängig ist (Werte verändern sich, während des Tages, während der Woche, während eines Lebens);

(c) kontinuierlich und fortwährend immer wieder neu stattfinden muss.

Außerdem können wir annehmen, dass

(1) die geschaffenen (materiellen oder immateriellen) Produkte oder Dienstleistungen einen Wert für einen oder mehr Interessenten haben;

(2) das (oder die) beteiligte(n) Unternehmen die Fähigkeiten (Kompetenzen, Kapazitäten und Mittel) haben müssen, den versprochenen Wert zu schaffen;

(3) die Wertschöpfung auf Mitteln und Ressourcen beruht, welche die Befriedigung von Bedürfnissen ermöglicht;

(4) die Wertschöpfung die Umwandlung von Waren, Kenntnissen, Ideen, Konzepten usw. in einen neuen Zustand oder ein neues Produkt impliziert;

(5) im Prozess der Umwandlung einige Werte zerstört werden, während andere wachsen.

4.3 Vier Kapitalarten

Zur Wertschöpfung wird in der Regel eine Mischung aus vier Kapitalarten verwandt: menschliches, soziales, natürliches und wirtschaftliches Kapital. Einige dieser Werte können gekauft werden, während andere zur Verfügung gestellt oder auf der Grundlage von gesellschaftlichen Maßnahmen geschaffen werden müssen. Die Letzteren sind demzufolge das Ergebnis von Investitionen durch verschiedene Kunden wie öffentliche Einrichtungen, andere Firmen oder Individuen.

- *Menschliches Kapital* beruht auf der unternehmerischen und betrieblichen Kompetenz, die Talente und Fähigkeiten zu entwickeln, die erforderlich sind, um das zu organisieren, was die Organisation verspricht;
- *Umweltkapital* umfasst vor allem Rohstoffe (Wasser, Luft, Öl, Holz, Saat, Korn, usw.) und Energieverbrauch; diese sollen in einer Weise verwendet werden, die nicht zur Verschmutzung der Umwelt oder Verschwendung von Ressourcen führt. Dieses führt zu einer organisatorischen Designherausforderung für die Unternehmen;
- *Wirtschaftskapital* ist monetärer Art. Für das Wirtschaftssystem ist der Einsatz von Finanzmitteln unerlässlich, muss jedoch mit realen Werten weitgehend korrespondieren und darf sich nicht verselbstständigen, wie die Analysen von Wirtschaftskrisen in jüngerer Zeit zeigen.
- *Soziales Kapital* umfasst die Gesamtheit an Beziehungsverhältnissen, Netzwerken und Bindungen einer Gesellschaft sowie die Normen und die Werte, die als Vertrauen die Grundlage der Kooperationsbeziehungen bilden.

In unserer Gesellschaftsform ist es evident, dass der Gebrauch der vier Kapitalarten sich nicht in einem Zustand des Gleichgewichts befindet. Die klassische Industriewirtschaft etwa beruht auf der grundsätzlichen Umwandlung von Waren (z. B. Wasser, Öl, Minerale) in Produkte. Umwandlung beinhaltet immer Energieverbrauch, aber auch Verbrauch und Zerstörung natürlicher Ressourcen: um z. B. eine Tonne Stahl zu erzeugen, werden 60.000 Liter Wasser benötigt – die Erzeugung von 1 kg Mikrochips benötigt allein bereits 16.000 Liter Wasser.[2] Dieser Umwandlungsansatz

---

[2] Weitere Beispiele bietet die Internetplattform www.virtuelles-wasser.de.

betrachtet ‚Nebenwirkungen' der industriellen Produktion wie Verschwendung, Verschmutzung oder soziale Auswirkungen als ‚externe Kosten', die nicht notwendigerweise in der Kalkulation des Geschäftsmodells berücksichtigt werden. Ohne die Berücksichtigung dieser ‚externen Kosten' werden der Wertschöpfung in diesem Geschäftsmodell niedrige Kosten attestiert, obwohl sie hohe gesellschaftliche oder umweltbezogene Kosten produziert. Die Vorteile der Wertschöpfung werden daher zwar ins Geschäftsmodell des Unternehmens eingebunden, die mit den negativen Effekten verbundenen Kosten allerdings nicht. Das Gleichgewicht zwischen Wertschöpfung und Zerstörung wird dadurch verzerrt. Die Wertzerstörung wird an die Gesellschaft weitergegeben, anstatt sie innerhalb des Unternehmens und der Wertschöpfung zu veranschlagen. Allein diese kurze Beschreibung zeigt die Notwendigkeit der Integration gesellschaftlicher Verantwortung in unser Wirtschaftssystem.

4.4 Zusammenfassende Aussagen zum Kern der Debatte

Die dargestellte Problematik der Integration externer Effekte in den Geschäftsplan bzw. die Kostenrechnung ist einer der zentralen Aspekte der Debatte. Stakeholder hinterfragen zunehmend das gesellschaftlich verantwortliche Handeln von Unternehmen und Unternehmen sind gezwungen, die Balance zwischen Wertschöpfung und -zerstörung zu halten, um die Legitimität der Unternehmenstätigkeit zu bewahren. Bei der Überprüfung, wie Unternehmen im Bereich der Wertschöpfung strukturiert und organisiert sind, zu welchen Kosten Werte erschaffen werden und wie Vertrauenswürdig Unternehmen sind, kann festgestellt werden, welche Unternehmen sich um Stakeholderanliegen kümmern. Dieses bietet die Möglichkeit über gesellschaftliche Verantwortung als strategische Komponente und nicht als ‚grünen' Trend mit begrenzter Lebensdauer nachzudenken. Nur eine Balance zwischen den unterschiedlichen Stakeholderforderungen in Verbindung mit einer Balance von Wertschöpfung und -zerstörung kann als ‚wahres' gesellschaftliches Engagement bezeichnet werden.

Aus den bisher unscharf definierten Begrifflichkeiten des Themenbereichs der gesellschaftlichen Verantwortung folgt zudem eine weitere Problematik – die Fokussierung auf eine semantisch-philanthropische Debatte mit einem hohen Grad an emotionalen Aktivitäten, die durch eine große Anzahl philanthropischer Aktivitäten unterstützt werden. Jedoch führt diese Richtung der Debatte zu nichts mehr, als einzelnen gesellschaftlichen Aktivitäten, die durch eine große Reihe an Appellen menschenfreundlichen Handelns unterstützt wird. Dieses Appellieren führte zwar kurzfristig zu einer Reaktion der Mehrheit der Unternehmen, die auf diese emotionalen Aufrufe reagiert und CSR-Standards aufgestellt haben, allerdings diente dieses ausschließlich der Beruhigung der Kundekreise und führt nicht zu einer Verinnerlichung der Debatte im Kern des Unternehmens. Solange aber das Thema gesellschaftliche Verantwortung auf dieser vagen Ebene bleibt – wo erlaubt ist, was gefällt – läuft es Gefahr, eine viel versprechende Bewegung gewesen zu sein, die in nicht zu weit entfernter Zukunft in Vergessenheit gerät. Zurückliegend betrachtet würde dann eher von einem Managementhype gesprochen werden, der wieder abflachte. Es gibt Stimmen im Feld, welche gerade solch ein Szenario voraussagen.

Was grundsätzlich erforderlich ist, ist eine neue Ebene der Debatte, in der die grundsätzlichen Probleme identifiziert, gründlich besprochen und gedanklich verarbeitet werden; und schließlich auch umgesetzt werden. Somit müssen keine einzelnen Projekte gemeinnützigen Engagements oder neue Reporting-Systeme entwickelt werden, sondern vielmehr bedarf es einer fundamentaleren Umorientierung. Zur Weiterentwicklung der Debatte muss sie sich entwickeln von einem reinen ‚Window Dressing' hin zu einer neuen *Organisationstheorie*. Diese Theorie muss eine Geschäftspraxis fördern, in denen die Gesellschaft ein natürlicher Teil ist, der zum Prozess der Wertschöpfung einbezogen und nicht als Hindernis angesehen wird. Nur so kann sich die Debatte von der reinen Befried(ig)ung der Stakeholder zu einer umfassenden Integration in den Alltag des Unternehmens entwickeln.

Die gegenwärtige Herausforderung scheint zu sein, wie man jene Probleme in organisatorische Begrifflichkeiten einbettet. Um dazu Antworten liefern zu können, müssen mehrere grundsätzliche Fragen gestellt werden:

- Welche organisatorischen Konzepte sind notwendig und passend für die Implementierung gesellschaftlich verantwortlichen Handelns?
- Wie ist die Schnittstelle zwischen dem Unternehmen und ihrem Kontext organisiert?
- Was sind die Schlüsselgrundsätze und Handlungen, um Partnerschaften zwischen Unternehmen und Stakeholdern zu schaffen?

Diese Fragen deuten an, dass das Einbinden von CSR und Nachhaltigkeit in den Alltag des Unternehmens einen relativ neuen Prozess der Sinnschaffung zur Folge hat. Dieser Prozess muss verstanden werden, um zur Entwicklung einer zeitgenössischen Organisationstheorie beizutragen. Die Herstellung von Sinn schließt notwendigerweise das Verstehen der Prozesse, deren Nutzen und deren Grenzen einer multiplen Wertschöpfung, aus einem strategischen Gesichtspunkt betrachtet, ein.

5 CSR und Nachhaltigkeit im Kerngeschäft des Unternehmens

5.1 Accountability und Berichtswesen

Die zunehmenden Erwartungen der Gesellschaft und verschiedener Interessensgruppen an Unternehmen, sich intern und extern nachhaltig, verantwortungsbewusst und transparent zu zeigen, führen zu einem neuartigen Informationsbedarf, auf den die Unternehmen reagieren müssen. Neuartig ist dabei nicht nur der Inhalt der Information (z. B. Berichte über nachhaltige Wertschöpfungsprozesse in der Produktion, Energiesparmaßnahmen, Schulprojekte oder die Förderung bürgerschaftlichen Engagements bei den Mitarbeitern), sondern auch die Tatsache an sich, die Öffentlichkeit über Vorgänge im Unternehmen zu informieren. Gewöhnlich sind Unternehmen in dieser Hinsicht weitgehend geschlossene Systeme, die Informationen über die Geschäftsprozesse und -tätigkeiten stark gefiltert über Unternehmenswebsites, Anzeigen, Werbung und Geschäftsberichte entweder aus Wettbewerbsgründen (Markt) oder aufgrund gesetzlicher Vorgaben (Aktiengesetz oder Gesellschaftsrecht) preisgeben. Diese neue Fülle an Informationen versuchen Unternehmen, die sich mit CSR und Nachhaltigkeit beschäftigen, zu verdichten und damit zu kontrollieren: sie bündeln all diese Informationen in einem Dokument, das meist als CSR- oder Nachhaltigkeitsbericht gekennzeichnet ist. Der Boom solcher Berichte in den letzten Jahren hat eine neue Branche von Autoren, Forschern und Auditoren erschaffen. Ziel solcher Berichte ist es, eine Art externe Rechtfertigung für den Geschäftsbetrieb durch die Stakeholder (Gesellschaft, Öffentlichkeit, Interessensgruppen) zu erlangen. Zwar zeigen die Berichte, welche Ziele sich Unternehmen hinsichtlich ihrer gesellschaftlichen Verantwortung setzen und welche Maßnahmen zur Erreichung dieser Ziele angestoßen wurden, jedoch bleibt trotz der Publikation solcher Berichte die Realität der täglichen Arbeit unklar. Die Berichte können nur als gegeben akzeptiert werden, dass heißt die Aktivitäten und Maßnahmen müssen von den Stakeholdern geglaubt werden. Zwar haben sich verschiedentlich unabhängige Bewertungsinstanzen solcher Berichte entwickelt (vgl. www.accountability.org; www.ioew.de); ob ein Unternehmen allerdings eine Verantwortung in der täglichen Praxis umsetzt, kann in den meisten Fällen von den Konsumenten und anderen Stakeholdern nur gemutmaßt werden.

Die tatsächliche Integration von CSR und Nachhaltigkeit in das Kerngeschäft eines Unternehmens ist daher eine vorrangig strategische Überlegung. CSR und Nachhaltigkeit können dann als strategisch bedeutsam angesehen werden, wenn sie die verschiedenen und sich gegenseitig beeinflussenden Rollen, Funktionen und Positionen von gesellschaftlicher Verantwortung und nachhaltiger Strategien eines Unternehmens innerhalb verschiedener operationaler Kontexte ansprechen. Beispielsweise stellen sich Fragen, wie Unternehmen die Gesellschaft oder den Standort beeinflussen, in dem sie tätig sind: inwieweit Unternehmen einen positiven (oder auch negativen) Einfluss auf die soziale und kulturelle Entwicklung einer Region haben, wie Unternehmen mit der Umwelt umgehen, wie Angestellte behandelt werden oder wie ein Unternehmen die Frage des Energieverbrauchs, des Transports von Gütern oder der Abfallentsorgung behandeln. Es geht also darum, sich mit CSR und Nachhaltigkeit gleichzeitig und gleichgewichtig zu befassen.

5.2 Einbettung in die Unternehmensstrategie

Strategie ist die Kunst, zukunftsorientierte und ergebnisführende Entscheidungen zu treffen und diese in organisationsbezogenen Handlungen umzusetzen (vgl. Chandler, 1962; Mintzberg et al., 1999). Aus dem Feld von gegenwärtigen Unternehmensstrategien können fünf Hauptströmungen wahrgenommen werden: (a) operative Exzellenz; (b) Produktführerschaft; (c) Vertrauen der Kunden; (d) Erfahrung und (e) 'Virtualität' (vgl. Treacy/Wiersema, 1997). Jede dieser Strategien macht den damit verbundenen verschiedenen Stakeholdergruppen spezifische Versprechungen. Unternehmen neigen dazu, einer dieser Strategien zu folgen, und sie gegebenenfalls durch Elemente anderer Strategien zu ergänzen. Das Ergebnis ist ein unternehmensspezifischer, nach außen nur selten transparenter Strategiemix, der die Prozesse der Wertschöpfung steuert. Alle fünf oben erwähnten konventionellen Unternehmensstrategien konzentrieren sich vorherrschend bzw. vollständig auf die ökonomische Wertschöpfung. Dabei kann es vorkommen, dass CSR und Nachhaltigkeit als irrelevant angesehen und nicht in die Unternehmensstrategie integriert werden. Die sozialen und ökologischen Belange existieren zwar auch in solchen Unternehmen, gehen allerdings nicht über die Einhaltung gesetzlicher Bestimmungen hinaus. In diesen Fällen wird eine strategische Verankerung von CSR und Nachhaltigkeit nicht als ausschlaggebend oder zentral für den Unternehmenserfolg gesehen, sondern eher als Luxus für diejenigen, die sich moralische Verpflichtung ‚leisten' können.

CSR und Nachhaltigkeit werden in vielen Unternehmen auch als ‚Substrategien' betrachtet, die als Antwort auf Bedürfnisse, Erwartungen und gegebenenfalls den Druck besonderer Stakeholder entwickelt werden. Die Analyse gegenwärtiger Unternehmenspraktiken zeigt, dass CSR in diesen Fällen nur dann eingeführt wird, wenn spezielle Ressourcen dafür vorhanden sind, oder wenn der Druck von der Regierung oder den Stakeholdern die Unternehmen dazu zwingt, in der einen oder anderen Weise verantwortungsvoll zu handeln. Der Einsatz solcher, im Vergleich zur Gesamtstrategie ‚unterstützender' Strategien muss sich nicht ausschließlich auf CSR und Nachhaltigkeit beschränken, sondern kann sich auf alle Geschäftsbereiche, von Human Resources Management bis Beschaffung, beziehen. Das Ziel ist dabei, eine zufriedenstellende Wertschöpfung in verschiedenen Kapitalbereichen bei gleichzeitiger Erfüllung der Stakeholderforderungen und -ansprüche zu erzielen.

Idealerweise sollten Unternehmen ihre Strategie immer auf Basis der Bedürfnisse und Forderungen ihrer Stakeholder (nicht nur Kunden und Mitarbeiter, sondern auch Gesellschaft, regionale standortbezogene Gruppierungen etc.) entwickeln. Die Ansprüche der Stakeholder können Unternehmen über Medien oder andere Informationskanäle, Marktforschung oder im direkten Dialog mit den Stakeholdern ergründen und für ihre Unternehmensstrategie und Geschäftspraktiken berücksichtigen (vgl. Carroll/Buchholtz, 2008). In der Praxis zeigt sich jedoch, trotz aller in manchen Fällen demonstrativen Bemühungen, Stakeholder und ihre Bedürfnisse zu verstehen, dass dieses Verständnis nur einen minimalen Einfluss auf Unternehmenspläne und Geschäftspraktiken hat. Im Strategiebildungsprozess werden der Wert der Stakeholder und ihre Integration in die Geschäftsstrategie weitgehend vernachlässigt. Die Schlüsselfrage ist deshalb nicht, ob sich Unternehmen mit den Stakeholdern beschäftigen sollten, sondern wie Informationen von Stakeholdern in den Strategiebildungsprozess und schließlich in die Unternehmensstrategie selbst integriert werden kann. Die Suche nach der Antwort auf diese Fragen kann sich als die größte Herausforderung in der CSR- und Nachhaltigkeitsdebatte erweisen.

5.3 Prozess der Strategieplanung

Aus der beschriebenen Relevanz der strategischen Ausrichtung eines CSR- und Nachhaltigkeitsengagements resultiert die Notwendigkeit einer strategischen Planung und -entwicklung. Aus einer Kontigenzperspektive betrachtet (vgl. Miles/Snow, 1978), befasst sich Strategieentwicklung mit dem, was ein Unternehmen seinen Kunden und anderen Stakeholdern anbieten muss und was diese Interessensgruppen dann auch annehmen. Ebenso wie für die üblichen Produkt- und/oder Dienstleistungsperspektiven gilt dies auch für soziale oder ökologische Perspektiven. Zentrale Herausforderung für das strategische Management ist daher die Entwicklung von Fähigkeiten, die relevanten Signale des Marktes ebenso wie die des sozialen und gesellschaftlichen Umfeldes zu erkennen und flexibel auf eine sich ständig wandelnde Umwelt zu reagieren (vgl. Prahalad, 1995).

Inwieweit ein Unternehmen die Erwartungen von Stakeholdern erfüllen kann, hängt somit von der Flexibilität und Wandlungsfähigkeit der Organisation ab. Diese Anpassungsfähigkeit erfordert eine neue Art des strategischen Denkens in Unternehmen. Dabei muss der Prozess der Strategiebildung selbst von den Ergebnissen der entwickelten Strategie unterschieden werden. Der Prozess der Strategiebildung besteht in der Regel aus einem ‚trial and error'-Prozess, der das organisationale Umfeld mit einbezieht und auf einem Modell beruht, das sich als viabel und erfolgreich herausgestellt hat (vgl. Mintzberg et al., 1999). Das Ergebnis dagegen setzt sich aus verschiedenen Maßnahmen, Strukturen, Grundwerten und Entscheidungsregeln zusammen. Auf dieser Basis wird der Geschäftsplan (Business Plan) entwickelt – als Weg, wie Unternehmen ihre Konzepte, Produkte und Dienstleistungen auf den Markt bringen.

Im Gegensatz zu strukturiert geplanten Strategieprozessen bietet die Beachtung von ‚emergierenden' Prozessen die notwendige Flexibilität zur Anpassung an wandelnde Bedürfnisse der Umwelt. Emergierende (sich selbst entwickelnde) Prozesse werden als evolutionäre Prozesse verstanden, die sich parallel zum alltäglichen (geplanten) Handeln in der Organisation vollziehen. Emergierende Strategieprozesse bestehen, ebenso wie geplante Prozesse, aus verschiedenen Entscheidungen, Handlungen, Analysen und Initiativen innerhalb einer Organisation (vgl. Mintzberg, 1987; Stacey, 2003). Die einzelnen Schritte sind jedoch nicht im Vorhinein geplant, sondern ergeben sich aus der täglichen Praxis. Im Verhältnis zum geplanten Prozess liegt der Fokus weniger auf der Kontrolle der Maßnahmen, sondern auf der Entwicklung einer Sensibilität für Veränderungen und einer Kultur des Zuhörens (vgl. Crossan et al., 2006). Ziel ist eine Umgebung des Experimentierens, Probierens und eine positiv gestaltete Fehlerkultur, die professionelle Prozesse der Improvisation ermöglicht (vgl. Dell, 2002). Organisationen, die von emergierenden Strategieansätzen geleitet werden, sind weniger durch formelle Richtlinien und Verfahren gesteuert; ihre Kohäsion entwickelt sich aus geteilten Werten (vgl. Schoemaker/Jonker, 2005a und 2005b).

Unternehmensstrategien können entweder von außen nach innen oder vice versa entwickelt werden. Bei einer Strategieentwicklung ‚outside-in' nimmt das Unternehmen externe Trends auf und gestaltet infolgedessen seine Strategie. Die klassische Kontingenztheorie kommt dieser Annäherung sehr nahe. Eine Strategieentwicklung von innen nach außen (inside-out) kann dagegen als eine innovative Version des ressourcenorientierten Ansatzes betrachtet werden. Dieser basiert auf den Kompetenzen und Ressourcen des Unternehmens als Ausgangspunkt für die Positionierung auf dem Markt. Während der outside-in-Ansatz eher auf Anpassung an die Tendenzen der Unternehmensumwelt basiert, handeln Unternehmen beim inside-out-Ansatz auf Basis ihrer Kernkompetenzen und können aufbauend auf diesen die Umwelt selbst gestalten. In der Realität finden sich meist hybride Mischformen aus den beiden beschriebenen Ansätzen.

Auch im Bereich gesellschaftlicher Verantwortung und nachhaltiger Entwicklung wird die Strategiebildung in vielen Unternehmen stückweise und inkrementell vollzogen. Der World Business Council for Sustainable Development (www.wbcsd.org) kennzeichnet diesen Typ der Strategiebildung als Ökoeffizienz. Aus dieser Perspektive wird das lineare organisatorische Paradigma nicht aufgegeben; der Weg ist durch eine schrittweise Verbesserung vorhandener Strategieansätze gekennzeichnet. Der andere Weg wird durch Ansätze ‚radikaler Innovationen' (vgl. Mandl, 1995), wie Cradle to Cradle (vgl. Braungart/McDonough, 2005), Biomimetik (vgl. Cochran et al., 2004) und 'The Natural Step' (TNS – www.naturalstep.org) vertreten. Diese relativ neuen Ansätze nachhaltiger Strategien haben viel Unterstützung und Begeisterung hinsichtlich ihrer kreativen und innovativen Lösungen zu CSR und Nachhaltigkeitsproblemen gefunden.

5.4 Neue Strategieansätze

Trotz der rationellen und oftmals linearen Beschreibung der Vorgehensweise bei Prozessen der Strategiebildung in der Managementliteratur kann der Prozess der Einbettung von CSR und Nachhaltigkeit ein eher ‚chaotischer', improvisatorischer Prozess sein (vgl. Dell, 2002; Crossan et al., 2006). Nach *Cramer, van der Heijden* und *Jonker* (2004) ist dieser Prozess mit vier Schritten oder Phasen verbunden:

(1) Sensibilisierung: das Interesse für CSR und Nachhaltigkeit entwickelt sich und wächst bis zu einem bestimmten Niveau; Interesse für Begründungen und Beispiele guter Praxis;

(2) Entdeckung: Experimentieren anhand kleiner Initiativen und konkreter Projekte im eigenen Unternehmen, gegebenenfalls Vernetzung mit anderen Unternehmen;

(3) Einbettung: Verknüpfung von CSR-Initiativen mit den strukturellen und systemischen Aspekten der Organisation;

(4) Routinisierung: Betrachtung von CSR als eine der Kernkompetenzen des Unternehmens.

Innerhalb dieses Prozesses kommt den Führungskräften des Unternehmens eine Schlüsselfunktion zu; sie sind die ‚Change Agents' der damit verbundenen Werteentwicklung und Kulturveränderung. Wie in einer Organisation über CSR und Nachhaltigkeit in Unternehmen nachgedacht und gehandelt wird, ist maßgeblich von den Führerpersonen abhängig. Wenn Führungskräfte nicht erkennen, dass CSR und Nachhaltigkeit das Ergebnis einer geänderten Gesellschaft und nicht Managementtrend oder ein PR-Werkzeug sind, wird es keine langfristige Veränderung in den Unternehmen geben.

Längsschnittuntersuchungen (vgl. Jonker/van Pijkeren, 2005; Hafner et al., 2007) zeigen, dass Unternehmen sich den Themen CSR und Nachhaltigkeit in unterschiedlicher Weise annähern. In den meisten Fällen werden Maßnahmen und Initiativen zu CSR und Nachhaltigkeit eher an den Rand des Kerngeschäfts positioniert oder speziellen Abteilungen zugeordnet. Eine ‚echte' Integration in die Unternehmensstrategie und das organisatorische Wertesystem hingegen ist auch heute noch eher ungewöhnlich. Zwar existieren in den meisten mittleren und großen Unternehmen eine Reihe an Aktivitäten und Tätigkeiten, die die Interessen der Stakeholder befriedigen sollen, einen grundsätzlichen Einfluss auf die Unternehmensstrategie haben diese in aller Regel allerdings nicht.

Vor diesem Hintergrund können fünf zentrale Ansätze der Integration von CSR und Nachhaltigkeit in die Unternehmensstrategie identifiziert werden:

(a) Der Risikoansatz

CSR wird hier u. a. aufgrund der Angst vor ökonomischen oder Imageverlusten initiiert. Häufig wird dieser Ansatz durch einige kritische Geschehnisse ausgelöst, die öffentlichen Protest auslösten. Als eine Reaktion konzentriert sich das Unternehmen auf die Außenkommunikation und absichernde Prozesse. Unternehmen mit einem risikoreichen Profil, wie etwa Unternehmen der chemischen Industrie oder Unternehmen mit einem hohen Markenbewusstsein, verfolgen oftmals den Risikoansatz.

(b) Sponsoring und Orientierung am Gemeinsinn

Dieser Ansatz beruht auf der Tradition der Wohltätigkeit und des bürgerschaftlichen Engagements. Unternehmen werden dabei von der Idee des ‚Giving Back to the Community'-Gedanken gesteuert. Dies wird durch Spenden oder dem Engagement/der Beteiligung der Mitarbeiter an gemeinwohlorientierten Projekten (meist am Standort des Unternehmens) realisiert. Auf diese Weise trägt ein Unternehmen zur gesellschaftlichen Entwicklung und zum Gemeinwohl bei, ohne die Geschäftsprozesse darauf auszurichten.

(c) Identitätsansatz

CSR oder die Orientierung an Nachhaltigkeit wird hier durch die soziale oder ökologische Überzeugung von Eigentümern und Management gesteuert. Werte und Kultur solcher Unternehmen sind die Basis für strategische Entscheidungen und den Einsatz organisatorischer Mittel. Häufig bedienen diese Unternehmen einen Nischenmarkt, auf dem Konsumenten gewillt sind, einen höheren Preis für sozial verantwortliche, ökologische oder ethische Produkte zu bezahlen.

(d) Differenzansatz

Dabei wird CSR zu einem bestimmten Produkt oder einer Dienstleistung im weiteren Portfolio eines Unternehmens zugerechnet. Auf diese Weise wird der zu erwartenden Nachfrage der Konsumenten für ökologische oder ethische Produkte und Dienstleistungen Rechnung getragen. Größtenteils repräsentieren diese Produkte und Dienstleistungen jedoch nur einen marginalen Teil des Geschäftsumsatzes, aber sind oftmals ein Auslöser für Innovationen und neue Geschäftsmodelle.

(e) Innovationsansatz

Bei diesem Ansatz wird CSR als Möglichkeit betrachtet, ein neues Geschäftsmodell zu entwickeln, das Marktpotentiale und Markenwert generiert. Entsprechende marktbezogene Hinweise oder Signale aus der Organisationsumwelt werden aufgenommen und in innovative Unternehmenskonzepte übersetzt, die Potenzial zur Wertschöpfung zeigen. Diese Unternehmen wollen Wertschöpfung für viele und vielfältige Stakeholder erreichen.

6 Zukünftige Entwicklungen der Debatte zur gesellschaftlichen Verantwortung

6.1 Einbettung in die Gesellschaft

Der sozialen und ökologischen Verantwortung wirtschaftlichen Handelns und den entsprechenden Organisationen (kleine und große Unternehmen, Branchen, Verbände etc.) wird heute eine besondere Aufmerksamkeit gezollt. Dies hängt damit zusammen, dass bei Politik und Verbrauchern im globalen Maßstab das Bewusstsein für die Notwendigkeit wächst, die Umwelt zu schützen, die Verschwendung natürlicher Ressourcen aufzuhalten und soziale Ungerechtigkeiten auszugleichen, um vielfältige gesellschaftliche Probleme zu bearbeiten oder zu lösen. Dieses Prinzip gesellschaftlicher Verantwortung ist dabei nicht auf bestimmte Regionen oder den sozialen Bereich begrenzt, sondern äußert sich global und in verschiedenen Sektoren – bei Unternehmen, Politik und verschiedenen zivilgesellschaftlichen Akteuren.

Die Entwicklung einer Balance zwischen Profit und Wertschöpfung und der Einhaltung gewisser Prinzipen gesellschaftlicher und ökologischer Verantwortung scheint die magische Formel zu sein, um dieser Entwicklung gerecht zu werden. Die konkrete Umsetzung bleibt, unabhängig von dem generellen Anspruch von Unternehmen, ein guter Bürger zu sein und in nachhaltiger Weise zu arbeiten, oftmals ein schönes, aber unpraktisches und damit unrealistisches Ziel. Jegliche Art ‚Gutes zu tun' – Volunteering, Spenden, Sponsoring etc. – scheint zwar ehrenhaft, hat jedoch ohne eine strategische Komponente kaum etwas mit der Idee von CSR zu tun. Die Folgen eines ungeplanten, oft wahllosen Engagements resultieren nicht selten in Verschwendung von menschlicher Energie und Ressourcen, in unehrlichem Verhalten und einer Auffassung von CSR und Nachhaltigkeit als Modetrend. Gesellschaftliche Probleme werden damit weder mittel- noch langfristig gelöst.

6.2 Anforderungen an Führungskräfte von morgen

Veränderungen in der strategischen Ausrichtung werden in Unternehmen in aller Regel von der Führungsetage initiiert. Ein wichtiger Aufgabenbereich von Führungskräften ist die Vereinbarung von Zielsetzungen und die Überwachung der beschlossenen unternehmerischen Ziele. Die Anforderungen an Führungskräfte in Unternehmen sind dabei in den letzten Jahren im Zuge der Globalisierung erheblich gestiegen. „Von Führungskräften wird zunehmend erwartet, dass sie sowohl die sich verändernde Rolle von Unternehmen in der Gesellschaft als auch ihr eigenes unternehmerisches Handeln im (globalen) Wettbewerb ethisch reflektieren, dass sie bereit und in der Lage sind, sich ethischen Legitimitätsanforderungen seitens ihrer Stakeholder offen und konstruktiv zu stellen und nach gemeinsamen Lösungen zu suchen" (Schumann, 2007: 15).

Aus diesen neuen Anforderungen ergibt sich für die Aus- und Weiterbildung von Führungskräften ein neues Bildungsverständnis. Heute umfasst dies „nicht nur kognitives Wissen, sondern will auch soziales Lernen und Kompetenzen wie Kommunikations-, Kooperations- und Teamfähigkeit, ‚Civic Education', Empathie und soziales Verantwortungsbewusstsein gleichermaßen vermitteln" (Heuberger 2008: 473). Man kann diese neuen Fähigkeiten zwar beschreiben und fordern, sie zu vermitteln ist jedoch weitaus schwieriger. Aus diesem Grund kommt den Universitäten eine besondere Bedeutung zu, denn die ‚Universitas' steht auch heute noch für die „Gesamtheit von Lehrenden und Lernenden als ranghöchste Einrichtung der systematischen Wissensproduktion" (Fabio, di, 2005: 23). Die Bedeutung der Universitäten wird noch wichtiger, wenn man den Wettbewerbsstandort Deutschland betrachtet. Nicht nur aus Mangel an natürlichen Ressourcen fokussiert sich die Wettbewerbsfähigkeit auf die Ressource Wissen. Das im weltweiten Vergleich hohe Lohnniveau in Deutschland führt zusätzlich dazu, dass die Förderung der Ressource Wissen verbunden mit wissensintensiven Innovationen heute und in Zukunft unerlässlich für den Wettbewerbsstandort Deutschland und für den Wohlstandes des Landes ist (vgl. Fabio, di, 2005). „Wenn wir sagen, unsere Gesellschaft braucht neue Kulturen, professionelles Führungsverhalten und in seinen gesellschaftlichen Subsystemen eine andere mentale Grundvoraussetzung, dann muss dieses zunächst bei den Universitäten beginnen, da sie die Multiplikatoren liefert, die auch später Personalverantwortung haben." (Frey, 2005: 144). Somit kommen der Förderung von gesellschaftlicher Verantwortung von Studierenden, die die zukünftigen Führungskräfte von morgen sind, und der damit verbundenen Entwicklung zu sozial verantwortlichen Persönlichkeiten eine elementare Bedeutung zu, da diese den erforderlichen strategischen Einfluss in Unternehmen zur Umsetzung gesellschaftlichen Engagements erhalten. Daher ist die (Aus-)Bildung künftiger Führungskräfte maßgeblich und nimmt eine Schlüsselstellung ein, um gesellschaftliche Verantwortung in Unternehmen, Organisationen und Institutionen unserer Gesellschaft langfristig erfolgreich etablieren zu können.

6.3 Multiple Wertschöpfung als neues Managementmodell

An dieser Stelle soll ein Managementmodell[3] vorgestellt werden, das als Ansatz einer Integration von CSR und Nachhaltigkeit in das Kerngeschäft entworfen wurde. Das Modell gründet auf der Annahme, dass alle organisationalen Aktivitäten von Prozessen der Strategiebildung und -implementierung geprägt sind.

Strukturell unterscheidet das Modell zwischen dem unternehmerischen und dem gesellschaftlichen Kontext, beide sind für Organisationen gleichermaßen und gleichzeitig relevant. Berücksichtigt man die heute massiv gestiegene Komplexität und Dynamik zwischen Wirtschaft und Gesellschaft, so gehört zur Wertschöpfung mittlerweile eine Vielzahl an Aspekten: neben dem herkömmlichen ökonomischen Wert schaffen Unternehmen auch soziale und ökologische Werte. Unter Shareholder-Gesichtspunkten wird die Wertschöpfung eines Unternehmens vor allem durch die Kundenpräferenz, Profitmargen und das Übertreffen von Wettbewerbern bestimmt. Diese Form des Wertes basiert auf den ökonomischen Prinzipien des Marktes und der ökonomischen Wertschöpfung. Innerhalb des gesellschaftlichen Kontextes sind die Unternehmen in verschiedene nicht ökonomische Fragen involviert. Diese können von den Unternehmen nicht ignoriert werden. Eine Missachtung kann sogar zu einem Verlust an ökonomischen Wert führen.

---

[3] Das Modell wurde 2004 ursprünglich im Rahmen einer Forschungskooperation mit Claudia Appels und Lisette van Duijn erarbeitet und hat sich bis heute weiterentwickelt. 2006 erschienen zwei Publikationen, in denen das Modell eine wichtige Rolle spielt. Diese sind ‚Management Models for Corporate Social Responsibility (Berlin: Springer) und ‚The Challenge of Organising and Implementing CSR (Palgrave). 2009 wurde das Modell in dem Buch ‚Management Models for the Future' (Berlin: Springer) benutzt.

Das Modell (Abbildung 3) beschreibt vier verschiedene Kategorien, die die Wertschöpfung einer Organisation im Sinne gesellschaftlicher Verantwortung und nachhaltiger Entwicklung definieren:

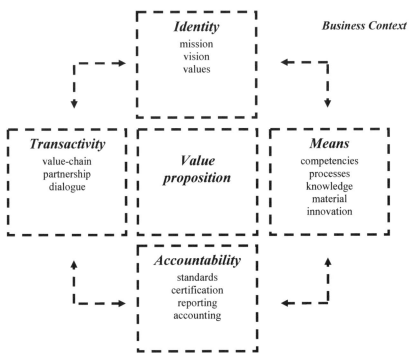

Abb. 3. Management Models for the Future (Jonker/Eskildsen, 2009)

1. *Transactivity* (Schnittstellenmanagement) beschreibt die dynamische Kommunikation zwischen Unternehmen und dem gesellschaftlichen Umfeld. Transactivity ist ein Gestaltungsparameter für die Organisation und das Management der betrieblichen Wertschöpfungskette und soll den kontinuierlichen Dialog mit relevanten Stakeholdern gewährleisten und entsprechende Partnerschaften aufbauen. Ziel ist eine nachhaltige Beziehungsgestaltung mit gesellschaftlichen Partnern, die dem Unternehmen unter Berücksichtigung der Interessen und Bedürfnisse relevanter regionaler und überregionaler Stakeholder Innovationen und Wertschöpfung in seinem Produkt- und Dienstleistungsportfolio ermöglichen.

2. *Means* (Instrumente, Möglichkeiten) verweist auf die organisatorischen Mittel zur Wertschöpfung und repräsentiert das humane, ökologische und intellektuelle Kapital eines Unternehmens, um seine CSR-Ziele zu verwirklichen: Instrumente und organisatorische Strukturen und Systeme, die eingesetzt werden, um CSR und Nachhaltigkeit in den Kernprozess der Organisation zu integrieren. Dies beeinflusst auch die Art und Weise, wie Fähigkeiten und Kompetenzen entwickelt werden. Eine enge Beziehung zwischen Transactivity und den Means, dem Schnittstellenmanagement und den CSR-Instrumenten eines Unternehmens, ist für eine auf Nachhaltigkeit basierende Wertschöpfung unabdingbar.

3. *Accountability* beinhaltet die Fähigkeit, nachhaltiges und gesellschaftlich verantwortliches Handeln in der Wertschöpfungskette nachzuweisen und zu kommunizieren. Accountability unterscheidet dabei zwischen der Erfüllung (international gesetzter) CSR-Standards, einer möglichen CSR-Zertifizierung des Unternehmens, der regelmäßigen Berichterstattung und (gesetzlichen) Rechenschaftspflicht eines Unternehmens.

4. *Identity* bezeichnet das (tatsächliche und kommunizierte) Selbstverständnis einer Organisation hinsichtlich CSR und nachhaltiger Entwicklung. Diese Identität ist in den Werten des Unternehmens begründet und Grundlage für die geschäftlichen Handlungsleitlinien im täglichen Handeln. Die organisationalen Werte bestimmen den Kern der Unternehmenskultur, finden sich in den Artefakten einer Organisation und im Verhalten von Mitarbeitern und Führungskräften wieder und sind somit die Grundlage für die gewünschte Identität eines Unternehmens (Corporate Identity). Dieses Selbstverständnis und seine Darstellung nach außen sind wichtig dafür, wie sehr sich Mitarbeiter und Kunden mit einem Unternehmen und seinen Produkten oder Dienstleistungen identifizieren. Die Corporate Identity spiegelt sich wieder in den Grundsätzen des Unternehmens, die sich in den Leitbildern und Visionen manifestieren. (Corporate) Identity ist damit der bindende Faktor insbesondere für Organisationen mit vergleichsweise ‚flachen' Hierarchien.

Die vier Elemente des Strategie-Modells umfassen diejenigen Aktivitäten, die die Wertschöpfung einer Organisation im Zusammenhang mit gesellschaftlicher Verantwortung bedingen. Die zentrale Frage bleibt dabei, inwieweit die Wertschöpfung eines Unternehmens mit den zukünftigen Bedürfnissen und Erwartungen der Stakeholder verbunden werden kann. Letztendlich bewährt sich diese Strategie, wenn es gelingt, das Versprechen einer nachhaltigen Entwicklung und gesellschaftlicher Verantwortung in die tägliche Praxis zu integrieren. Dies ist dann der Fall, wenn die Instrumente von CSR und Nachhaltigkeit in allen materiellen und immateriellen Aktivitäten des Unternehmens verankert sind.

6.4 Zusammenfassung und Ausblick

Als Konsequenz aus der aktuellen konzeptuellen Ungenauigkeit, die CSR und Nachhaltigkeit umgibt, wird die Debatte zumeist auf einer falschen Ebene geführt. Statt einer weiteren theoretischen und methodischen Fundierung gesellschaftlicher Verantwortung und der Instrumente von CSR und nachhaltiger Entwicklung wird die Debatte zumeist dominiert von hoher Emotionalität und einer Vielzahl an oft planlosen, nicht strategisch ausgerichteten philanthropischen Aktivitäten. Ein vorwiegend moralischer Appell an die Unternehmen kann jedoch weder gesellschaftliche Probleme lösen noch langfristige positive Effekte in der Praxis erzielen.

Bei der Analyse von Wirkungen und Nutzen von CSR und nachhaltiger Entwicklung für die Sektoren Unternehmen, Staat und Zivilgesellschaft sollten wir nicht nur sogenannte Win-Win-Situationen herausstellen, sondern gleichzeitig auch die Hebel entdecken, die diese positiven Effekte generieren. Solange gesellschaftliche Verantwortung eine – wenn auch wünschenswerte – vage Vorstellung ohne strategische Ausrichtung mit belegbarem Nutzen bleibt, besteht die Gefahr, dass die Debatte in naher Zukunft wieder in Vergessenheit gerät.

Ohne Schönfärberei müssen die grundlegenden Fragen nach gesellschaftlicher Verantwortung und nachhaltiger Entwicklung für Unternehmen gestellt werden, um die Debatte um CSR auf eine neue Stufe zu heben. Dazu ist eine neue Organisationstheorie nötig, die die Belange der gesamten Gesellschaft (und nicht nur der Wirtschaft) als integraler Bestandteil der Wertschöpfungskette ansieht. Erst dann wird die Übernahme gesellschaftlicher Verantwortung nicht als (latente) Behinderung ‚eigentlicher' wirtschaftlicher Aktivitäten gesehen werden. CSR und Nachhaltigkeit werden dann, wenn die gesamtgesellschaftlichen Vorteile in allen Sektoren erkannt und genutzt werden, nicht mehr nur zur Befried(ig)ung der Stakeholder-Interessen angesehen. Diese veränderte Sichtweise ist notwendig, um die Debatte auch langfristig am Leben zu erhalten.

Quellenverzeichnis zu Teil 1

Aßländer, M. S./Zimmerli, W. Ch. (1996): Wirtschaftsethik, in: Nida-Rümelin, J. (Hrsg.), Angewandte Ethik. Die Bereichsethiken und ihre theoretische Fundierung – Ein Handbuch, Stuttgart: Alfred Kröner, S. 290–345.

Aßländer, M. S. (2006): Unternehmerische Verantwortung und Kultur, in: Beschorner, T./Schmidt, M. (Hrsg.), Unternehmerische Verantwortung in Zeiten kulturellen Wandels, München und Mering: Rainer Hampp, S. 17–39.

Backhaus-Maul, H./Biedermann, Ch./Nährlich, St./Polterauer, J. (2008): Corporate Citizenship in Deutschland – Bilanz und Perspektiven, Wiesbaden: VS.

Beckmann, M./Pies, I. (2007): Responsibility and Economics, Diskussionspapier Nr. 2007–6 des Lehrstuhls für Wirtschaftsethik an der Martin-Luther-Universität Halle-Wittenberg, http://wcms-neu1.urz.uni-halle.de/download.php?down=2153&elem=1056484, Zugriff: 20.04.2010.

Bertelsmann Stiftung (2006): Partner Staat? CSR-Politik in Europa, http://www.bertelsmann-stiftung.de/cps/rde/xbcr/SID-0A000F0A-7A4C2D8C/bst/CSR-Politik_Web.pdf, Zugriff: 20.02.2009.

Bowen, H. R. (1953): Social responsibilities of the businessman, New York: Harper & Row.

Braun, S./Backhaus-Maul, H. (2010): Gesellschaftliches Engagement von Unternehmen in Deutschland. Eine sozialwissenschaftliche Sekundäranalyse, Wiesbaden: VS.

Braungart, M./McDonough, W. (2005): Einfach intelligent produzieren – Cradle to Cradle: Die Natur zeigt, wie wir Dinge besser machen können – Gebrauchsanweisungen für das 21. Jahrhundert, Berlin: BvT.

Burke, L./Logsdon, J. M. (1996): How Corporate Social Responsibility Pays Off – Long Range Planning, Vol. 29, No. 4, Deventer: Elsevier Science Publishers.

Carroll, A. B. (1979): A Three-Dimensional Conceptual Model of Corporate Performance, The Academy of Management Review, 4 (4), S. 497–505.

Carroll, A. B./Buchholtz, A. K. (2008): Business & Society – Ethics and Stakeholder Management, Florence, KY: Cengage Learning.

Cochran, D. L./Wennström, J. L./Funakoshi, E. (2004): Biomimetik in der parodontalen Regeneration, Berlin: Quintessenz.

Cramer, J./Van der Heijden, A./Jonker, J. (2004): Corporate Social Responsibility: Balancing between thinking and action, Research paper series, Nr. 18, International Centre for Corporate Social Responsibility, Nottingham: Nottingham University Business School.

Crossan, M./da Cunha, J. V./e Cunha, M. P./Vera, D. (2002): Time and Organizational Improvisation, http://fesrvsd.fe.unl.pt/WPFEUNL/WP2002/wp410.pdf, Zugriff: 10.03.2010.

Dell, Ch. (2002): Prinzip Improvisation, Köln: König.

Deutscher Bundestag (2004): Wissenschaftliche Dienste des deutschen Bundestages: Nachhaltigkeit – der aktuelle Begriff, Nr. 06/2004.

Europäische Kommission (2001): Grünbuch: Europäische Rahmenbedingungen für die soziale Verantwortung der Unternehmen, http://eur-lex.europa.eu/LexUriServ/site/de/com/2001/com2001_0366de01.pdf, Zugriff: 07.01.2009.

di Fabio, U. (2005): Die Idee der Universität, in: Huber, B. (Hrsg.), „Humboldt neu denken": Qualität und Effizienz der „neuen" Universitas, Köln: Hanns Martin Schleyer-Stiftung, S. 21–28.

Frederick, W. (1960): The Growing Concern over Business Responsibility, California Management Review, 2 (4), S. 54–61.

Freeman, R. E. (1984): Strategic Management. A Stakeholder Approach, Boston: Pitman.

Frey, D. (2005): Vortrag, in: Huber, B. (Hrsg.), „Humboldt neu denken": Qualität und Effizienz der „neuen" Universitas, Köln: Hanns Martin Schleyer-Stiftung, S. 141–153.

Friedman, J. M. (1993): Vegetation Establishment and Channel Narrowing along a Great-Plains Stream Following a Catastrophic Flood, Dissertation, University of Colorado, Boulder, Colorado, 156.

Friedman, M. (1970): A Friedman Doctrine – The Social Responsibility of Business is to Increase its Profitism, The New York Times Magazine, Sep., S. 32–33.

Grunwald, A./Kopfmüller J. (2006): Nachhaltigkeit, Frankfurt am Main: Campus.

Habisch, A. (2003): Corporate Citizenship, Gesellschaftliches Engagement von Unternehmen in Deutschland, Berlin: Springer.

Habisch, A./Wegner, M./Schmidtpeter, R. (2004): „Gesetze und Anreizstrukturen für CSR in Deutschland" – Praxisexpertise erstellt im Auftrag der Bertelsmann Stiftung, http://www.bertelsmann-stiftung.de/cps/rde/xbcr/SID-0A000F0A-9443 65D8/bst/CSR_Studie_Habisch.pdf, Bertelsmann Stiftung: Zugriff: 20.02.2010.

Habisch, A. (2006): Gesellschaftliches Engagement als Win-Win-Szenario, in: Gazdar, K./Habisch, A./Kirchhoff, K. R./Vaseghi, S. (Hrsg.), Erfolgsfaktor Verantwortung: Corporate Social Responsibility professionell managen, Berlin: Springer, S. 81–97.

Habisch, A./Schmidpeter, R./Neureiter, M. (2008): Handbuch Corporate Citizenship – Corporate Social Responsibility für Manager, Berlin: Springer.

Hafner, S. J./Hartel, J./Bluszcz, O./Stark, W. (2007): Gesellschaftliche Verantwortung in Organisationen – Fallstudien unter organisationstheoretischen Perspektiven, München und Mehring: Rainer Hampp.

Hardtke, A./Prehn, M. (2001): Perspektiven der Nachhaltigkeit – Vom Leitbild zur Erfolgsstrategie, Wiesbaden, Gabler.

Heidbrink, L./Hirsch, A. (2006): Verantwortung in der Zivilgesellschaft – Zur Konjunktur eines widersprüchlichen Prinzips, Frankfurt am Main/New York: Campus Verlag.

Heidbrink, L./Hirsch, A. (2008): Verantwortung als marktwirtschaftliches Prinzip – Zum Verhältnis von Moral und Ökonomie, Frankfurt am Main/New York: Campus Verlag.

Heuberger, F. (2008): CC als Herausforderung an die Politik, in: Habisch, A./Neureiter, M./Schmidpeter, R. (Hrsg.), Handbuch Corporate Citizenship: Corporate Social Responsibility für Manager, Berlin: Springer, S. 465–475.

Homann, K./Blome-Drees, F. (1992): Wirtschafts- und Unternehmensethik, Göttingen: Vandenhoeck & Ruprecht.

Jonker, J./van Pijkeren, M. (2005): In search of business strategies for Corporate Social Responsibility, Working paper for the DAX annual CSR meeting.

Jonker, J./Eskildsen, J. (2009): Management Models for the Future, Berlin: Springer.

Klein, P. (1967): Unpublished paper cited in C. Walton, Corporate Social Responsibility, California: Wadsworth.

Ladd, J. (1970): Morality and the Ideal of Rationality in Formal Organizations, The Monist, S. 488–511.

Lee, M. P. (2008): A Review of the Theories of Corporate Social Responsibility: Its Evolutionary Path and the Road Ahead, International Journal of Management Reviews, 10(1), 53–73.

Mandl, Ch. (1995): Radikale Innovationen als Kernkompetenz, http://www.metalogikon.com/files/pdf/innopact_radikale_innovation.pdf, Zugriff: 10.03.2010.

Miles, R. E./Snow, C. C. (1978): Organizational Strategy, Structure, And Process, New York: McGraw-Hill.

Mintzberg, H. (1987): Five P's for Strategy, California Management Review, 30, S. 11–24.

Mintzberg, H./Ahlstrand, B./Lampel, J. (1999): Strategy Safari – Eine Reise durch die Wildnis des strategischen Managements, München: Redline.

Mouritsen, J. (2000): Valuing Expressive Organisations: Intellectual Capital and the Visualisation of Value Creation, in: Schulz, M./Hatch, M.J./Larsen, M.H. (Hrsg.), The Expressive Organisation: Connecting Identity, Reputation and the Corporate Brand, Oxford: Oxford University Press.

Palz, D./Schmidpeter, R. (2008): Corporate Social Responsibility in Europa, in: Habisch, A./Neureiter, M./Schmidpeter, R. (Hrsg.), Handbuch Corporate Citizenship: Corporate Social Responsibility für Manager, Berlin: Springer, S. 493–500.

Pies, I./Leschke, M. (2004): Milton Friedmans ökonomischer Liberalismus, Tübingen: Mohr Siebeck.

Pommerening, T. (2005): Gesellschaftliche Verantwortung von Unternehmen – Eine Abgrenzung der Konzepte Corporate Social Responsibility und Corporate Citizenship, http://freenet-homepage.de/worldone/Download/Pommerening 2005.pdf, Zugriff: 10.01.2010.

Prahalad, C.K. (1995): Weak Signals versus Strong Paradigms, Journal of Marketing Research, 32, August, S. iii-viii.

Savitz, A.W./Weber, K. (2006): The Triple Bottom Line – How Today's Best-Run Companies Are Achieving Economic, Social and Environmental Success – and How You Can Too, San Francisco, CA: Jossey-Bass.

Schoemaker, M./Jonker, J. (2005a): Managing Intangible Assets, Journal of Management Development, Volume 24, Nr. 5 & 6, S. 506–518.

Schoemaker, M./Jonker, J. (2005b): Developing the Value(s) of Corporate Social Responsibility (CSR), Conference Proceedings 9th RI Conference, Madrid, May 2005.

Schumann, O.J. (2007): Business Ethics Academy, in: Forum Wirtschaftsethik, 15. Jg., Nr. 4/2007, S. 13–17.

Schwalbach, J. (2008): Corporate Social Responsibility, Wiesbaden: Gabler.

Schwalbach, J. (2009): Gegen den Madoff im Manager – Fehlender Anstand in Teilen der Wirtschaftselite hat uns in die Krise geführt. Ein Plädoyer für den Ehrbaren Kaufmann, in: Financial Times Deutschland, http://www.ftd.de/meinung/kommentare/:gastkommentar-joachim-schwalbach-gegen-den-madoff-im-manager/501422.html, Zugriff: 25.04.2009.

Stacey, R.D. (2003): Strategic Management and Organisational Dynamics: The Challenge of Complexity, Financial Times, Prentice Hall: Harlow.

Stark, W./Tewes, St./Stöckmann, K. (2010): Bildung für gesellschaftliche Verantwortung – Nachhaltigkeit und gesellschaftliche Verantwortung in und mit Organisationen umsetzen, in: Theis, F./Klein, S. (Hrsg.), CSR-Bildung – Corporate Social Responsibility als Bildungsaufgabe in Schule, Universität und Weiterbildung, Wiesbaden: VS Verlag für Sozialwissenschaften, S. 192–205.

Treacy, M./Wiersema, F. (1997): The Discipline of Market Leaders – Choose Your Customers, Narrow Your Focus, Dominate Your Market, New York: Basic Books.

Ulrich, G. (2007): Unternehmensverantwortung aus soziologischer Perspektive, in: Beschorner, T./Schmidt, M. (Hrsg.), Corporate Social Responsibility und Corporate Citizenship, München und Mering: Rainer Hampp, S. 51–70.

United Nations (1987): Report of the World Commission on Environment and Development: General Assembly Resolution 42/187, http://www.un.org/documents/ga/res/42/ares42–187.htm, Zugriff: 20.01.2010.

Wartick, St. L./Cochran, P. L. (1985): The evolution of the corporate social performance model, Academy of Management Review 10(4), S. 758–769.

Weber, M. (1992): Politik als Beruf, Ditzingen: Reclam.

Wieland, J. (1999): Die Ethik der Governance, Marburg: Metropolis.

Teil 2:

Glossar

AA 1000

Der AA1000 ist ein international anerkannter Prozessstandard für die Bilanzierung, Zertifizierung und Berichterstattung. Dieser Standard wurde 1999 erstmals von der, 1996 in London gegründeten, gemeinnützigen Mitgliederorganisation ‚Institute of Social and Ethical AccountAbility' zur Verfügung gestellt. Das Kernelement des AA1000 ist die Einbindung aller Stakeholder in den internen Nachhaltigkeitsprozess des Unternehmens. Er zielt darauf ab, Unternehmen darin zu unterstützen, Ziele und Indikatoren bezüglich ihrer gesellschaftlichen Auswirkungen festzulegen, die Fortschritte diesbezüglich zu messen und über diese zu berichten. Dabei zeigt der Standard nur die Entwicklung und gibt keinen Entwicklungsgrad vor. Das primäre Ziel dieses Standards ist es, die Glaubwürdigkeit und die Qualität von Nachhaltigkeitsberichten zu stärken und die der Berichterstattung zu Grunde liegenden Prozesse, Systeme und Kompetenzen zu verbessern. Hierfür werden seit 2005 erweiternde Module bereitgestellt.

Bisher wurden die Module AA1000 Stakeholder Engagement Standard (AA1000SES), AA1000 AccountAbility Principles Standard (AA1000APS) und AA1000 Assurance Standard (AA1000AS) veröffentlicht (vgl. AccountAbility, 2007). Der AA1000SES stellt einen Leitfaden für die Qualitätsverbesserung der Ausgestaltung, Implementierung, Bewertung, Kommunikation und Sicherung des Stakeholder-Engagements dar. Der AA1000AS legt den ersten nicht geschützten, öffentlich zugänglichen und gleichzeitig umfassenden Standard für die Berichtserstattung von Organisationen fest (vgl. AccountAbility, 2008). Somit gibt der Standard die Möglichkeit einer Qualitätsprüfung der Glaubwürdigkeit des Nachhaltigkeitsberichts durch Assurance Provider. Diese Prüfung wird auf Basis der AccountAbility-Grundsätze der Wesentlichkeit, der Vollständigkeit und der Reaktionsfähigkeit vollzogen. Der AA1000APS ist primär für Unternehmen gedacht, die an der Erarbeitung eines verantwortungs- bzw. strategieorientierten Nachhaltigkeitsansatzes interessiert sind. Dieser Standard unterstützt die Unternehmen dabei, ihre Nachhaltigkeitsleistung zu verstehen, zu managen und zu verbessern. Es werden weitere Module in den kommenden Jahren folgen. Der AA1000 Standard wird weltweit von Unternehmen, Organisationen und öffentlichen Körperschaften unterstützt.

Weiterführende Quellen

www.accountability21.net

Abschaffung von Kinderarbeit

Kinderarbeit beschreibt die wirtschaftliche Ausbeutung von Kindern, die das 18. Lebensjahr noch nicht erreicht haben und durch die Ausübung einer Tätigkeit körperlich oder psychisch geschädigt sowie von dem Besuch einer Schule abgehalten werden (vgl. United Nations, 1989). Jedoch ist Arbeit nicht grundsätzlich ungeeignet, wenn sie für die Persönlichkeitsentwicklung, das soziale Lernen oder die langfristige Lebensperspektive von Kindern und Jugendlichen förderlich ist (z. B. Berufsausbildung). In vielen Ländern werden jedoch nach wie vor Kinder mit minimaler Entlohnung als Vollzeit-Hilfsarbeiter in Steinbrüchen oder Fabriken eingesetzt. Die schlimmsten Formen von Kinderarbeit werden von der Internationalen Arbeitsorganisation (ILO) definiert und verboten (vgl. ILO, 2000). Laut Definition der ILO zählen zur illegalen Kinderarbeit alle Arten von Fabrikarbeit durch minderjährige Kinder, eintönige Beschäftigungen und Arbeiten mit zu langer Arbeitszeit, welche die seelische und soziale Entwicklung des Kindes beeinträchtigen. Außerdem gehören hierzu Tätigkeiten, die auf der Straße unter ungesunden und gefährlichen Bedingungen stattfinden, sowie die Beschäftigung unter unfreien und menschenrechtsverletzenden Bedingungen. Von dieser Art der Kinderarbeit sind besonders Kinder aus armen und unterentwickelten Ländern betroffen (vgl. UNICEF, 2008).

In Deutschland regelt das Jugendarbeitsschutzgesetz (JArbSchG), ob und in welchem Umfang Kinder arbeiten dürfen. Zunächst einmal ist die gewerbliche Beschäftigung von Kindern in Deutschland grundsätzlich verboten. Diese Regelung hat sowohl für Kinder als auch für Jugendliche, die der Vollzeitschulpflicht unterliegen, Gültigkeit. Unter bestimmten Voraussetzungen dürfen Kinder ab dem 13. Lebensjahr einer Beschäftigung nachgehen. Diese ist auf täglich höchstens zwei Stunden beschränkt, in landwirtschaftlichen Familienbetrieben auf höchstens drei Stunden täglich. Weiterhin dürfen Kinder an Samstagen, Sonntagen und Feiertagen nicht arbeiten. Hinzu kommt, dass die Beschäftigung nicht zu schwer sein darf, sich für ein Kind eignen muss und sich nicht negativ auf die Bildung, Entwicklung, Gesundheit und Sicherheit des Kindes auswirken darf. Erlaubte Arbeitsbereiche für Kinder ab 13 Jahren sind u. a. Nachhilfeunterricht, Kinderbetreuung, Mitarbeit in landwirtschaftlichen Betrieben, Tätigkeiten wie nichtgewerbliche Kinderbetreuung oder Aufgaben bei Aktionen und Veranstaltungen von beispielsweise Kirchen und Vereinen. Im gewerblichen Bereich ist Kinderarbeit nicht zulässig, jedoch bildet das Austragen von Zeitungen, Zeitschriften oder Werbeprospekten die Ausnahme (vgl. Nikles et al., 2005).

Der Kinder- und Jugendschutz ist für Betriebe von besonderer Bedeutung. Unternehmen sind nicht nur angehalten die Bestimmungen des eigenen Landes zum Schutz der Kinder einzuhalten, in Zeiten fortschreitender Globalisierung sind sie darüber hinaus auch verpflichtet die Rechte der Kinder grenzüberschreitend zu wahren und durchzusetzen. Mit einem Engagement gegen Kinderarbeit setzen Unternehmen ein Zeichen, Kinderarbeit zu verhindern.

Weiterführende Quellen

www.tdh.de

www.unicef.de

www.freethechildren.com

Agenda 21

Auf der Konferenz für Umwelt und Entwicklung der Vereinten Nationen (UNCED) in Rio de Janeiro wurde 1992 das umwelt- und entwicklungspolitische Programm ‚Agenda 21' von mehr als 170 Staaten verabschiedet. Das Programm „verlangt eine globale Partnerschaft für nachhaltige Entwicklung, die sich darin ausdrücke, dass den Entwicklungs- und Umweltbedürfnissen heutiger und künftiger Generationen entsprochen werde" (Gareis/Varwick, 2003: 242). Das Dokument fasst auf 360 Seiten die Anforderungen der Staatengemeinschaft für zukünftige globale Entwicklungen zusammen und ist in vier Teile gegliedert (vgl. United Nations, 1992a).

Der erste Abschnitt beschreibt ‚soziale und wirtschaftliche Dimensionen'. Angefangen bei der Armutsbekämpfung, über eine generelle Änderung des Konsumverhaltens, bis hin zur Berücksichtigung der dynamischen Bevölkerungsentwicklung zeigt der erste Abschnitt der Agenda 21 Herausforderungen und Lösungen auf, wie weltwirtschaftliches Handeln zu einer nachhaltigen Entwicklung beitragen kann. Im zweiten Abschnitt ‚Erhaltung und Bewirtschaftung der Ressourcen für die Entwicklung' werden ökologische Probleme und Herausforderungen dargestellt. Die Bedrohung der Erdatmosphäre, die voranschreitende Entwaldung und die Beschneidung der biologischen Vielfalt sind nur einige Probleme, die einer umweltgerechten Entwicklung entgegenstehen. Der Abschnitt gibt darüber Aufschluss, wie es gelingen kann, mit diesen ökologischen Herausforderungen umzugehen. Der dritte Abschnitt behandelt die ‚Stärkung der Rolle wichtiger Gruppen'. Die Integration dieser Gruppen in den Entscheidungsfindungsprozess ist eine Grundvoraussetzung für die Herbeiführung einer nachhaltigen Entwicklung. Schließlich legt der letzte Abschnitt die ‚Möglichkeiten der Umsetzung' dar. Hierbei wird nicht nur auf die Zusammenarbeit mit den Regierungen der Unterzeichnerstaaten und internationalen Nichtregierungsorganisationen gesetzt, sondern es gilt das Prinzip ‚Global denken – Lokal handeln'(vgl. United Nations, 1992a).

Trotz der heraufbeschworenen Herausforderungen für die globale Gemeinschaft und konkret formulierten Handlungsempfehlungen, bleibt die Umsetzung der Agenda 21 hinter ihren Erwartungen zurück. Auch „in Deutschland [fiel es] bisher schwer, die beiden wesentlichen Komponenten der Agenda 21, die Umwelt- und die Entwicklungspolitik, zu integrieren" (BMZ, 2002: 93). Dennoch ist ein Bewusstsein über die immensen Herausforderungen einer nachhaltigen Entwicklung vorhanden und die Entwicklungspolitik ist fest in der deutschen Außen- und Sicherheitspolitik verankert. Dies zeigen die Bemühungen der Armutsbekämpfung im Aktionsprogramm 2015, die Initiative ‚Zukunftssicherung durch Klimaschutz', das Engagement bei der deutschen Entwicklungszusammenarbeit im Bereich des pluralistischen Gesellschaftsaufbaus, die Institutionenförderung im Allgemeinen und die Förderung von Umweltinstitutionen im Speziellen (vgl. BMZ, 2002).

Getreu dem Prinzip ‚Global denken – Lokal handeln' greifen auch deutsche Kommunen das Konzept der lokalen Agenda 21 auf. Die Anzahl der Städte und Kommunen, die in einen Agenda 21-Prozess involviert sind, beträgt mehr als 2000 (vgl. BMZ, 2002). Im europäischen Vergleich liegt Deutschland damit im Mittelfeld.

Weiterführende Quellen

Brunold, A. (2004): Globales Lernen und Lokale Agenda 21 – Aspekte kommunaler Bildungsprozesse in der „Einen Welt", Wiesbaden: VS.
www.un.org/Depts/german/conf/agenda21/agenda_21.pdf

Arbeitsschutz

Arbeitsschutz dient zur Sicherung und zum Schutz von Arbeitnehmer und Arbeitgeber während der Beschäftigung. Um dieses zu gewährleisten gibt es bestimmte EU-Richtlinien, Gesetze und Verordnungen (z. B. Arbeitsschutzgesetz, Arbeitssicherheitsgesetz), Institutionen (z. B. Bundesanstalt für

Arbeitsschutz und Arbeitsmedizin, Kommission Arbeitsschutz und Normen) und Normen (z. B. ILO-Kernarbeitsnormen, DIN-Normen).

Das Arbeitsschutzgesetz von 1996 enthält insgesamt 26 Paragraphen „über die Durchführung von Maßnahmen des Arbeitsschutzes zur Verbesserung der Sicherheit und des Gesundheitsschutzes der Beschäftigten bei der Arbeit" (Bundesministerium der Justiz, 1996: 1). Es enthält somit „Maßnahmen zur Verhütung von Unfällen bei der Arbeit und arbeitsbedingten Gesundheitsgefahren einschließlich Maßnahmen der menschengerechten Gestaltung der Arbeit" (Bundesministerium der Justiz, 1996: 2). Demnach gehört es zu den Grundpflichten der Arbeitgeber, die Sicherheit und den Gesundheitsschutz der Beschäftigten zu gewährleisten. Das Arbeitsschutzgesetz ist in Deutschland in allen Tätigkeitsbereichen gültig und wurde aufgestellt, um die EU-Richtlinien rund um das Thema Arbeitsschutz umzusetzen (vgl. Bundesministerium der Justiz, 1996). Verschiedene Institutionen haben ergänzende Normen zum Arbeitsschutz aufgestellt, deren Einhaltung zwar nicht rechtsbindend ist, aber als Empfehlungen zu werten sind. Die Kernarbeitsnormen der ILO regeln beispielsweise das Verbot der Kinder- und Zwangsarbeit; diverse DIN-Normen legen den Zustand bestimmter Sicherheitsvorkehrungen, wie z. B. von Helmen oder Augenschutzgeräten, fest.

Die Kommission Arbeitsschutz und Normen (KAN) beobachtet seit 1994 die Normungsarbeit. Sie setzt sich aus dem Staat, der gesetzlichen Unfallversicherung und dem DIN (Deutsches Institut für Normung) zusammen. Zu den Aufgaben gehören die Bewertung und Untersuchung bestehender Normen auf Einhaltung der Arbeitsschutzanforderungen sowie die Prüfung des Bedarfs an weiteren Normen. Auch die Bundesanstalt für Arbeitsschutz und Arbeitsmedizin (BAuA) forscht im Bereich des Arbeitsschutzes und entwickelt dabei Lösungen für die Praxis (vgl. Bundesanstalt für Arbeitsschutz und Arbeitsmedizin, 2009). Sie fungiert als Berater für das Bundesministerium für Arbeit und Soziales (BMAS) und für Unternehmen, um die Sicherheit und Gesundheit bei der Arbeit zu erhalten und zu verbessern.

Das Thema Arbeitsschutz befasst sich somit mit der Gewährung von sicheren Arbeitsbedingungen (z. B. durch Helmpflicht), der Sicherung des Gesundheitsschutzes (z. B. durch Gefahrstoffe oder auch psychische Belastungen) sowie des individuellen Schutzes (z. B. Mutterschutz). Es ist die Aufgabe von Arbeitgeber, Arbeitnehmer und Regierung dieses umzusetzen. Damit ist der Arbeitsschutz ein wichtiger Bestandteil der CSR-Debatte. Der verantwortungsbewusste und sichere Einsatz der Arbeitnehmer muss grundlegender Teil der Unternehmenspolitik sein. Denn ein Schutz der Arbeitnehmer verringert die Ausfallquote durch Krankheit und Verletzungen. Hinzu kommt, dass die Arbeitnehmer bei ausreichendem Schutz ihre Leistungsbereitschaft, Loyalität zum Unternehmen und ihre Motivation erhöhen.

Weiterführende Quellen

Rote, Ch. (2009): Arbeitsschutz von A-Z, München: Haufe.

www.baua.de

Armutsbekämpfung

Vor dem Hintergrund der fortschreitenden Globalisierung aller Lebensbereiche und der ungerechten Ausgangssituation zwischen Industrie- und Entwicklungsländern stellt Armut eine zentrale Problematik der Gegenwart dar. Große Teile der Weltbevölkerung leiden dabei unter den armutsbedingten Folgen von Mangelernährung, fehlender medizinischer Grundversorgung und unzureichendem Bildungszugang (vgl. BMZ, 2008). Insbesondere in Entwicklungs- und Schwellenländern stellt Armut ein vielschichtiges Problem dar. Die Ursachen sind nicht zuletzt in der extrem ungleichen Verteilung ökonomischen Wohlstandes, ungerechten Herrschaftsstrukturen, fehlender Rechtssicherheit und Diskriminierungsprozessen begründet (vgl. BMZ, 2003). Die Einkommensverteilung ist vor allem in Entwicklungs- und Schwellenländern ungleich (,Base of the Pyramid'). Die untere Gruppe bildet die ärmste sozioökonomische Gruppe; zu dieser gehören mehr als die Hälfte der Weltbevölkerung. Armutsbekämpfung verfolgt deshalb das Ziel, die Lebensbedingungen armer Bevölkerungsschichten zu verbessern, ihnen dadurch Perspektiven in der Heimat zu eröffnen und letztlich ein menschenwürdiges Leben zu ermöglichen. Ein Ansatz zur Bekämpfung von Armut bietet das von *Muhammad Yunus* in Bangladesch implementierte Konzept der Mikrokredite.

Der Kampf gegen Armut zählt zu den zentralen Aufgaben der internationalen und auch deutschen Politik. Die Bundesregierung will im Rahmen ihrer Entwicklungspolitik dazu beitragen, weltweite Armut zu mindern, Frieden zu sichern und die Globalisierung gerecht zu gestalten (vgl. BMZ, 2008). Zu den vorrangigen politischen Ansatzpunkten im Bereich der Armutsbekämpfung zählt neben dem Bestreben, faire Handelschancen für Entwicklungsländer zu schaffen, auch die Förderung von armutsminderndem Wirtschaftswachstum, Beseitigung von Hunger und Krankheiten sowie der Abbau der Verschuldung in diesen Regionen (vgl. BMZ, 2008). Armutsbekämpfung kann nur durch gemeinsame Anstrengungen aller gesellschaftlichen Sektoren umfassend realisiert werden. Dabei müssen Staat, Privatwirtschaft und Zivilgesellschaft mit eingeschlossen werden, um Armut nachhaltig zu verringern (vgl. BMZ, 2008). Das Aktionsprogramm 2015 der Bundesregierung beinhaltet den deutschen Beitrag zur globalen Armutsbekämpfung. Es hebt die Bedeutung von Allianzen mit der Privatwirtschaft in Form von Entwicklungspartnerschaften hervor, so genannte Public Private Partnership, in denen Armutsbekämpfung als gemeinsames Ziel definiert wird. Hier werden kooperative Projekte realisiert, die einerseits entwicklungspolitisch sinnvoll und gleichzeitig im Interesse der Unternehmen sind (vgl. BMZ, 2003). International legte die UN im Jahr 2000 die Millenniumsziele fest, deren primäres Ziel die Bekämpfung von Hunger und extremer Armut ist (www.un.org/millenniumgoals).

Da die klassische Entwicklungspolitik zunehmend an ihre Grenzen stößt, rücken zunehmend Unternehmen in den Fokus, die eine aktive Rolle im Bereich der Armutsbekämpfung übernehmen (vgl. BMZ, 2003). Aufgrund ihrer wirtschaftlichen Stärke und der sozialen und ökologischen Relevanz ihrer Entscheidungen haben weltweit agierende Unternehmen enorme Einflussmöglichkeiten und tragen im besonderen Maße zur Armutsminderung und Wahrung sozialer Standards in ihren Betrieben bei (vgl. AKA, 2003). In diesem Zusammenhang kann der Beitrag der Privatwirtschaft im Rahmen ihrer finanziellen und technischen Möglichkeiten erfolgen. Dies kann u. a in Form privatwirtschaftlicher Aktivitäten geschehen, die Arbeitsmöglichkeiten und Einkommensquellen für arme Bevölkerungsteile schaffen. Ein menschenwürdiges Einkommen eröffnet den Betroffen letztlich die Chance, sich eigenständig aus ihrer Armut zu befreien (vgl. BMZ, 2003). Privatwirtschaftliches Engagement im Bereich der Armutsbekämpfung basiert auf dem Leitgedanken der Solidarität und Humanität. Jedoch ist das Bestreben, Armut zu mindern, nicht allein eine Frage sozialer Gerechtigkeit, sondern erwächst auch aus dem wirtschaftlichen Eigeninteresse der Unternehmen in einem intakten Wirtschaftsumfeld zu agieren. Je stärker Unternehmen in globalem Wirtschaftsprozess eingebunden sind, desto störanfälliger sind sie auch gegenüber lokalen und globalen Sicherheitsrisiken, die durch Armut entstehen (vgl. AKA, 2003). Zudem kann es sich kein multinationales Unternehmen mehr leisten, dass seine Geschäftstätigkeit einen massiven Widerstand in der Öffentlichkeit hervorruft. Protestaktionen gegen Kinderarbeit und wirtschaftliche Ausbeutung armer Länder verdeutlichen dies.

Weiterführende Quellen

Wissenschaftlicher Beirat der Bundesregierung Globale Umweltveränderungen (2005): Welt im Wandel – Armutsbekämpfung durch Umweltpolitik, Berlin: Springer.
www.politische-bildung.de/armut_in_deutschland.html

Audit

Ein Audit ist ein Prüfungsverfahren, bei dem festgestellt werden soll, ob die Tätigkeiten und die damit zusammenhängenden Ergebnisse den geplanten Anforderungen eines Prozesses bzw. Managementsystems entsprechen. Das Audit wird nach festgelegten Standards oder Richtlinien (z. B. EMAS oder ISO) durchgeführt. Die Auditierung erfolgt systematisch durch unabhängige Experten anhand vorgegebener Prüflisten und anschließender objektiver Auswertung hinsichtlich der Einhaltung bestimmter Standards. Diese Standards umfassen innerhalb der gesellschaftlichen Unternehmensverantwortung die Bereiche Qualität, Soziales oder Umwelt. Das Unternehmen kann sich selbst prüfen bzw. bewerten (internes Audit) oder durch akkreditierte Stellen überprüft werden (externes Audit). Es dient der Verbesserung von Abläufen und Leistungen und ist somit ein Kontrollinstrument bei dem ein Soll-/Ist-Vergleich vorgenommen wird. Audits dienen zum Ausgleichen von Informationsasymmetrien in Unternehmen. Wichtig hierbei sind die Selbstkontrolle sowie die Information des Managements und der externen Stakeholder. Während Stakeholder unter anderem über die gesellschaftliche Verantwortung der Unternehmen Informationen bekommen, kann ein Audit dem Management beispielsweise Informationen über die Fähigkeiten der Mitarbeiter liefern. Interne Audits werden von unternehmensinternen, aber bereichsexternen Personen durchgeführt. Wenn unternehmensexterne, unabhängige Gutachter die Einhaltung von Rechtsvorschriften, Normanforderungen oder unternehmensinternen Zielvorgaben überprüfen, handelt es sich um ein externes Audit.

In Bezug auf CSR gibt es das Legal-Compliance-Audit, das Performance-Audit, das System-Audit, das Öko-Audit, das Sozial-Audit und das Nachhaltigkeitsaudit. Das Legal-Compliance-Audit ist für die Einhaltung der Gesetze zuständig. Für die Kontrolle der Unternehmensleistungen und ihrer Zielvorgaben verwendet man das Performance-Audit. Zur Überprüfung der Funktionsfähigkeit des Managementsystems und der Einhaltung der Richtlinien bedient man sich des System-Audits (vgl. Schaltegger et al., 2007). Gemäß der EG-Öko-Audit-Verordnung, auch EMAS (Environmental Management and Audit Scheme) genannt, erfolgt das Öko-Audit. Diese Verordnung verfolgt das Ziel, eine beständige und umweltgerechte Entwicklung auf allen politischen und wirtschaftlichen Ebenen zu bewirken. Hauptsächlich soll die unternehmerische Eigenverantwortung in Bezug auf den Umweltschutz verstärkt werden (vgl. Müller-Christ, 2001b). Es werden Umweltleitlinien für Umweltmanagementsysteme in Unternehmen festgelegt, umweltschutzbezogene Organisationseinheiten eingerichtet und Unternehmensabläufe überprüft (vgl. Simonis, 2003). Im Stil einer Umweltprüfung wird der Ist-Zustand des Umweltverhaltens des jeweiligen Unternehmens untersucht. Daraufhin werden sowohl die ökologischen Schwachstellen des Unternehmens aufgedeckt als auch neue Ziele und Optimierungsmaßnahmen festgelegt (vgl. Müller-Christ, 2001b). Zusätzlich werden gemäß der ISO 14001 Norm die Anforderungen an ein Umweltmanagementsystem festgelegt (vgl. Ganse et al., 1997). Das Sozial-Audit kann gemäß den Standards AA 1000 und Social Accountability 8000 (SA 8000) erfolgen. SA8000 ist ein Standard, der alle ILO-Prinzipien beachtet und daher die ethische als auch soziale Verantwortung der Unternehmen verfolgt. Wichtig hierbei ist die Beachtung der Menschenrechte, Arbeitnehmerbedingungen und Arbeitsplatzbedingungen in Unternehmen und Organisationen (vgl. Kuhlen, 2005). Der AA 1000 verfolgt ein nachhaltiges Wirtschaften nach ethischen Gesichtspunkten. Bedeutend hierbei sind die nachhaltige Berichterstattung sowie die Einbindung der Stakeholder (vgl. Mayerhofer et al., 2008). Das Nachhaltigkeitsaudit ist noch nicht weit verbreitet. Ziel dieses Verfahrens ist, die Interdependenzen von Umweltbelangen, Wirtschaftlichkeit und sozialen Aspekten zu kontrollieren (vgl. Schaltegger et al., 2007).

Weiterführende Quellen

Schaltegger, S./Herzig, Ch./Kleiber, O./Klinke, Th./Müller, J. (2007): Nachhaltigkeitsmanagement in Unternehmen – Von der Idee zur Praxis: Managementansätze zur Umsetzung von Corporate Social Responsibility und Corporate Sustainability, Bundesministerium für Umwelt, Naturschutz und Reaktorsicherheit (BMU)/Econsense/Centre for Sustainability Managment (Hrsg.), http://www.econsense.de/_PUBLIKATIONEN/_ECONSENSE_PUBLIK/images/econsense_BMU_CSM_Nachhaltigkeitsmanagement_in_Unternehmen.pdf, Zugriff: 22.05.2009.

Blue- und Greenwashing

Unter dem Begriff ‚Greenwashing' versteht man die Durchführung von Maßnahmen zur Verbesserung der ökologischen Situation, die gezielt der Imageverbesserung dienen. Das Thema Umweltschutz gewinnt in unserer Gesellschaft immer mehr an Bedeutung. Viele Unternehmen (auch Regierungen und politische Parteien) setzen gezielte PR-Maßnahmen ein, um sich ein umweltfreundliches, ‚grünes', verantwortungsvolles Image zu verschaffen. Sie ‚waschen sich grün'. Das Problem dabei ist, dass viele Unternehmen über ihre umweltfreundlichen Maßnahmen berichten, diese aber meist nur punktuell sind und die eigentlichen Aktivitäten des Unternehmens verschleiern sollen. Beispielsweise wollen Energieversorger, die den größten Teil ihres Stroms durch Verbrennung von Kohle und Öl gewinnen, sich ein Image als Umweltschützer aufbauen, indem sie Projekte über die Nutzung erneuerbarer Energien durchführen, die aber oft nur in Modellen existieren und in den Medien verbreitet werden. Häufig versuchen Unternehmen gerade nach einem Skandal ihr Image durch solche punktuellen Maßnahmen wieder zu verbessern. Hinzukommt, dass viele Unternehmen sich staatliche Unterstützungen für Klimaschutzprojekte sichern wollen, ohne aber aufwendig ernsthaften Klimaschutz betreiben zu wollen (vgl. Müller, 2007).

Der Begriff des ‚Bluewashing' hingegen wird mit der Instrumentalisierung von UN-Maßnahmen zur Imageverbesserung verbunden. Die blaue Farbe soll auf die Flagge und Symbolfarbe der UN (United Nations) verweisen. Viele Unternehmen ‚kleiden' sich mit der UN-Flagge, um auszudrücken, dass sie die Werte der UN vertreten und sich für Menschenrechte, Armutsbekämpfung, Umweltschutz und ähnliches einsetzen, obwohl sie oft gleichzeitig in anderen Sparten gegen diese Grundsätze verstoßen. Die Unternehmen geben letztlich demnach nur vor, im Einklang mit den Prinzipien des Global Compact zu wirtschaften (vgl. Seele/Heidbrink, 2008). Sie führen CSR- oder CC-Maßnahmen durch, um sich bei Kunden, Regierungen und anderen Interessenshaltern mit einem positiven Image zu positionieren, handeln in ihrem eigentlichen Geschäft aber entgegen der allgemeinen Wertvorstellungen.

Natürlich ist nicht jede grüne oder soziale Kampagne eine Green- bzw. Bluewashing-Maßnahme. Man sollte die Projekte der Unternehmen allerdings immer kritisch hinterfragen, da es sich bei den Einen um echtes Engagement handelt, bei den Anderen nur um Imagepflege. Wenn also ein Unternehmen aktuell in der Presse steht, weil es verantwortungsvoll gehandelt hat, so sollte man dem nicht einfach blind Glauben schenken, sondern die Aktivitäten des Unternehmens verfolgen und überprüfen. Um solche Green- oder Bluewashing-Maßnahmen zu verhindern, sollten gerade die Unternehmen mehr Transparenz über ihre Aktivitäten verschaffen. Auch bestimmte Institutionen könnten die Unternehmen mehr überprüfen und einen größeren Informationsfluss anregen. So bewertet beispielsweise das ‚Centre for Sustainability Management der Universität Lüneburg' das Umweltmanagement verschiedener Engagements (vgl. Fitschen, 2006). Dies sind gute Ansatzpunkte, um mehr auf das Phänomen des Green- bzw. Bluewashings aufmerksam zu machen und zu sensibilisieren. Die Unternehmen, Regierungen und andere Institutionen müssen dafür sorgen, dass mehr Informationen zugänglich sind und somit Green- und Bluewashing erkannt werden kann.

Weiterführende Quellen

Seele, P. (2007): Is Blue the new Green? Colors of the Earth in Corporate PR and Advertisement to communicate Ethical Commitment and Responsibility, Working Paper des CRR, Heft 3, 2007/1, http://www.responsibility-research.de/resources/CRR+WP+03+seele+blue+green.pdf, Zugriff: 20.02.2010.

www.greenwashingindex.com/index.php

Base of the Pyramid (BoP)

Der Begriff ‚Base of the Pyramid' (deutsch: Boden der Pyramide) beschreibt grafisch die weltweite Verteilung von Einkommen, unter Berücksichtigung der Kaufkraft, durch eine Pyramide. Er macht damit auf die unterste Ebene dieser Pyramide, die weltweit größte und zugleich ärmste sozioökonomische Gruppe, mit mehr als der Hälfte der Weltbevölkerung, aufmerksam (vgl. Prahalad, 2005). Verwendung findet der Begriff, um unternehmerische Geschäftsmodelle und Prozesse zu beschreiben, die die Ärmsten der Welt gezielt in unternehmerische Wertschöpfungsketten integrieren. Grundgedanke ist, dass die Fokussierung auf arme Bevölkerungsschichten in sogenannten BoP-Ländern (Entwicklungs- oder Schwellenländer) Unternehmen einen Wachstumsmarkt der Zukunft erschließt und gleichzeitig einen Beitrag zur Armuts- und Verteilungsproblematik leisten kann.

Während in den Anfängen meist Konzepte thematisiert wurden, in der BoP vor allem als Konsumenten und Produzenten am Ende der Wertschöpfungskette gesehen wurden, so gibt es aktuell die Tendenz, BoP zusätzlich in unterschiedliche Wertschöpfungsstufen einzubeziehen und diesen auch ein eigenes Wertschöpfungspotential zuzuschreiben (vgl. Simanis/Hart, 2008). Die aktuelle Diskussion um wirtschaftlich tragfähige und zugleich sozial wirksame BoP-Konzepte geht davon aus, dass die genannte Gruppe sowohl als Konsumenten und Produzenten als auch als Geschäftspartner und lokale Entrepreneure agieren kann. Somit können BoP-Konzepte an verschiedensten Stellen der Wertschöpfungskette integriert werden (vgl. Hahn, 2009). Als weltweit bekanntestes Modell ist die Vergabe von Mikrokrediten zu nennen.

Aus einer umfassenden Perspektive betrachtet ist jedoch auch immer zu bedenken, wie BoP-Konzepte einerseits die (wirtschaftliche) Entwicklung der betroffenen Bevölkerungsgruppen ermöglichen, andererseits aber auch mit dem Nachhaltigkeitsgedanken vereinbar sein müssen (vgl. Hahn, 2009). Diese Bedenken resultieren sicherlich aus der Annahme, dass Entwicklung mit einem erhöhten Ressourcenverbrauch bzw. einer Anpassung an die westlichen Lebensstandards einhergeht. Die Herausforderung für Unternehmen ist somit, Konzepte zu entwickeln und durchzuführen, die die beidseitige wirtschaftliche Entwicklung fördern, aber auch die Zukunftsfähigkeit gewährleistet.

Weiterführende Quellen

Prahalad, C. K. (2005): The Fortune at the Bottom – Eradicating Poverty Through Profits, Upper Saddle River: Warton School.

Hart, St. (2005): Capitalism at the Crossroads – The Unlimited Business Opportunities in Solving the World's Most Difficult Problems, Upper Saddle River, NJ: Wharton School.

www.bop-protocol.org

Brundtland Kommission (World Commission on Environment and Development)

Der Umweltschutz hat sich zu einem internationalen politischen Thema entwickelt. Aus diesem Grund wurde 1983 die ‚World Commission on Environment and Development' (WCED) gegründet (vgl. Häberli et al., 2002). Diese Kommission wurde durch die Generalversammlung der Vereinten Nationen gebildet und zielt auf die kritische Prüfung von Umweltproblemen, die Abschätzung einer Entwicklung und die Unterbreitung von Empfehlungen zur Lösung umweltbedingter Probleme ab. Die Kommission setzt sich aus 22 Mitgliedern aus Afrika, Asien, Europa und Amerika zusammen, wobei über die Hälfte der Mitglieder aus Entwicklungsländern kommen. Den Vorsitz bei der Gründung hatte *Gro Harlem Brundtland* aus Norwegen, die als Ministerpräsidentin und Vorsitzende der Arbeiterpartei in Norwegen tätig war. Die WCED ist auch bekannt als Brundtland Kommission. Aus Deutschland war als Mitglied *Volker Hauff* vertreten, der ehemalige stellvertretende Vorsitzende der SPD-Bundestagsfraktion (vgl. Hauff, 1987).

Im Jahre 1987 wurde von der Kommission der Zukunftsbericht ‚Our Common Future' (Brundtland-Report) veröffentlicht. Der Bericht wird gegliedert in ‚Gemeinsame Probleme', ‚Gemeinsame Herausforderung' und ‚Gemeinsame Anstrengungen'. Der Brundtland-Report sollte eine langfristige Perspektive für die Entwicklung der Welt bis zum Jahre 2000 und darüber hinaus darstellen. Durch diesen Bericht wurde der Begriff nachhaltige Entwicklung geprägt, welches die Brundtland-Kommission wie folgt definiert: „Dauerhafte Entwicklung ist Entwicklung, die die Bedürfnisse der Gegenwart befriedigt, ohne zu riskieren, dass künftige Generationen ihre eigenen Bedürfnisse nicht befriedigen können" (Hauff, 1987: 46). Diese Definition hat den Begriff Nachhaltigkeit entscheidend geprägt.

Als Folge des ersten Brundtland-Berichts fand die UNO-Konferenz über Umwelt und Entwicklung (UNCED) im Jahre 1992 in Rio Janeiro statt, die von der Generalversammlung der Vereinten Nationen einberufen wurde. Diese Konferenz ist auch bekannt als Rio-Konferenz oder Erdgipfel. Der Erdgipfel in Rio Janeiro wurde als Bezugspunkt für viele nachfolgende Weltkonferenzen gesehen. Folgend fand 1995 der Kopenhagener Gipfel für soziale Entwicklung und 2000 der Weltgipfel in New York (Millenniumsgipfel) statt. Der Millenniumsgipfel wurde mit insgesamt 191 Staaten durchgeführt. Zehn Jahre nach der Rio-Konferenz wurde die nächste Konferenz für nachhaltige Entwicklung in Johannesburg 2002 einberufen. In dieser Konferenz sollte die Entwicklung seit der Rio-Konferenz überprüft, neue globale Herausforderungen spezifiziert und die Umsetzung der Agenda 21 vorangetrieben werden (vgl. Wissenschaftlicher Beirat der Bundesregierung Globale Umweltänderungen, 2005).

Insgesamt kann man sagen, dass durch die Weltgipfel noch nicht der beabsichtige, positive Effekt eingetreten ist. Die Verzahnung von Umwelt- und Entwicklungspolitik ist bisher nicht hinreichend gelungen. Deswegen sollten in naher Zukunft strategische Weichen für eine nachhaltige Entwicklung gestellt werden, damit nicht leichtfertig die Chance zur Lösung globaler Umwelt- und Entwicklungsprobleme vergeben wird (vgl. Wissenschaftlicher Beirat der Bundesregierung Globale Umweltänderungen, 2005).

Weiterführende Quellen

Hauff, V. (1987): Unsere gemeinsame Zukunft. Der Brundtland-Bericht der Weltkommission für Umwelt und Entwicklung, Greven: Eggenkamp.

United Nations (1987): Report of the World Commission on Environment and Development, General Assembly Resolution 42/187, 11. Dezember 1987, http://www.un-documents.net/a42r187.htm, Zugriff: 03.03.2010.

Bürgergesellschaft

'Bürgergesellschaft' bezeichnet die Weiterentwicklung einer demokratischen Gesellschaftsform, die zu einem neuen Gleichgewicht zwischen Staat, Wirtschaft und drittem Sektor führt. Hierbei spielt die aktive Beteiligung der Mitglieder einer solchen Gesellschaft eine zentrale Rolle, da der Prozess der Bürgergesellschaft eine Form der aktiven Selbstbestimmung und Selbstorganisation von emanzipierten Bürgern ist. Das bedeutet, dass Bürger eigene Vorstellungen von einer funktionierenden Gesellschaft, Organisation oder Institution entwickeln und umsetzen. Um dieses zu erreichen, ist es notwendig, dass diese Bürger auf die Planungs- und Entscheidungsprozesse der Bürokratie Druck ausüben, eigene Interessen und Kompetenzen einbringen und so Einfluss auf die sozialen, ökologischen und ökonomischen Entscheidungen von Unternehmen nehmen (vgl. Embacher/Lang, 2008).

Um den Begriff der Bürgergesellschaft richtig zu verstehen, ist es erforderlich, auf den Kontext der politischen Absicht des Verwenders zu achten. Verwandte Begriffe sind Zivilgesellschaft, bürgerliche Gesellschaft sowie die englischen Begriffe ‚Civic Society' und ‚Civil Society' (vgl. Arenhövel, 2000). Besonders der Begriff der Zivilgesellschaft wird oft mit der Bürgergesellschaft verbunden, jedoch unterscheiden sich diese beiden Gesellschaftsbegriffe. Eine Bürgergesellschaft hat viel mehr die Ambition, neben der Erfüllung von gemeinnützigen Aufgaben und der Nutzung von staatlichen Freiräumen, auch aktiv und produktiv an der Gestaltung der politischen und gesellschaftlichen Ordnung mitzuwirken.

Unternehmen spielen als Teil dieser Bürgergesellschaft eine zentrale Rolle und sind somit geradezu verpflichtet sich an der Gemeinwesensarbeit zu beteiligen. Sponsoring von gemeinnützigen Diensten, Unterstützung von Bürgerinitiativen und Initiierung eigener sozialer Einrichtungen sind Möglichkeiten, die einige Betriebe bereits nutzen. Unternehmerische, wirtschaftliche, soziale und politische Entscheidungsprozesse werden in diesem Zusammenhang unter Berücksichtigung der Meinungen von z. B. Bürgerinitiativen, Mitarbeitern oder Betroffenen erarbeitet. Dabei ist nicht allein die Meinung dieser Gruppen gefragt, sondern vielmehr die aktive Teilnahme an solchen Entscheidungsprozessen.

Weiterführende Quellen

Arenhövel, M. (2000): Zivilgesellschaft. Bürgergesellschaft, in: Wochenschau II, Nr. 2, März/April 2000, S. 55–64.

www.buergergesellschaft.de

Business Case

Der Business Case (englisch: Geschäftsszenario) ist die Darstellung und Abwägung der prognostizierten finanziellen und nichtfinanziellen betriebswirtschaftlichen Konsequenzen einer Handlung oder Entscheidung. Im Kontext gesellschaftlicher Verantwortung stellt der Business Case die geschäftliche Begründung des gesellschaftlichen Engagements von Unternehmen dar. Die Einbeziehung gesellschaftlicher Verantwortung in die Geschäftstätigkeit ist primär durch den steigenden Druck der Stakeholder begründet (vgl. Europäische Kommission, 2001). Zudem soll die Einbeziehung von sozialer und ökologischer Verantwortung in das Management die Wettbewerbsfähigkeit dauerhaft verbessern und den Unternehmen die License to Operate geben. CSR gilt bei einer Business-Case-Betrachtung als Investition. Die weiteren Vorteile sind eine Verbesserung des Risikomanagements, ein verbesserter Human-Resources-Bereich, eine produktivere operative Effizienz, eine Verbesserung der finanziellen Performance und ein eindeutig positiver Zusammenhang von Marketing sowie Image und Reputation (vgl. Polterauer, 2008).

Hierbei gilt zu beachten, dass es eine genaue Definition des Business Case nicht gibt, sondern viele verschiedene Formen und Ausprägungen existieren. Wichtig ist hierbei, unabhängig von anderen Einflussgrößen, zum einen der Business Case an sich und zum anderen die Betrachtung des Business Cases in Verbindung mit dem Social Case als Best Case. Der Business Case als alleinige Betrachtungsvariable legt den Hauptfokus auf die ökonomische Säule. Hier wird der monetäre Erfolg mit Hilfe sozialer oder ökologischer Aspekte verbessert. Bei der Betrachtung des Best Case geht man davon aus, dass nur die gleichzeitige Berücksichtigung ökonomischer, gesellschaftlich-sozialer und ökologischer Aspekte zu langfristigem, rentablem Erfolg führen kann. Das heißt, dass der ökonomischen Sichtweise des Business Case die sozialen und ökologischen Aspekte hinzugefügt werden und dieser sich zum Best Case, also dem nachhaltigen Erfolg, transformiert.

Kritiker werfen dem CSR als Business-Case-Prinzip eine Scheinkorrelation vor. Zudem wird die Schwierigkeit der Messung kritisiert. Weiterhin gibt es Behauptungen, dass es keinen Business Case von CSR geben kann, da CSR ein Prozess sei, der von den persönlichen Einstellungen der Verantwortlichen und der Kultur abhängig ist (vgl. Baker, 2006). Im Gegensatz zu den US-amerikanischen, bezweifeln viele deutsche Unternehmen den Business Case von CSR. Demzufolge erwarten unter 50 % der deutschen Unternehmen im Vergleich zu zwei Dritteln der amerikanischen Unternehmen einen wirtschaftlichen Nutzen durch CSR (vgl. Heuberger, 2007).

Weiterführende Quellen

Schaltegger, S./Wagner, M. (2006): Managing the Business Case for Sustainability – The Integration of Social, Environmental and Economic Performance, Sheffield: Greenleaf.

Schreck, P. (2009): The Business Case for Corporate Social Responsibility – Understanding and Measuring Economic Impacts of Corporate Social Performance, Heidelberg: Physica.

Cause Related Marketing

Zweckgebundenes Marketing (englisch: Cause Related Marketing) ist zunächst ein Instrument zur Verkaufsförderung. Vom Erlös für den Kauf eines Produktes oder die Inanspruchnahme einer Dienstleistung kommt ein Teil einem sozialen oder ökologischen Zweck zu Gute. Die Spendenhöhe korreliert mit dem Umsatz und somit auch mit dem Unternehmenserfolg.

Non-Profit-Organisationen können ihre Ziele mit Hilfe eines Partners wirkungsvoller promoten und Unterstützung über den Kundenstamm des Unternehmens erreichen. Für das Unternehmen selbst sind eine positive Imagewirkung und eine Steigerung des Absatzes möglich. Unerlässlich für die Authentizität von Cause Related Marketing ist die Transparenz für den Kunden, welcher Teil des von ihm bezahlten Preises tatsächlich gespendet und für welchen Zweck er genau eingesetzt wird. Andernfalls kann zu einer Imageschädigung für das Unternehmen kommen.

Nicht zuletzt durch die Gerichtsverfahren gegen Krombacher und McDonalds genießt Cause Related Marketing einen zwiespältigen Ruf. Die Unternehmen mussten sich den Vorwurf gefallen lassen, dass sie mit ihren Initiativen gegen das Gesetz gegen unlauteren Wettbewerb (UWG) verstoßen hätten, da sie ihre Kunden bewusst moralisch zum Kauf ihrer Produkte verpflichten wollten. Erhärtet wurden die Anklagen durch die Tatsache, dass kein inhaltlicher Zusammenhang zwischen dem originären Geschäftsbetrieb und den wohltätigen Zwecken bestand (vgl. Kuhlen, 2008). Nach dem Bundesgerichtshof gilt zwar das Leitbild des mündigen Verbrauchers, der selbständig über derartige Angebote urteilen kann sowie die Meinungsfreiheit von Unternehmen, die ihr soziales Engagement frei publizieren dürfen (vgl. Kuhlen, 2008). Jedoch bleibt fraglich, ob dieses Urteil jegliche Rufschädigung zu neutralisieren vermag.

Trotzdem ist das positive Potential nicht zu unterschätzen, denn mit einer authentischen Umsetzung erreicht ein Unternehmen einen großen Konsumentenkreis. Dies wäre für NGOs und Non-Profit-Organisationen nur unter Inkaufnahme von hohen Kosten und Mühen möglich. Beispiele erfolgreicher CSR-Aktivitäten auf diesem Gebiet sind: Iglo, Red Bull, Chiquita, Henkel, Procter & Gamble (vgl. Mayerhofer et al., 2008). Cause Related Marketing bleibt somit eine attraktive Option des Marketings für Unternehmen und lässt sich dauerhaft in den Bereich CSR der strategischen Unternehmensführung implementieren.

Weiterführende Quellen

Huber, F./Regier, St./Rinino, M. (2008): Cause-Related-Marketing-Kampagnen erfolgreich konzipieren – Eine empirische Studie, Wiesbaden: Gabler.

Huppertz, A. (2007): Cause-related Marketing: Auswirkungen und Einflussfaktoren, Saarbrücken: VDM.

Chancengleichheit

Der Begriff der Chancengleichheit wird im Bereich der Corporate Social Responsibility in vielen Bereichen aufgegriffen. Oft wird die Chancengleichheit in direktem Zusammenhang mit der Gleichstellungspolitik eines Unternehmens gesehen, doch ist dies nur ein Aspekt von mehreren.

Eine bereits 1960 von der International Labour Organization (ILO) formulierte Charta besagt, dass „jede Unterscheidung, Ausschließung oder Bevorzugung, die auf Grund der Rasse, der Hautfarbe, des Geschlechts, des Glaubensbekenntnisses, der politischen Meinung, der nationalen Abstammung oder der sozialen Herkunft vorgenommen wird und die dazu führt, die Gleichheit der Gelegenheiten oder der Behandlung in Beschäftigung oder Beruf aufzuheben oder zu beeinträchtigen" (ILO, 1960) ausgeschlossen werden soll. Maßnahmen zur Wahrung und Förderung der Chancengleichheit im Unternehmen sind für Arbeitgeber eines der beliebtesten Mittel, um gesellschaftliche Verantwortung zu zeigen (vgl. Bertelsmann Stiftung, 2005).

Oft beruht der Versuch, Chancengleichheit in Unternehmen zu schaffen, hauptsächlich auf gesetzlichen Richtlinien (z.B. Allgemeines Gleichbehandlungsgesetz: AGG) oder dem Druck von Bürgerrechtsorganisationen oder ähnlichen Verbänden, die sich dafür einsetzen, dass eine Minderheit in ihren speziellen Ausprägung auch so in einem Unternehmen repräsentiert wird (vgl. Höher/Weißbach, 2004). Neben den gesetzlich verankerten Normen und gesellschaftlichen Forderungen gibt es auch Abkommen, die das „Ergebnis einer normativen Übereinkunft innerhalb der Unternehmen" (Koall/Bruchhagen, 2004: 179–209) darstellen. Das Prinzip von Diversity Management will beispielsweise speziell durch die Einbindung von Minderheiten jeglicher Form in den Unternehmensalltag eine höhere Leistungsfähigkeit erzielen. Dabei geht man von der Annahme aus, dass durch die Förderung von multikultureller Vielfalt, auch die Bandbreite an Fähigkeiten der Mitarbeiter wächst. In deutschen Unternehmen spielt Diversity Management bisher vor allem bei international agierenden Unternehmen eine bedeutende Rolle.

Bei Konzepten dieser Art ist besonders die Nachhaltigkeit entscheidend, da die Folgen des heutigen Handelns vor allem die nachfolgenden Generationen betreffen. Diesbezüglich ist es wichtig ihnen dieselben Chancen zu ermöglichen, die heutzutage bestehen und ihnen nicht durch vorschnelles oder unüberlegtes Handeln Wege zu versperren.

Weiterführende Quellen

Krell, G. (2008): Chancengleichheit durch Personalpolitik – Gleichstellung von Frauen und Männern in Unternehmen und Verwaltung – Rechtliche Regelungen – Problemanalysen – Lösungen, Wiesbaden: Gabler.

Rühl, M./Hoffmann, J. (2001): Chancengleichheit managen – Basis moderner Personalpolitik, Wiesbaden: Gabler.

Change Management

Change Management (Veränderungsmanagement) beschreibt den Prozess von Unternehmen, ihre Strategien, Organisationsstrukturen und gegebenenfalls Produktionstechniken bzw. -verfahren an sich verändernde Rahmenbedingungen anzupassen. Die Dynamik der Umwelt fordert von den Unternehmen eine stetige Bereitschaft zur Erhaltung der Wettbewerbsfähigkeit. Change Management befasst sich sowohl mit der planmäßigen Optimierung als auch mit reaktiven Maßnahmen, um nicht kongruente Zielvorstellungen von Unternehmensführung und Mitarbeitern bzw. Stakeholdern aufeinander abzustimmen. Es lassen sich drei Kategorien des Ausmaßes einer Veränderung in der Wertschöpfungskette identifizieren: Optimierung, organisatorische Veränderung und Transformation/Restrukturierung. Corporate Social Responsibility und Nachhaltigkeit können beim Veränderungsprozess in allen drei Kategorien von immanenter Bedeutung sein.

Im Veränderungsprozess bedarf es umfassender Sensibilität seitens des Unternehmens (vgl. Keuper/Grotten, 2007), da nicht nur Strukturen, sondern insbesondere Menschen von den Veränderungen betroffen sind. Im Bereich der Optimierung (Kategorie 1) führen beispielsweise Modernisierungen von bestimmten Unternehmenskomponenten zu eventuellen Personaleinsparungen oder zusätzlichen Emissionen. Organisatorische Veränderungen (Kategorie 2) können eine kostenbedingte Produktionsverlagerung in ein anderes Land mit geringeren sozialen und ökologischen Standards beinhalten. Die stärkste Form unternehmensinterner Veränderungen ist eine Transformation bzw. Restrukturierung (Kategorie 3). Diese kann beachtliche Auswirkungen haben, wenn in einer Krise oder bei einer Fusion Personal entlassen werden muss. Im Veränderungsprozess bedarf es, ähnlich ökonomischer Zielgrößen, der Messbarkeit von CSR-Aspekten in jedem einzelnen Prozessschritt. Dazu sollte ein sensibles, mehrdimensionales Frühwarnsystem aufgebaut werden, das eine Kontrolle und gegebenenfalls Steuerung von CSR-Maßnahmen zulässt.

Das Change Management soll ‚von außen nach innen' organisiert sein, um die Bedürfnisse der Umwelt rechtzeitig zu erkennen. Die Relevanz der Organisationsrichtung ergibt sich aus dem zunehmenden Einfluss von Nichtregierungsorganisationen, Öffentlichkeit, Medien und anderen Stakeholdern (vgl. Doppler/Lauterburg, 2008). Ein umfangreiches Netzwerk, welches unter anderem durch soziales Bürgerengagement aufgebaut werden kann, erleichtert den Zugang zu Informationen über die Bedürfnisse und Ansprüche der gesellschaftlichen Umwelt. Neben der Außenwirkung von Veränderungen sind die internen Widerstände in Organisationen zu berücksichtigen. Interne Widerstände ergeben sich zumeist aus Ängsten von Mitarbeitern, z. B. Befürchtungen des Verlustes der eigenen Stelle. Solche internen Blockaden können durch die Begründung der Notwendigkeit einer Veränderung entkräftet werden. Zudem kann Transparenz im Veränderungsprozess dazu beitragen, dass die eigene Situation besser reflektiert wird und interne Kooperationsdilemmata (z. B. zwischen Top- und mittlerem Management) überwunden werden. Dazu trägt ein partnerschaftlicher Erfahrungsaustausch mit Unternehmensberatern, Coaches, sozialen Einrichtungen oder Unternehmen, die bereits eine solche Veränderung hinter sich haben, bei. Das Ziel des Change Managements ist es, durch einen Lernprozess eine fortlaufende Anpassung an die dynamische Umwelt zu erlangen.

Grundsätzlich verlangt jede Veränderung nach einer Lockerung oder Auflösung manifestierter Strategie- bzw. Strukturbestandteile (‚Unfreezing'). Im zweiten Schritt sind notwendige Anpassungen projektspezifisch vorzunehmen und zu erproben (‚Moving'). Drittens wird der Veränderungsprozess durch eine stabilisierende Integration in die Unternehmung zum Abschluss gebracht (‚Refreezing'), wobei ein Bewusstsein für mögliche erneute Veränderungsansprüche erhalten werden sollte (vgl. Deuringer, 2000).

Weiterführende Quellen

Doppler, K./Fuhrmann, H./Lebbe-Waschke, B./Voigt, B. (2002): Unternehmenswandel gegen Widerstände: Change Management mit den Menschen, Frankfurt am Main: Campus.

Doppler, K./Lauterburg, C. (2008): Change Management – Den Unternehmenswandel gestalten, Frankfurt am Main: Campus.

Club of Rome

Der 1968 gegründete Club of Rome (COR) ist eine unabhängige, internationale und gemeinnützige Organisation. Die ursprünglichen Gründer des Club of Rome sind der italienische Industrielle *Aurelio Peccei* und der schottische Wissenschaftler *Alexander King*. Inzwischen verfügt der Club of Rome über eine interdisziplinäre und multikulturelle Mitgliederschaft mit insgesamt rund 100 ordentlichen Mitgliedern. Ergänzt wird die Arbeit der ordentlichen Mitglieder durch ungefähr 50 Ehrenmitglieder, 40 weitere außerordentliche Mitglieder und durch die Aktivitäten von 33 nationalen

Zusammenschlüssen auf der ganzen Welt. Zusätzlich bereichern die Ausführungen und Einfälle von ausgesuchten Experten, Praktikern und Aktivisten, die in einem speziellen Think Tank ‚tt30', zusammengefasst sind, die Arbeit des COR. Der ‚tt30' Think Tank umfasst insgesamt rund 30 Mitglieder im Alter zwischen 25 und 35.

Die grundlegende Aufgabe des Club of Rome ist die Identifikation der zentralen Probleme der Menschheit, die Analyse der wichtigsten öffentlichen und privaten Entscheidungsträger und die Sensibilisierung der breiten Öffentlichkeit. Insbesondere die Analyse der Beziehungen zwischen ökonomischem Wachstum und der Umwelt steht im Vordergrund. Diese Beziehung wurde bereits 1972 in dem bekanntesten Werk des Club of Rome ‚The Limits to Growth' (vgl. Meadows et al., 1972) thematisiert. Es ist mit über 30 Millionen verkauften Exemplaren das meist verkaufte Ökonomiebuch aller Zeiten. Das aktuelle, für drei Jahre angesetzte, Programm (2008–2010) ‚A New Path for World Development' knüpft an die Untersuchung brisanter Themen an. Kerninhalte sind der Umgang und die Abschwächung der Folgen von Klimawandel und Ölspitze (zu erwartendes Ölfördermaximum aller weltweiten Ölvorkommen), die Ressourcenerschöpfung, die Gefahren für das Ökosystem, die Folgen der Globalisierung, die Möglichkeiten einer nachhaltigen Weltentwicklung, Frieden und Sicherheit. Grundsätzliches Ziel ist es, innerhalb eines kohärenten, systematischen Netzwerks, Zukunftsvisionen und konkrete Handlungsmöglichkeiten zu erarbeiten (vgl. Club of Rome, 2009).

Weiterführende Quellen

www.clubofrome.org

Code of Conduct (Verhaltenskodex)

Verhaltenskodizes zählen, neben Standards und Labels, zu den freiwilligen Selbstverpflichtungsinstrumenten eines Unternehmens. Ein Unternehmen verpflichtet sich mit einem Kodex zur Befolgung bestimmter sozialer, ökologischer oder sonstiger Prinzipien, die über die Gesetzesvorgaben hinausgehen. Initiativen, im Rahmen derer Unternehmen durch die Einhaltung von Prinzipien die Erreichung gemeinnütziger Ziele verfolgen, können ebenfalls hinzugezählt werden. Diese Prinzipien und Initiativen können sich auf alle Unternehmensbereiche und auf die gesamte Wertschöpfungskette beziehen, wie etwa Beschaffung, Personalführung, Abfallentsorgung oder Investitionen (vgl. Pommerening, 2005).

Verhaltenskodizes werden definiert als eine formelle Erklärung zu den Werten und Aktivitäten eines Unternehmens, vielfach auch dessen Zulieferer. Unternehmen können demnach Verhaltenskodizes auf interner und externer Dimension aufstellen. Sozial verantwortungsvolles Handeln in den Unternehmen betrifft auf interner Ebene insbesondere die Arbeitnehmer. Dabei geht es beispielsweise um Arbeitsbedingungen. Auf dieser Ebene können Kodizes aber auch Umweltaspekte betreffen, wie z.B. im Bereich Müllentsorgung/-trennung. Die soziale Verantwortung der Unternehmen kann auf externer Dimension, neben den Arbeitnehmern oder den Aktionären, eine Vielzahl weiterer Stakeholder einbeziehen. Zu diesen Stakeholdern zählen u.a. Zulieferer, Kunden, Behörden sowie Umweltschutzorganisationen. Verhaltenskodizes können hierbei in Bezug zu lokalen, nationalen, internationalen oder globalen Themenfeldern, wie z.B. Kinderarmut oder Klimawandel, aufgestellt werden (vgl. Europäische Kommission, 2001).

Zu den primären Beweggründen für die Aufstellung von Verhaltenskodizes zählt das erhöhte Bedürfnis nach einem verantwortungsvollen Handeln von Unternehmen seitens der Nichtregierungsorganisationen und Konsumenten. Durch die freiwillige Befolgung von Verhaltenskodizes können Verbesserungen des Unternehmensimages und die Verminderung der Gefahr negativer Verbraucherreaktionen, wie Boykotts, erzielt werden. Die Wirksamkeit dieser Regeln hängt davon ab, inwieweit sie ordnungsgemäß umgesetzt und überwacht werden (vgl. Europäische Kommission, 2001). Da die Einhaltung oftmals weder intern noch extern kontrolliert wird und keine Sanktionen bei Missachtung erfolgen, werden Verhaltenskodizes häufig die Glaubwürdigkeit abgesprochen (vgl. Pommerening, 2005). Um die Glaubwürdigkeit von Verhaltenskodizes zu gewährleisten, ist es äußerst wichtig, die Verhaltenskodizes transparent zu gestalten und dazugehörige Berichterstattung, z.B. durch CSR-Reporte, zu veröffentlichen. Zudem ist es von Vorteil, wenn ein Kodex im Dialog mit den relevanten Stakeholdern aufgestellt wird und diese in die Überwachung mit einbezogen werden (vgl. Europäische Kommission, 2001).

Verhaltenskodizes gelten jedoch nicht als Ersatz für nationale, europäische und internationale Rechtsvorschriften und verbindliche Regelungen. Kodizes und andere freiwillige Initiativen dienen dazu, diese Mindeststandards für diejenigen, die sie einhalten, zu ergänzen und anzuheben.

Weiterführende Quellen

Albach, H. (2006): Unternehmensethik und globale Märkte, Special Issue 1/2006, Wiesbaden: Gabler.

Corporate Citizenship

Corporate Citizenship (CC) bezeichnet das bürgerschaftliche Engagement von Unternehmen. Das Engagement im Bereich CC geht über das eigentliche Kerngeschäft hinaus. Corporate Citizenship wird zu den wichtigsten Konzepten der gesellschaftlichen Verantwortung von Unternehmen zugeordnet.

Die Debatte um gesellschaftliche Verantwortung wird in zwei Hauptströmungen kanalisiert: Zum einen wird die Verantwortung der Unternehmen darin gesehen, dass „die einzige unternehmerische Verantwortung die Gewinnmaximierung sei und diese die Gemeinwohloptimierung (über eine optimale Ressourcenallokation) bereits implizit erfülle" (Pommerening, 2005: 1). Auf der anderen Seite wird ein ethisches Verantwortungsbewusstsein von den Unternehmen erwartet, das an den Bedürfnissen der Gesellschaft orientiert ist (vgl. Pommerening, 2005). Corporate Citizenship gehört wie Corporate Social Responsibility zu den Konzepten, die die gesellschaftliche Verantwortung von Unternehmen jenseits von Gewinnmaximierung in den Mittelpunkt stellen. Beide Konzepte werden vielfach synonym benutzt, sind aber im Kern der Debatte differenziert zu betrachten. Während Corporate Social Responsibility sich auf die Geschäftstätigkeit des Unternehmens bzw. die gesellschaftliche Verantwortung innerhalb der Wertschöpfungskette bezieht, konzentriert sich ein Corporate-Citizenship-Engagement auf Aktivitäten außerhalb der Wertschöpfungskette. Die Verantwortungsübernahme geschieht im Konzept des CC über die eigentliche Unternehmenstätigkeit hinaus; Unternehmen handeln hier hinsichtlich ihrer Rechte und Pflichten im Sinne eines ‚korporativen Bürgers' (Corporate Citizen).

Die Inhalte von Corporate Citizenship wurden bereits seit den 50er Jahren des letzten Jahrhunderts in Deutschland diskutiert, die Bezeichnung Corporate Citizenship hielt jedoch erst in 90er Jahren Einzug in die Debatte. *André Habisch* definiert Corporate Citizenship als „[…] bereichsübergreifende Kooperationsprojekte zwischen Unternehmen und mindestens einem Partner aus einem anderen gesellschaftlichen Bereich, die auf die Lösung gesellschaftlicher Probleme bezogen sind" (Habisch, 2003: 53). Solche Partner können zum Beispiel Nichtregierungsorganisationen, Bildungs-, Sozial- und Kultureinrichtungen, Verbände oder Staat sein. Diese Form des bürgerschaftlichen Engagements in Unternehmen wird in einer Vielzahl von Instrumenten umgesetzt (Corporate Giving, Corporate Volunteering, Corporate Foundations etc.).

Corporate Citizenship kann als gemeinnützige Aktivität eines Unternehmens gesehen werden, bei denen nicht ökonomische, sondern eher philanthropische Motive im Vordergrund stehen. Jedoch vernachlässigt diese Sichtweise den angestrebten wechselseitigen Vorteil (Win-Win-Situation) bürgerschaftlichen Engagements für die Unternehmen, die Unternehmenspartner und das gesellschaftliche Umfeld. Corporate Citizenship ist vielmehr durch gelungene Win-Win-Situationen zwischen Unternehmen und gesellschaftlichen Akteuren gekennzeichnet. Der Fokus von CC-Engagements liegt dabei jedoch nicht primär im ökonomischen Bereich; finanzielle Engagements sind zwar wichtig, spielen jedoch eine eher untergeordnete Rolle. „Das Bereitstellen finanzieller Mittel durch das Unternehmen ist eine notwendige, aber keine hinreichende Bedingung gelungener Kooperationsprojekte im Sinne unternehmerischen Bürgerengagements" (Habisch, 2003: 56).

Folglich sind neben ethisch-moralischen Gründen für Corporate Citizenship auch wirtschaftliche Aspekte von Bedeutung. Unternehmen können durch Corporate Citizenship vor allem langfristige Wettbewerbsvorteile erzielen (z. B. Imagegewinn). Wenn Corporate Citizenship ausschließlich auf Gemeinwohlinteresse beruhe, würden die Unternehmen bürgerschaftliches Engagement nur zeigen, wenn sie finanziell in der Lage dazu sind (vgl. Pommerening, 2005). Vielmehr soll Corporate Citizenship durch den langfristigen, positiven Erfolg hinsichtlich der Wettbewerbsfähigkeit auch in finanziell schwierigen Zeiten aufrechterhalten werden. Die positive Wirkung eines Engagements ergibt sich durch potenzielle Nutzen. So tragen Unternehmen zur Stärkung des regionalen Umfelds bei, verbessern das Image ihrer Marke und bieten durch ihr Engagement eine Steigerung der Identifikation mit dem Unternehmen (vgl. Pommerening, 2005). In einer Zeit, in der die Produkte sich immer weniger durch Qualität unterscheiden, kann ein solches Konzept überdies den Unterschied bei der Kaufentscheidung der Kunden ausmachen. Regelmäßig durchgeführte Stakeholderanalysen sind im Corporate Citizenship daher unerlässlich, um sicher zu gehen, dass tatsächlich alle Beteiligten mit in den Wirkungskreis eines Engagements integriert werden.

Weiterführende Quellen

Habisch, A. (2003): Corporate Citizenship – Gesellschaftliches Engagement von Unternehmen in Deutschland, Berlin: Springer.
Backhaus-Maul, H./Biedermann, Ch./Nährlich, St./Polterauer, J. (2008): Corporate Citizenship in Deutschland – Bilanz und Perspektiven, Wiesbaden: VS.

Corporate Foundations

Die Einrichtung einer gemeinnützigen Stiftung (englisch: Corporate Foundation) zählt zu den Maßnahmen eines unternehmerischen Corporate-Citizenship-Ansatzes, durch die soziale und kulturelle Verantwortung zum Ausdruck gebracht werden kann. Gemäß Definition ist eine Stiftung eine juristische Person ohne Gesellschafter oder Mitglieder und eine auf Dauer angelegte Zusammenfassung von Vermögen (vgl. Wigand et al., 2009). Grundlegend für die Stiftung ist der Stiftungszweck, welcher durch den Willen des Stifters konkretisiert wird und bereits bei der Gründung in das Leitbild verankert werden sollte. Die Aufgabe der Stiftung ist es, durch den Zinsgewinn des Kapitals diesen Zweck langfristig zu verwirklichen. Der Erhalt des Vermögens darf allerdings nicht der alleinige Zweck der Stiftung sein, sondern er gilt lediglich als Mittel zur Zweckverwirklichung. Unternehmensstiftungen erhalten das benötigte Kapital vom gründenden Unternehmen, agieren jedoch überwiegend autonom. Stiftungen gelten als Teil der spezifischen Unternehmensidentität bzw. -kultur und repräsentieren das Bestreben eines Unternehmens gemeinnützig tätig zu sein (vgl. Pommerening, 2005). Damit geht ein Unternehmen auch das Risiko ein, dass negativ bewertete Stiftungsaktivitäten auf das Unternehmen übertragen werden. Firmen verschaffen sich daher oft Einfluss z. B. durch das Mitwirken im Stiftungsvorstand. In vielen Fällen sind die Gremien aus diesem Grund mit Unternehmensvertretern sowie Personen aus Politik, Kultur und Wirtschaft besetzt. In der Regel genießen die Stiftungen dadurch mehr Einfluss, Ansehen und Akzeptanz insbesondere auch von akademischen und einkommensstärkeren Kreisen (vgl. Claves, 2007).

Da Corporate Foundations dauerhaft angelegt sind, reicht es nicht aus, kurz- und mittelfristige Corporate-Citizenship-Aktivitäten, wie Spenden oder Sponsoring, zu verfolgen. Damit die Glaubwürdigkeit und die Kontinuität bewahrt bleiben, sollten daher ein langfristiges Engagement und ein sorgfältig geplantes Konzept hinter der Stiftung stehen. Corporate Foundation stellt demnach ein Leitinstrument bei der Darstellung von bürgerschaftlicher und gesellschaftlicher Verantwortung dar (vgl. Claves, 2007). In Zeiten zunehmend knapper Haushaltslagen können Stiftungen in gesellschaftspolitisch wünschenswerter Form eine Lücke in weiten Bereichen des Sozialen oder der Wissenschafts- oder Kulturförderung füllen. Corporate Foundations bieten in der Regel einen Rahmen für den Aufbau von Netzwerken zwischen Wirtschaft und Non-Profit-Organisationen (vgl. Pommerening, 2005).

Als Motive für die Gründung einer Stiftung lassen sich sowohl soziale, ökologische oder auch altruistische Beweggründe sowie ökonomische Vorteilhaftigkeit nennen. Auf der einen Seite steht das soziale und kulturelle Engagement und auf der anderen Seite sind die Vorteile für die gründenden Unternehmen von Bedeutung. So können z. B. sozial ausgerichtete Stiftungen ein Unternehmen nicht nur als gewinnmaximierenden Arbeitgeber, sondern auch als verantwortungsvollen Akteur erscheinen lassen. Ein weiteres Argument für die Gründung einer Corporate Foundation kann die Lenkung von externen Erwartungen sein. Anfragen in Bezug auf Corporate Citizenship können durch das Unternehmen an die eigene Stiftung weitergeleitet werden. Um kritische Vorwürfe zu vermeiden, sollte darauf geachtet werden, dass keine größere Dissonanz zwischen den Stiftungsaktivitäten und der unternehmerischen Praxis besteht (vgl. Claves, 2007).

Weiterführende Quellen

Graf Strachwitz, R./Reimer, S. (2008): Stiftungen, in: Habisch, A./Schmidpeter, R./Neureiter, M. (Hrsg.), Handbuch Corporate Citizenship – Corporate Social Responsibility für Manager, Berlin: Springer, S. 217–230.

Claves, H (2007): Altruismus versus Eigennutz: Corporate Foundations als Mittel der PR?, http://csr-news.net/main/2007/11/15/altruismus-versus-eigennutz-corporate-foundations-als-mittel-der-pr/, Zugriff: 14.03.2009.

Corporate Giving

Corporate Giving wird zumeist mit Unternehmensspenden übersetzt (vgl. Dresewski, 2004) und kann generell als ein Instrument des Corporate Citizenship betrachtet werden (vgl. Bluszcz/Jughardt, 2007).

Bei den Zuwendungen der Unternehmen im Rahmen des Corporate Giving, z. B. an lokale gemeinnützige Institutionen und Organisationen, existieren in erster Linie zwei verschiedene Formen: Geldzuwendungen und Sachzuwendungen. Teilweise werden auch konkrete Dienstleistungen zum Corporate Giving hinzugerechnet, meist werden diese als Corporate Volunteering durchgeführt. „Die Gestaltung dieser Unterstützungsleistungen richtet sich weitgehend nach der Art der Geschäftstätigkeit des jeweiligen Unternehmens" (Maaß/Clemens, 2002: 11).

Eine Variante des Corporate Giving ist das sogenannte Employee Matched Giving (oft nur Matched Giving genannt). Dabei werden Geldspenden von Mitarbeitern eines Unternehmens für gemeinnützige bzw. wohltätige Zwecke durch das Unternehmen aufgestockt oder vice versa (vgl. Schrader, 2003).

Im Gegensatz zum Sponsoring wird bei Spenden vom unterstützenden Unternehmen keine Gegenleistung vom Empfänger erwartet. Durch die (freiwillige) öffentliche Nennung der Förderer wirkt sich die gemeinnützige Form der Zuwendung positiv auf das Image des Unternehmens aus. Ein weiterer Vorteil ist, dass Geld- und Sachspenden steuerlich geltend gemacht werden können (vgl. Maaß/Clemens, 2002). Nachteilig ist jedoch die kurzweilige Außenwirkung von Spenden mit nur geringem Imagegewinn, wie z. B. die Übergabe eines Schecks (vgl. Mecking, 2010).

Weiterführende Quellen

Mecking, C. (2010): Corporate Giving: Unternehmensspenden, Sponsoring und insbesondere Unternehmensstiftungen, in: Backhaus-Maul, H./Biedermann, Ch./Nährlich, St./Polterauer, J. (Hrsg.), Corporate Citizenship in Deutschland, Wiesbaden: VS, S. 371–387.

Corporate Governance

Corporate Governance bedeutet die verantwortungsvolle Organisation der Leitung eines Unternehmens und dessen Kontrolle unter Berücksichtigung der verschiedenen Interessengruppen (vgl. Witt, 2002). Corporate Governance verfolgt dabei das Ziel, durch geeignete Regelungen möglichst günstige Bedingungen für eine wert- und erfolgsorientierte Unternehmensführung zu schaffen, um eine Steigerung des Unternehmenswertes sowohl ökonomisch, als auch gesellschaftlich sicherzustellen (vgl. Schwalbach/Schwerk, 2007).

Grundsätzlich lassen sich zwei gegensätzliche Sichtweisen des Begriffes unterscheiden, die sich in der Einbeziehung unterschiedlicher Interessengruppen ausdrücken. Die enge Definition von Corporate Governance wurde durch die angelsächsische Literatur geprägt und hebt die Interessen der Anteilseigner bzw. Eigentümer eines Unternehmens hervor (Shareholder-Ansatz). Die Shareholderorientierung legt den Fokus auf das reine finanzielle Interesse der Anteilseigner eines Unternehmens und ist entsprechend kurzfristig orientiert (vgl. Putzhammer, 2002). Ein solches Verständnis von Corporate Governance beinhaltet Fragen zu einem geeigneten Kontrollverhältnis zwischen Eigentümern und Managern, da Manager als Agenten der Kapitaleigner in deren Interesse handeln (vgl. Gerum, 2007). Hingegen berücksichtigt die erweiterte Definition von Corporate Governance neben den Managern und Anteilseignern weitere Personengruppen, die mit dem Unternehmen in Beziehung stehen (Stakeholder-Ansatz). Stakeholder können etwa die Arbeitnehmer, Lieferanten, Gläubiger, Kunden sein, aber auch regionale Bürgerinitiativen oder die regionale Öffentlichkeit. Vertreter dieser Auffassung sind der Meinung, dass sich die Implementierung aller Stakeholderinteressen in die Unternehmensführung und -kontrolle positiv auf die Wettbewerbsfähigkeit eines Unternehmens auswirkt und dieser Interessensausgleich letztlich zu einem längerfristigen Erfolg des Unternehmens beiträgt, als bei einer reinen Shareholder-Sichtweise. Die erweiterte Definition von Corporate Governance ist überwiegend in Europa und Asien gebräuchlich und wird zunehmend von renommierten Ökonomen vertreten (vgl. Schwalbach/Schwerk, 2007). Im Bereich der volkswirtschaftlichen Governance ist insbesondere *Elinor Ostrom* zu nennen, die 2009 den Wirtschaftsnobelpreis für ihre Arbeiten im Bereich Umweltökonomie erhielt.

Aufgrund zunehmender Unternehmenskrisen sind in den letzten Jahren Instrumente zur Verbesserung der Corporate Governance in Deutschland entworfen worden. In diesem Zusammenhang hat der Gesetzgeber beispielsweise das Gesetz zur Kontrolle und Transparenz (KonTraG) sowie das Transparenz- und Publizitätsgesetz (TransPuG) für eine verbesserte Unternehmensführung und -überwachung verabschiedet. Einen zentralen Stellenwert nimmt zudem der Corporate-Governance-Kodex ein, der im Jahr 2002 von der Regierungskommission Deutscher Corporate-Governance-Kodex unter dem Vorsitz von *Gerhard Cromme* (ehemaliger Vorstandsvorsitzender von ThyssenKrupp AG) entwickelt wurde. Der Kodex soll in Form eines ‚Code of Best Practice' die Unternehmen schwerpunktmäßig dazu anregen, die Grundsätze der Unternehmensleitung und -kontrolle für Investoren transparent darzustellen (vgl. Schwalbach/Schwerk, 2007). Eine gute Corporate Governance wirkt sich nicht nur positiv auf die Interessen der Shareholder, sondern auch auf die Interessen der Stakeholder aus. Wenn alle wichtigen Interessengruppen berücksichtigt werden, stellt eine Corporate Governance somit den nachhaltigen Unternehmenserfolg sicher und bildet die Schnittstelle zu der gesellschaftlichen Verantwortung eines Unternehmens (vgl. Schwalbach/Schwerk, 2007).

Weiterführende Quellen

Schwalbach, J./Schwerk, A. (2007): Corporate Governance und die gesellschaftliche Verantwortung von Unternehmen, in: Habisch, A./Neureiter, M./Schmidpeter, R. (Hrsg.), Handbuch Corporate Citizenship: Corporate Social Responsibility für Manager, Berlin: Springer, S. 71–85.

www.corporate-governance-code.de

Corporate Social Innovation

Soziale Innovationen sind neue Konzepte oder Maßnahmen, die sich zur Lösung sozialer Aufgaben eignen und einen nachhaltigen Nutzen für die Gesellschaft stiften. Für Unternehmen bieten Corporate Social Innovations die Möglichkeit, z. B. in Kooperation mit Non-Profit-Organisationen soziale Erfindungen hervorzubringen. Die Zusammenarbeit kann in den verschiedensten Unternehmensbereichen stattfinden, wie beispielsweise im Bereich der Forschung und Entwicklung. Die Betrachtungsgegenstände von Corporate Social Innovations sind immer im Bereich der Bedürfnisse des sozialen Sektors zu finden. Die gemeinsam entwickelte Innovation kann zur Bewältigung eines gesellschaftlichen Problems oder zur Befriedigung vorhandener Bedürfnisse in der Gesellschaft beitragen (vgl. Kesselring/Leitner, 2008). Dabei kann die Innovation vielfältig sein: neue Produkte, Dienstleistungen, Geschäftsmodelle, Prozesse, Vertriebskanäle (vgl. Bisgaard, 2009)

Konkret handelt sich bei sozialen Innovationen um „neue Wege, Ziele zu erreichen, insbesondere neue Organisationsformen, neue Regulierungen, neue Lebensstile, kulturelle Veränderung bewirken und den sozialen Wandel positiv beeinflussen, Probleme besser lösen als frühere Praktiken, und die deshalb wert sind, nachgeahmt und institutionalisiert zu werden" (Zapf, 1989: 177). Aus einer sozialen Idee wird dann eine soziale Innovation, wenn diese besser funktioniert und wirksamer ist als bereits vorhandene Konzepte und Methoden zur Problemlösung. Darüber hinaus muss sie die Akzeptanz und Anwendung seitens der betroffenen sozialen Gruppen finden. Soziale Innovationen können in verschiedenen Formen sowie in allen gesellschaftlichen Handlungsfeldern auftreten. Sie spielen eine Rolle im Sektor der Non-Profit-Organisationen, in öffentlichen Verwaltungen, politischen Institutionen sowie in der Wirtschaft und in Verbänden. Dabei kann sich eine soziale Innovation beispielsweise in Organisationsveränderungen innerhalb eines Unternehmens, neuen Regeln und Normen, neuen Formen der Kommunikation oder im Aufbau eines sozio-technischen Systems widerspiegeln (vgl. Kesselring/Leitner, 2008). Soziale Innovationen werden nicht als Gegensatz zu technisch-wirtschaftlichen Innovationen angesehen, sondern vielmehr als deren Erweiterung (vgl. Zapf, 1989).

Die Kooperationen zwischen Profit und Non-Profit Bereich – hier mit der Ausrichtung auf soziale Innovation – kann als Teil des Open-Innovation-Ansatzes (OI) verstanden werden. Hier wird der eigene Innovationsprozess für Einflüsse von außen geöffnet (outside-in) oder Innovationen verlassen gewollt das Unternehmen (inside-out) (vgl. Chesbrough, 2003).

Weiterführende Quellen

Stark, W. (2007): Innovation durch Verantwortung? – Innovationspotentiale durch Konzepte gesellschaftlicher Verantwortung, in: Hafner, S. J./Hartel, J./Bluszcz, O./Stark, W. (Hrsg.), Gesellschaftliche Verantwortung in Organisationen – Fallstudien unter organisationstheoretischen Perspektiven, München und Mering: Rainer Hampp, S. 237–244.

Chesbrough, H. (2003): Open innovation: The new imperative for creating and profiting from technology, Boston: Harvard Business School Press.

Corporate Social Responsibility

Corporate Social Responsibility (CSR) wird in der deutschen Literatur allgemein mit gesellschaftlicher Verantwortung von Unternehmen übersetzt. Die Ursprünge des CSR-Ansatzes reichen bis in das Jahr 1953 zurück (vgl. Bowen, 1953). Eine einheitliche Definition des CSR-Begriffs ist jedoch bis heute nicht existent. Die wörtliche Übersetzung von CSR kann unterschiedlich ausgelegt werden. Wird der Begriff ‚social' mit sozial übersetzt, so greift an dieser Stelle nur die soziale Verantwortung eines Unternehmens. Die zweite Möglichkeit ist die Übersetzung mit gesellschaftlich, welche neben sozialer Verantwortung auch die ökologische und die ökonomische Verantwortung mit einschließt. Häufig wird in der Wissenschaft die letztere Auffassung von CSR verwendet (vgl. Kreikebaum, 1996). Am weitesten verbreitet ist die Definition der Europäischen Kommission, die CSR als ein Konzept beschreibt, „das den Unternehmen als Grundlage dient, auf freiwilliger Basis soziale Belange und Umweltbelange in ihre Unternehmenstätigkeit und in die Wechselbeziehungen mit den Stakeholdern zu integrieren" (Europäische Kommission, 2001: 7).

Grundsätzlich existieren zwei gegensätzliche Positionen zur Wahrnehmung gesellschaftlicher Verantwortung von Unternehmen. Nach einem eher ökonomischen Verständnis sind Unternehmen ausschließlich für eine optimale wirtschaftliche Ressourcenallokation und einer damit verbundenen Maximierung des Gewinns verantwortlich. Daraus resultiert dann implizit der Beitrag des Unternehmens zum gesellschaftlichen Gemeinwohl (vgl. Friedman, 1970). Entgegengesetzt wird argumentiert, dass im Rahmen eines verantwortungsvollen Handelns das Ziel der Gewinnmaximierung zwar durchaus legitim ist, jedoch nur, solange dabei keine Gesetzeslücken ausgenutzt werden, die negative Auswirkungen auf das gesellschaftliche Gemeinwohl haben könnten (vgl. Pommerening, 2005).

Stakeholder verlangen heutzutage von Unternehmen ein Handeln, das über die Verfolgung ökonomischer Ziele und die Beachtung vorhandener Gesetze hinausgeht. Dabei sind vier Verantwortungsebenen eines Unternehmens entscheidend: ökonomische, rechtliche, ethische und philanthropische Verantwortung. Ein CSR-Konzept sollte allen Ebenen gerecht werden, wobei die ökonomische Verantwortung den Ausgangspunkt der gesellschaftlichen Verantwortung darstellt (vgl. Carroll, 1991).

In einer ergänzenden und praktischeren Sichtweise lässt sich die Verantwortung eines Unternehmens in drei wesentliche, konzentrische Bereiche unterteilen: innerer Verantwortungsbereich, mittlerer Verantwortungsbereich und äußerer Verantwortungsbereich. Der innere Verantwortungsbereich beinhaltet die Aspekte Markt und Gesetz. Unternehmen führen ihre geschäftlichen Aktivitäten unter Berücksichtigung gegebener Gesetzmäßigkeiten durch. Die Erfüllung dieser Funktion kann als ‚unfreiwillige' CSR bezeichnet werden. Dennoch kann dieser Bereich den CSR-Aktivitäten zugeordnet werden, da Unternehmen Innovationen liefern können, die dem gesellschaftlichen Gemeinwohl letztlich dienen. Der zweite, mittlere Verantwortungsbereich umfasst freiwillige CSR-Aktivitäten innerhalb der Wertschöpfungskette eines Unternehmens. Verantwortungsvolles unternehmerisches Handeln zeichnet sich entsprechend durch ein freiwilliges, gesetzlich nicht vorgeschriebenes Handeln aus, welches die drei Säulen der Nachhaltigkeit beinhaltet. Bei dem äußeren Verantwortungsbereich handelt es sich ebenfalls um freiwillige CSR. Dieser Bereich umfasst jedoch CSR-Maßnahmen, die außerhalb der eigentlichen unternehmerischen Wertschöpfungskette liegen. Hierzu zählen insbesondere Corporate Citizenship, Philanthropie und Charity (vgl. Hiß, 2006).

Im Themengebiet der gesellschaftlichen Verantwortung werden eine Reihe von Begriffen synonym genutzt, die jedoch wichtige inhaltliche Unterschiede aufweisen. Corporate Social Responsibility wird häufig mit den Begriffen Corporate Citizenship und Corporate Sustainability gleichgesetzt, welches zu einer theoretischen und praktischen Konfusion führt. Nachfolgend wird eine Abgrenzung der Begriffe vorgenommen. Corporate Citizenship (CC) beschreibt die „Gestaltung der Gesamtheit der Beziehungen zwischen einem Unternehmen und dessen lokalem, nationalen und globalem Umfeld" (Europäische Kommission, 2001: 28). Das Unternehmen übernimmt hierbei die Rolle eines verantwortungsvollen Bürgers und trägt zur Lösung eines konkreten Problems an seinem Standort bei. Die Differenzierung zum CSR-Ansatz besteht darin, dass CC-Aktivitäten über das eigentliche Kerngeschäft des Unternehmens hinausgehen (vgl. Pommerening, 2005). Der Begriff Corporate Sustainability (deutsch: unternehmerische Nachhaltigkeit) zielt auf die langfristige Sicherung des sozialen, ökonomischen und ökologischen Kapitals eines Unternehmens ab. Nachhaltige Unternehmen zeichnen sich durch die Erzeugung ökonomischer, ökologischer und sozialer Werte aus (vgl. Dyllick, 2004). Während das Nachhaltigkeitsmanagement sowohl freiwillige als auch unfreiwillige Aktivitäten umfasst, bezieht sich das CSR-Konzept im Kern auf die freiwilligen, ökologischen und sozialen Aktivitäten eines Unternehmens und kann somit als Teilbereich der Corporate Sustainability verstanden werden (vgl. Schaltegger/Müller, 2007). In den letzten Jahren hat sich in der Praxis vieler Unternehmen auch der Gebrauch des Begriffs ‚Corporate Responsibility' eingebürgert, der eine generelle gesellschaftliche Verantwortung von Unternehmen darstellen soll. Die Entfernung des Wortes ‚social' ist mit der negativen Imagefunktion zu belegen.

Um den langfristigen Erfolg des Unternehmens sicherzustellen, gilt es, das Vertrauen der Stakeholder zu gewinnen. Dazu ist es erforderlich, das Konzept des gesellschaftlichen Engagements als strategisches Instrument in die bestehende Unternehmensführung zu integrieren (vgl. Schwalbach, 2008). Insofern sehen Unternehmen „ihr freiwilliges Engagement als Zukunftsinvestition, die letztlich auch dazu beitragen soll, ihre Ertragskraft zu steigern" (Europäische Kommission, 2001: 3).

Weiterführende Quellen

Europäische Kommission (2001): Grünbuch: Europäische Rahmenbedingungen für die soziale Verantwortung der Unternehmen, http://eur-lex.europa.eu/LexUriServ/site/de/com/2001/com2001_0366de01.pdf, Zugriff: 07.01.2009.

Crane, A./McWilliams, A./Matten, D./Moon, J./Siegel, D. S. (2008): The Oxford Handbook of Corporate Social Responsibility, Oxford: Oxford University Press.

Corporate Volunteering

Corporate Volunteering gilt als ein Instrument des Corporate Citizenship und bedeutet die freiwillige Beteiligung von Personal an gemeinwohlorientierten Projekten im Kultur-, Sozial- und Umweltbereich. Es geht dabei um das Engagement von Mitarbeitern, das seitens der Unternehmen unterstützt wird. Die Unterstützung eines gemeinnützigen Projektes zeichnet sich dabei insbesondere durch die zeitweilige Freistellung engagierter Mitarbeiter aus (vgl. Schubert et al., 2002).

Als typische Projektformen gelten in Deutschland die – in vielen Fällen regelmäßig stattfindenden – Freiwilligen- oder Aktionstage, an denen sich Teile der Belegschaft gemeinsam projektbezogen engagieren. Ein Beispiel für ein Tagesprojekt ist etwa die Renovierung eines Spielplatzes. Weitere bekannte Formen des Corporate Volunteering sind mittelfristig angelegte Partnerschaften mit Non-Profit-Organisationen. Darunter fallen z. B. Mentoren- und Tutoren-Programme in Schulen, bei denen einzelne Mitarbeiter ihre beruflichen Kompetenzen in spezifischen Unterrichtsstunden zur Verfügung stellen (vgl. Backhaus-Maul, 2004). In den USA und zum Teil auch im UK ist Corporate Volunteering weitaus verbreiteter und die Projekte sind zudem häufiger langfristig angelegt, wie beispielsweise bei den Secondment-Programmen (deutsch: vorübergehende Versetzung). Dabei werden Mitarbeiter für einige Wochen oder Monate im operativen Geschäft einer gemeinnützigen Institution eingesetzt, um dort mit bereits vorhandenen Fähigkeiten unterstützend mitzuwirken und neue, soziale Kompetenzen zu erwerben. Corporate Volunteering kann somit auch als strategisches Element der Personalentwicklung genutzt werden (vgl. Habisch, 2003). Mitarbeiter gemeinsam mit Führungskräften zeigen mit ihrem bürgerschaftlichem Engagement den Einsatz und die Wertschätzung des Unternehmens für gesellschaftliche und soziale Aufgaben (vgl. Pommerening, 2005).

Corporate Volunteering ist durch die beim Corporate Citizenship typische Win-Win-Situation bestimmt. So stellen die betrieblichen Freiwilligenprogramme nicht nur einen Nutzen für die unterstützten Organisationen dar, sondern auch für die Unternehmen. Die engagierten Mitarbeiter gewinnen Einblicke in unternehmensfremde Tätigkeitsfelder und können dadurch ihre methodischen und sozialen Kompetenzen erweitern bzw. verbessern. Die abwechslungsreiche und sinnhafte Erfahrung kann dazu beitragen, Motivation und Zufriedenheit der Mitarbeiter zu steigern, das Betriebsklima zu verbessern und die Bindung der Mitarbeiter an das Unternehmen zu erhöhen. Corporate-Volunteering-Ergebnisse sind unmittelbar sichtbar und bringen direkte Anerkennung seitens der Geförderten. Die gemeinnützigen Projekte zeichnen sich in der Regel durch hohe Produktivität des Engagements aus, insbesondere weil die Firmen mit ihrem Namen für dieses Projekt stehen. Damit Corporate Volunteering für beide Seiten erfolgreich ist, sind eine sorgfältige Auswahl eines geeigneten Projektes, die logistische und operative Vorbereitung und Begleitung, eine angemessene Öffentlichkeitsarbeit sowie die Nachbereitung in Form von Evaluation und weiterführende Angebote für die Mitarbeiter von großer Bedeutung (vgl. Habisch, 2003).

Weiterführende Quellen

Schubert, R./Littmann-Wernli, S./Tingler, P. (2002): Corporate Volunteering: Unternehmen entdecken die Freiwilligenarbeit, Bern: Haupt.

Mutz, G. (2008): Corporate Volunteering I, in: Habisch, A./Neureiter, M./Schmidpeter, R. (Hrsg.), Handbuch Corporate Citizenship: Corporate Social Responsibility für Manager, Berlin: Springer, S. 241–249.

Cradle to Cradle

Der Begriff Cradle-to-Cradle (deutsch: ‚von der Wiege zur Wiege') bezieht sich auf ein durch die Natur inspiriertes Design-Konzept, bei dem innerhalb der Leistungserstellung (z. B. der Produktion von Gütern) keine herkömmlichen ‚Abfälle' anfallen und die erstellten Produkte nach ihrer Verwendung erneut biologischen oder technischen Nährstoffkreisläufen zugeführt werden. Man unterscheidet hierbei zwischen zwei Arten von Produkten: Gebrauchsgütern und Verbrauchsgütern. Verbrauchsgüter werden nach einer umfassenden Prüfung hinsichtlich ihrer Bestandteile (z. B. ihrer toxischen Eigenschaften) so konzipiert, dass sie am Ende des Produktlebenszyklus wieder als biologische Ressource dem Ökosystem zugeführt werden können. So können Fasern und Stoffe aus biologischen Materialien nach ihrer Benutzung als Rohstoffe in der Land- und Forstwirtschaft eingesetzt werden und dort als Nahrung für Organismen dienen. Gebrauchsgüter hingegen werden so entworfen, dass ihre technischen ‚Nährstoffe' nach ihrem mechanischen oder chemischen Rückbau am Ende des Produktzyklus so wiederaufbereitet werden können, dass ihr Wert für kommende Produktzyklen erhalten bleibt. Ihre Bestandteile werden direkt wieder zur Produktion neuer Güter verwendet. Um den Rückfluss der technischen ‚Nährstoffe' in die Produktionskette zu gewährleisten, werden die Gebrauchsgüter in ein Servicekonzept-Modell eingebunden. In diesem Modell kauft der Kunde nicht das Produkt selber, sondern nur die Dienstleistung, die von diesem ausgeht. Die Bestandteile werden ihm also nur geliehen. Der Verkäufer verpflichtet sich, die Materialien, aus denen das Produkt besteht, zu einem vereinbarten Zeitpunkt wieder zurückzunehmen. (vgl. EPEA, 2009)

Der neuartige Cradle-to-Cradle-Design-Ansatz steht dabei im krassen Gegensatz zu dem bisher üblichen Cradle-to-Grave (deutsch: ‚von der Wiege zum Grab') Produktzyklus. Das aktuelle Einweg-Modell sieht vor, dass nach Gewinnung, Weiterverarbeitung und Nutzung der Rohstoffe, diese auf Deponien oder ähnlichem als Abfall endgelagert werden. Häufig werden Materialien produziert, die als dauerhaft schädlich und gefährlich eingestuft werden, so dass sie der permanenten Beobachtung kommender Generationen bedürfen. Der Cradle-to-Cradle-Ansatz dagegen versteht menschlichen Konsum als Teil des Ökosystems. Neben der Entwicklung natürlicher Produktzyklen ist das Ziel auch die Konstruktion von Gebäuden, die durch die Gewinnung und Speicherung von Solarenergie mehr Energie erzeugen als sie verbrauchen und deren Abwasser selbstständig gereinigt und sauberer als zuvor in die Umwelt entlassen wird (vgl. MBDC, 2009).

Der Cradle-to-Cradle Ansatz verfolgt dabei neben ökologischen Zielen auch ökonomische. Denn durch die Wiederverwendung der hochwertigen Produkte werden in einem erheblichen Maß Kosten eingespart, die bisher für die Beschaffung und Erstellung der Rohstoffe anfielen. Des Weiteren entfallen Kosten für die Säuberung der Umwelt und umfangreiche Regulierungsvorschriften (z. B. Zertifikathandel). Das Cradle-to-Cradle Design-Konzept strebt dabei Öko-Effektivität an, welche im Gegensatz zur Öko-Effizienz nicht nur quantifizierbare Einflussgrößen, wie Emissionen oder Treibhausgase, zu minimieren versucht, sondern auch qualifizierbare Parameter wie z. B. den Einsatz von Kohlendioxid als Nährstoff bei der Erstellung berücksichtigt.

Weiterführende Quellen

Braungart, M./McDonough, W. (2005): Einfach intelligent produzieren – Cradle to Cradle: Die Natur zeigt, wie wir Dinge besser machen können – Gebrauchsanweisungen für das 21. Jahrhundert, Berlin: BvT.

www.epea.com

Diversity Management

Das Diversity Management (DiM) (im amerikanischen Wirtschaftsraum Managing Diversity genannt) beschäftigt sich mit den Unterschieden und Gemeinsamkeiten unter den Mitarbeitern eines Unternehmens (Workplace Diversity) sowie der Zusammensetzung der Bezugsgruppen. Darunter fallen die Vielfalt auf dem Arbeitsmarkt (Workforce Diversity) und die Vielfalt der Absatzmärkte (vgl. Krell et al., 2007). Diversity Management gehört zu den strategischen Elementen eines Unternehmens und ist daher Aufgabe des Managements (vgl. Blom/Meier, 2004).

Das zentrale Ziel von DiM ist es, die im Unternehmen vorhandene Arbeitskraft bestmöglich zu nutzen und dabei die verschiedenen Minderheiten innerhalb des Unternehmens so gut wie möglich einzubinden, sowie Strategien, Programme und Maßnahmen für einen konstruktiven und produktiven Umgang mit Vielfalt zu finden. Diese Minderheiten können dabei viele verschiedene Gruppen sein, die sich durch Merkmale wie Geschlecht, Nationalität, Ethnizität, Kultur, Religion, sexuelle Identität bzw. Orientierung, familiäre bzw. Lebenssituation, Klasse, Ausbildung, Werte, Verhaltensmuster, etc. (vgl. Krell et al., 2007) unterscheiden bzw. gleichen. Für alle Mitarbeiter soll gelten, dass ein ‚Wir-Sie-Gefälle' zwischen verschiedenen Mitarbeitergruppen durch ein Wir-Gefühl ersetzt wird. Setzt ein Unternehmen kein DiM ein, dann können daraus höhere Kosten entstehen, weil die Fluktuationsrate sowie die Fehlzeitenrate der Mitarbeiter aus einer Minderheit höher sind, als die der anderen Mitarbeiter. Ein Unternehmen das DiM einsetzt, kann sich somit einen Wettbewerbsvorteil verschaffen. Allerdings müssen die Führungskräfte befähigt werden, eine kulturell vielfältige Belegschaft zu führen (vgl. Blom/Meier, 2004). Insgesamt gibt es aber keinen klar definierten Maßnahmenkatalog für DiM (vgl. Süß/Kleiner, 2006).

Die generellen Gründe für den Anstieg von DiM sind für jedes Land bzw. für jede Region individuell. Insgesamt jedoch trägt die Globalisierung stark dazu bei, dass DiM immer notwendiger wird. In diesem Rahmen sind z. B. Migration, demographischer Wandel, Wertewandel sowie soziale Bewegungen, zu nennen. Diese Gründe tragen alle zu einer größeren Vielfalt an Identitäten, Lebensformen und Lebenslagen bei (vgl. Krell et al., 2007). Dies alles führt dazu, dass sich Unternehmen mit der Frage beschäftigen müssen, wie man mit kulturellen Unterschieden umgeht und das Potential von Unterschieden bestmöglich nutzt. In Deutschland gibt es auch einen rechtlichen Rahmen. Das Allgemeine Gleichbehandlungsgesetz (AGG) zielt darauf ab, eine Benachteiligung von Minderheiten zu vermeiden (vgl. Bundesministerium der Justiz, 2006)

Weiterführende Quellen

Süß, S./Kleiner, M. (2006): Diversity Management: Verbreitung in der deutschen Unternehmenspraxis und Erklärungen aus neoinstitutionalistischer Perspektive, in: Krell, G./Wächter, H. (Hrsg.), Diversity Management, Impulse aus der Personalforschung, München und Mering: Rainer Hampp.

Wagner, D./Voigt, B.-F. (2007): Diversity-Management als Leitbild von Personalpolitik, Wiesbaden: DUV.

Dokumente der Europäischen Union im Bereich gesellschaftlicher Verantwortung

‚Grünbücher' sind Papiere der Europäischen Kommission, deren Zweck es ist, Konsultationsprozesse auf europäischer Ebene voranzubringen. Weiterhin veröffentlicht die europäische Kommission Mitteilungen über aktuelle, den gesamten Sozial- und Wirtschaftsraum Europa betreffende Themen; so auch zum Thema CSR. Die Beschäftigung der EU mit dem Thema CSR geht grundsätzlich auf die Wachstumsstrategie der EU (Lissabon-Strategie von 2000) sowie die ergänzende Nachhaltigkeitsstrategie (Göteborg-Strategie von 2001), die im Jahre 2006 erneuert wurde, zurück. Die im Bezug zum Thema CSR maßgeblichen ersten Maßnahmen der EU-Kommission waren die Veröffentlichung eines Grünbuchs mit dem Titel ‚Grünbuch Europäische Rahmenbedingungen für die soziale Verantwortung der Unternehmen' (vgl. Europäische Kommission, 2001) im Jahr 2001, einer ‚Mitteilung der Kommission betreffend die soziale Verantwortung der Unternehmen' im Jahr 2002 (vgl. Europäische Kommission, 2002) und einer Mitteilung zum Thema Unternehmensverantwortung im Jahr 2006 (vgl. Europäische Kommission, 2006).

Mit dem Grünbuch im Jahr 2001 sollte eine Debatte darüber in Gang gebracht werden, wie die Europäische Union die soziale Verantwortung der Unternehmen auf europäischer wie auch auf internationaler Ebene fördern kann. CSR wird im Grünbuch als Beitrag des „in Lissabon vorgegebenen strategischen Ziels, die Union zum wettbewerbsfähigsten und dynamischsten wissensbasierten Wirtschaftsraum der Welt zu machen" (Europäische Kommission 2001: 4) angesehen. Dabei beabsichtigte die Kommission insbesondere Instrumentarien für CSR sowie die Förderung von Best-Practice-Projekten und innovativen Ideen, die Etablierung von europäischen Rahmenbedingungen sowie die Sensibilisierung der Akteure voranzutreiben (vgl. Europäische Kommission, 2001).

Die Mitteilung im Jahr 2002 spiegelt den aus dem Grünbuch folgenden Konsultationsprozess wider und beinhaltete vor allem die Mitteilung über die Einführung eines EU-Stakeholder-Forums zu CSR. Im Jahr 2006 veröffentlichte die Europäische Kommission eine weitere Mitteilung zu CSR. In ihr wurde betont, dass die Europäische Kommission Angehörige der Wirtschaft in ihrem Bemühen, ein Europäisches Bündnis für CSR zu legen, unterstützen möchte. Die europäischen Wirtschaftsunternehmen sollen auf dem Gebiet der sozialen Verantwortung führend werden, um so weiterhin wettbewerbsfähig und zukunftsfähig zu bleiben. Gemeinsam mit den EU-Mitgliedsstaaten will die Kommission weiterhin den Informationsaustausch zu CSR intensivieren und zur Sensibilisierung von kleinen und mittelständischen Unternehmen beitragen (vgl. Europäische Kommission, 2006). Die Thematisierung von CSR durch die EU ist als wichtiger Schritt für die Bemühungen von Unternehmen anzusehen, Annäherungen für die Lösung zukünftigen Herausforderungen auf gesamteuropäischer Ebene zu diskutieren und engagierten Unternehmen dadurch Unterstützung zu verleihen, sich weiterhin um einen Austausch zu bemühen.

Weiterführende Quellen

Europäische Kommission (2001): Grünbuch: Europäische Rahmenbedingungen für die soziale Verantwortung der Unternehmen, http://eur-lex.europa.eu/LexUriServ/site/de/com/2001/com2001_0366de01.pdf, Zugriff: 07.01.2009.
Europäische Kommission (2002): Mitteilung der Kommission betreffend die soziale Verantwortung der Unternehmen: ein Unternehmensbeitrag zur nachhaltigen Entwicklung, KOM(2002) 347, http://eur-lex.europa.eu/LexUriServ/site/de/com/2002/com2002_0347de01.pdf. Zugriff: 22.11.2009.
Europäische Kommission (2006): Mitteilung der Kommission an der europäische Parlament, den Rat und den europäischen Wirtschafts- und Sozialausschuss. Umsetzung der Partnerschaft für Wachstum und Beschäftigung: Europa soll auf dem Gebiet der sozialen Verantwortung der Unternehmen führend werden, KOM(2006) 136, http://eur-lex.europa.eu/LexUriServ/LexUriServ.do?uri=COM:2006:0136:FIN:DE:PDF, Zugriff: 22.11.2009.

EFQM

Die European Foundation for Quality Management (EFQM) ist eine gemeinnützige Organisation, die sich für die Verbreitung und Anwendung von Qualitätsmanagementsystemen gemäß dem EFQM-Modell einsetzt. Dieses Modell stellt Kriterien auf, die entscheidend für den Erfolg exzellenter Organisationen sind. 1987 wurde die EFQM von vierzehn europäischen Spitzenunternehmen in Brüssel ins Leben gerufen. Gründungsmitglieder waren Electrolux, Fiat, Bosch, British Telecom, Ciba-Geigy, Bull SA, Dassault Aviation, KLM Royal Dutch Airlines, Nestle, Renault, Phillips Electronics, Olivetti, Sulzer und Volkswagen (vgl. Haller, 2005).

Anfang der neunziger Jahre entwickelte die EFQM ein Managementsystem, das in den darauf folgenden Jahren zu einem weitgehend anerkannten Instrument der Unternehmensbewertung und Unternehmensausrichtung bezüglich eines umfassenden Qualitätsmanagement geworden ist. 1991 wurde das EFQM-Modell für Business Excellence zur Selbstbewertung von Organisationen und als Basis für den European Quality Award (heute EFQM Excellence Award) eingeführt, der 1992 zum ersten Mal verliehen wurde. Das grundsätzliche Schema des EFQM-Modells basiert auf drei fundamentalen Säulen des Total Quality Management (TQM): der gleichzeitigen Betrachtung von Menschen, Prozessen und Ergebnissen. Durch die Einbindung aller Mitarbeiter in den kontinuierlichen Verbesserungsprozess sollen bessere Ergebnisse erzielt werden. Ein wesentlicher Bestandteil ist also die Orientierung am Mitarbeiter. Die Aufgabe der Unternehmensführung ist es, eine Kultur zu schaffen, in der die Mitarbeiter ihre Fähigkeiten einbringen und ihre Potenziale freisetzen können. Dies sind die Rahmenbedingungen für motivierte und zufriedene Mitarbeiter, die von ihren Vorgesetzten in Entscheidungsprozesse eingebunden und über alle wichtigen Vorgänge regelmäßig informiert werden. Eine entscheidende Rolle spielen dabei Grundsätze wie Vertrauen, Wertschätzung und Respekt gegenüber dem Mitarbeiter. Der Gedanke dieses Modells ist die periodische Selbstbewertung (Self Assessment), die Stärken und Verbesserungsmöglichkeiten ermitteln soll. Im Fokus steht hier die fortwährende Weiterentwicklung hin zur Excellence (vgl. Merchel, 2004). Des Weiteren entwickelte die EFQM anhand des EFQM-Modells die RADAR-Bewertungsmethodik für die Bewertung des Reifegrads einer Organisation. Dieser wird gemessen an Ergebnissen, dazu führenden Vorgehensweisen, Grad der Umsetzung sowie Bewertung und Überprüfung.

Insgesamt existieren neun Hauptkriterien. Diese teilen sich in die fünf Befähigerkriterien Führung, Politik/Strategie, Mitarbeiter, Partnerschaften/Ressourcen und Prozesse und die vier Ergebniskriterien kundenbezogene Ergebnisse, mitarbeiterbezogene Ergebnisse, gesellschaftsbezogene Ergebnisse und Ergebnisse der Organisation. Ein wichtiges Kriterium des EFQM-Modells ist die gesellschaftliche Verantwortung, die mit 6 % in die Gesamtbewertung eingeht (vgl. Hohn, 2008). Unter dieses Kriterium fallen alle messbaren Leistungen in Bezug auf die lokale, nationale und internationale Gesellschaft. Dabei richtet sich das Modell an acht Grundprinzipien aus: Ergebnisorientierung, Kundenorientierung, Führung und Zielkonsequenz, Management mit Prozessen und Fakten, Mitarbeiterentwicklung und -beteiligung, kontinuierliches Lernen, Innovation und Verbesserung, Aufbau von Partnerschaften und Verantwortung gegenüber der Öffentlichkeit. Hierbei ist der wichtige Fokus der gesellschaftlichen Verantwortung sowohl in den Hauptkriterien als auch den Grundprinzipien verankert. Zur sozialen Verantwortung gehören auch implizit bestimmte Handlungsweisen innerhalb der acht Grundprinzipien: Ein offener Führungsstil, ein soziales und ökologisches Management innerhalb der Supply Chain, sowie die Schaffung eines kontinuierlichen, lebenslangen Lernprozesses sind elementare Säulen gesellschaftlich verantwortlichen Handelns. Weiterhin zielen die Erzeugung sozialer Innovationen, die Förderung der Persönlichkeitsentwicklung bei den Mitarbeitern und ein stakeholderbasiertes Öffentlichkeitsmanagement zu wichtigen Bereichen gesellschaftlicher Verantwortung. Somit ist gesellschaftliche Verantwortung implizit in allen acht Grundprinzipien vorhanden. Für die Zukunft gilt, die Selbstbewertung auf der Basis des EFQM-Modells durchzuführen, um den Prozess der kontinuierlichen Verbesserung der Leistung und Ergebnisse auch weiterhin zu fördern und zu bewerten. Das Augenmerk der sozialen Verantwortung wird dabei erweitert um eine nachhaltige Verantwortungsübernahme.

Weiterführende Quellen

www.efqm.org

www.deutsche-efqm.de

EMAS

Die Eco-Management- and Audit-Scheme-Verordnung, kurz EMAS-Verordnung (EG Nr. 761/2001) oder EU-Öko-Audit, wurde von der Europäischen Union im Juni 1993 verabschiedet und ist ein Gemeinschaftsstandard für das Umweltmanagement und die Umweltbetriebsprüfung. Die nationale Umsetzung in deutsches Recht erfuhr dieses Instrument europäischer Umweltpolitik im Jahr 1995 durch das Umweltauditgesetz und den dazu festgesetzten Verordnungen. Ziel ist die Verbesserung der Umweltleistung von Unternehmen und Organisationen verschiedener Bereiche wie Industrie, Gewerbe, Handwerk, Dienstleistungen, Behörden und Vereine (vgl. Enthaler, 2002).

Das Auditing als eine Art von umweltrechtlicher Betriebsprüfung muss zunächst individuell für die entsprechende Organisations- und Managementstruktur vom Betrieb geschaffen werden und ermöglicht auf freiwilliger Basis eine kontrollierte Selbstüberprüfung des Unternehmens (vgl. European Commission, 2008). Durch systematische Kontrolle und Prüfung sollen Umweltprobleme aufgedeckt und mögliche Lösungswege aufgezeigt werden. Unternehmen und Organisationen, welche an der EMAS teilnehmen, müssen regelmäßig eine Umwelterklärung veröffentlichen, die Kennzahlen und Umweltziele beinhalten und über die direkten und indirekten

Auswirkungen auf die Umwelt informieren. Darin wird der Betrieb mit seinen Tätigkeiten, Produkten, Dienstleistungen und gegebenenfalls seinen Standorten beschrieben, und die wesentlichen Umweltauswirkungen, die eigene Umweltpolitik und das Umweltprogramm mit den konkreten Zielen für die Verbesserung des betrieblichen Umweltschutzes dargestellt. Ebenso werden Daten zur Umweltleistung, möglichst in Zahlen, mit einer entsprechenden Bewertung zusammengefasst (vgl. Umweltgutachterausschuss, 2009). Diese Erklärung wird von einem unabhängigen Umweltgutachter, der staatlicher Überwachung unterliegt, alle drei Jahre validiert. Falls die Organisationen diese Prüfung erfolgreich durchlaufen, können sie sich in das EMAS-Register eintragen lassen und dürfen das begehrte EMAS-Logo für ihren betrieblichen Umweltschutz führen (vgl. Umweltgutachterausschuss, 2009)

Die Vorteile einer Teilnahme an EMAS für Unternehmen und Organisationen sind vielfältig, da die Verordnung einen umfassenden betriebsbezogenen Umweltschutzansatz enthält. Die Umweltauswirkungen der einzelnen Standorte werden gezielt erfasst, so dass bei der Begutachtung nicht nur einzelne Anlagen eines Betriebes, sondern die gesamte Organisation beurteilt wird. Zudem führt die Einbeziehung der Beschäftigten in das Öko-Audit im Betrieb zu einem allgemeinen Bewusstsein über den Nutzen des betrieblichen Umweltschutzes. Des Weiteren treten die Unternehmen mit einer von unabhängigen Sachverständigen kritisch überprüften Umwelterklärung an die Öffentlichkeit und informieren darin über alle Umweltschutzaktivitäten, Umweltziele, aber auch über Probleme und ihre Beseitigung. Zum Vorteil der Organisationen signalisieren sie mit dem EMAS-Logo ihr Umweltbewusstsein, indem sie Produkte, Tätigkeiten und Dienstleistungen im Hinblick auf die Umweltauswirkungen des Unternehmens aufzeigen und ausbessern und hierdurch entscheidend zu einer nachhaltigen Verbesserung der Umweltsituation sowie der Lebensqualität beitragen (vgl. Umweltgutachterausschuss, 2009).

Es existiert auch Kritik an EMAS, besonders bezüglich der internationalen Akzeptanz. Diese ist auf die Konkurrenz durch die weltweit anerkannte ISO 14001 Norm zurückzuführen. Die EMAS-Verordnung ist bislang hauptsächlich auf den europäischen Raum beschränkt. Zudem erweiterte EMAS in seiner ersten Version die Anforderungen aus der ISO 14001, ohne einen Mehrwert zu generieren (vgl. Meinholz, 1997). Um diesen und andere Nachteile zu korrigieren, wurde das Ursprungsmodell EMAS I von 1995, im Jahr 2001 zu EMAS II weiterentwickelt. So können jetzt beispielsweise Unternehmen mit verschiedenen Standorten in einem einzigen Verfahren validiert werden. Auch wurde die Kompatibilität von EMAS zur

ISO 14001 durch die Anpassung der Voraussetzungen für das Umweltmanagement an diese Norm verbessert. Um die Verbreitung von EMAS zu erhöhen, werden in der Bundesrepublik Deutschland schließlich auch finanzielle Anreize geboten, im Sinne eines Verzichts auf Teile der entstehenden Gebühren. In Europa ist Deutschland mit ca. 1500 EMAS registrierten Unternehmen und Organisationen führend.

Weiterführende Quellen

www.emas.de

Empowerment

Empowerment wird übersetzt mit Ermächtigung oder Bevollmächtigung. *Julian Rappaport* führte 1980 den Begriff in die wissenschaftliche Diskussion der Psychiatrie ein. Das Konzept zielt auf die Fähigkeit eines jeden Menschen ab, eigene Entscheidungen zu treffen (vgl. Herriger, 2002), weshalb der Begriff auch mit Selbstkompetenz und Selbstverantwortung bezeichnet wird. „Empowerment wird als Prozess angesehen: der Mechanismus, durch den Menschen, Institutionen und Gemeinschaften Herrschaft über ihr Dasein erlangen. [...] Einige Leute wird der Mechanismus des Empowerment zu einem Sinn für Macht führen; anderen mag er zu tatsächlichem Einfluss verhelfen, zu der konkreten Kraft ihr eigenes Leben zu führen" (Rappaport/Swift/Hess, 1984: 4). Empowerment fördert selbstverantwortliches Handeln von einzelnen Individuen, Gruppen und Organisationen und versucht einen höheren Autonomiegrad dieser zu erreichen. Zudem zielt Empowerment auf eine Erhöhung der Selbstkompetenz bzw. Selbstbestimmung ab und dient der Reduzierung von Hierarchien und Machtgefügen (vgl. Bamberger/Wrona, 2004). Die Mitarbeiterfokussierung ist auch im Bereich Corporate Social Responsibility eine wichtige Komponente, beispielsweise ist hier die Verbesserung der Arbeitsbedingungen der Mitarbeiter in Unternehmen zu nennen (vgl. Lang/Dresewski, 2006). Die Schaffung besserer Arbeitsbedingungen (Hierarchieabbau, Selbstbestimmung etc.) kann somit als ein verbindendes Element beider von Empowerment und Corporate Social Responsibility gesehen werden.

Empowerment ist ein Konzept, welches auf der Dezentralisation von Entscheidungen beruht und folglich den einzelnen Mitarbeitern mehr Mitspracherechte und einen leichteren Zugriff auf Ressourcen ermöglicht. Positive Effekte von Empowerment können in einer Steigerung der Wertschätzung einzelner Mitarbeiter, einem höheren Motivationsgrad sowie einer Zunahme der Arbeitszufriedenheit und Leistungsfähigkeit resultieren. Durch Empowerment können sich Mitarbeiter als Teil vom Ganzen besser mit den Zielen eines Unternehmens identifizieren und die Unternehmensführung wird entlastet. Ein weiterer Vorteil von Empowerment ist, dass Mitarbeiter ihr Potential mehr ausschöpfen können, wodurch ungenutztes Potential im Humankapital wirksam wird. Oft wird zudem die Teamkultur gefördert. Insgesamt geht man davon aus, dass die Erhöhung der Verantwortung zu einer Erhöhung der intrinsischen Motivation führt. Zudem führt Empowerment ähnlich wie CSR zu einer Steigerung der Attraktivität des Arbeitgebers für neue Mitarbeiter. Ebenso wird die Wettbewerbsfähigkeit und das Image eines Unternehmens in der Öffentlichkeit verbessert. Somit führt Empowerment zu einer Win-Win-Situation zwischen Arbeitgebern, Managern und Arbeitnehmern. Die langfristige, nachhaltige Entwicklung und die Flexibilität des Unternehmens werden gefördert und steigende Qualitätsansprüche können erreicht werden (vgl. Wüthrich et al., 2006).

Weiterführende Quellen

Lenz, A./Stark, W. (2002): Empowerment – Neue Perspektiven für psychosoziale Praxis und Organisation, Tübingen: Dgvt.

www.empowerment.de

Engagementbereiche

Engagementbereiche sind die Handlungsfelder, in denen Unternehmen gesellschaftliche Verantwortung übernehmen. Die potentiellen Handlungsfelder des gesellschaftlichen Engagements von Unternehmen sind vielfältig. In den meisten Fällen umfassen die Handlungsfelder jedoch die Themenbereiche Arbeit, Bildung, Jugend, Kultur, Umwelt.

Das Engagementfeld Arbeit beinhaltet die Verbesserung der Arbeitsplätze, das Bereitstellen von zusätzlichen Ausbildungsplätzen, Arbeitsschutzmaßnahmen, betriebliche Weiterbildung, Schaffung von Alternativen für Mitarbeiter bei Arbeitsplatzabbau, Vereinbarkeit von Familie und Beruf, Förderung von älteren Mitarbeitern sowie Integration von ethischer und kultureller Vielfalt der Mitarbeiter (vgl. Habisch, 2003). Im Bereich Bildung engagieren sich viele Unternehmen mit unterschiedlichen Projekten, die beispielsweise den Übergang von Schule zum Beruf vereinfachen sollen und damit die Berufswahl erleichtern, Chancengleichheit schaffen

(z. B. im Bezug auf Medienkompetenzen oder der Förderung von Mädchen und Frauen in technischen Berufen), die Ausbildungsfähigkeit erhöhen (z. B. von Hauptschülern) und die Förderung von Talenten und Interessen zusätzlich unterstützen. An das Handlungsfeld Schule und Bildung knüpft der Engagementbereich Jugend an. Hier werden verschiedene Projekte von Unternehmen initiiert, wie z. B. Projekte zur „Gewaltvermeidung, Toleranz, Widerstand gegen Fremdenfeindlichkeit und Demokratieerziehung. Unternehmen leisten so einen aktiven Beitrag zur Werteerziehung nachfolgender Generationen" (Habisch, 2003: 99). Im Engagementbereich der Kultur unterstützen Unternehmen traditionell bekannte Künstler sowie auch Nachwuchskünstler ihrer Region. Die geschieht häufig durch den Kauf von Kunstwerken, zumeist für die unternehmenseigene Sammlung. Weitere Unterstützungsmöglichkeiten im Bereich Kultur umfasst das Arrangement öffentlicher Ausstellungen oder Konzerte in Kooperation mit ortsansässigen Kultureinrichtungen, die auch für die Umsetzung von anderen Projekten finanzielle Hilfe erhalten und damit einen wesentlichen Beitrag zur Erhöhung der Lebensqualität der Unternehmensstandorte führen (vgl. Habisch, 2003). Das Engagement im Bereich Umwelt zeichnet sich durch das Ziel der allgemeinen Senkung der Umweltbelastung aus. Durch die Einschränkung des Ressourcenverbrauchs, der Umweltverschmutzung und der Abfallproduktion arbeiten Unternehmen auf dieses Ziel hin. Des Weiteren können Unternehmen Umweltinvestitionen tätigen (z. B. den Einbau einer Filteranlage zur Emissionssenkung), die sich positiv auf die Wirtschaft (Produktion der Filteranlagen) und auf die Umwelt (Emissionssenkung) auswirken. Im Engagementbereich der Globalisierung schließen sich Unternehmen auf internationaler Ebene zusammen, um z. B. fairen Handel zu fördern, die Lebens- und Arbeitsstandards in den Produktionsländern zu heben und Kinderarbeit zu verhindern (vgl. Europäische Kommission, 2001).

Mit dem Engagement wächst das Bewusstsein der Unternehmen über den Zustand, als auch über die Bedürfnisse seiner Handlungsfelder. Ökonomischer Erfolg und gesellschaftliche Verantwortung stehen keinesfalls im Widerspruch zueinander. „Längst haben viele Unternehmen erkannt, dass es in ihrem wohl verstandenen Eigeninteresse liegt, gesellschaftliche Verantwortung in ihre Unternehmensstrategie zu integrieren. Unternehmerisches Handeln ist von der Akzeptanz des gesellschaftlichen Umfeldes abhängig" (Bertelsmann Stiftung, 2005: 2).

Weiterführende Quellen

Habisch, A./Neureiter, M./Schmidpeter, R. (2008): Handbuch Corporate Citizenship: Corporate Social Responsibility für Manager, Berlin: Springer.

Ethisches Verhalten

Der Begriff Ethik wird von dem griechischen Wort ‚ethos' (Sitte, Gebräuche, Gewohnheit) abgeleitet (vgl. Schwarz, 1999). Die Ethik ist eine Disziplin der (praktischen) Philosophie und untersucht die Begründung von Moralität als Wissenschaft moralischen Handelns. Dabei werden die Bedingungen einer Handlung rekonstruiert, die erfüllt sein müssen, damit eine Handlung als moralische Handlung bezeichnet werden kann. Die Aufgabe der Ethik ist damit die Analyse der Beschaffenheit moralischer Urteile über Handlungen und die daraus resultierenden Kriterien zur Anerkennung einer moralischen Zielsetzung (vgl. Pieper, 1985). Die Ethik reflektiert somit das Moralische und fragt nach seinen Prinzipien. Damit wird die Grenze zwischen Ethik und Moral deutlich (vgl. Heller, 1998). Der Begriff Moral kann sich auf das gesamte Verhalten des Menschen beziehen, im Speziellen ist das Handeln in zwischenmenschlichen Beziehungen Gegenstand der Untersuchung. Weiterhin können das Verhältnis zur Umwelt und die daraus resultierende gesellschaftliche Verantwortung, wie die von Unternehmen, moralische Probleme aufwerfen.

Die drei Grundbegriffe der Ethik lauten: Werte, Normen und Pflichten. Die Werte beschreiben die Wertschätzung, die Dinge durch den Menschen erlangen. Ein Beispiel dafür ist das Erkennen eines Gebrauchswertes. Die geistigen, sittlichen und ideellen Werte entstehen gleichwohl durch die Bewertung eigenen und fremden Verhaltens und sind somit relational. Normen bilden die Richtlinien des menschlichen Handelns, die aus den Werten resultieren. Sie entstehen aus dem Kontext gesellschaftlicher Übereinkunft und unterliegen einer ständigen Erneuerung und einem ständigen Wandel. Die Pflichten entstehen aus der Anerkennung ethischer Normen einer Gemeinschaft und fordern das Einhalten dieser Normen (vgl. Heller, 1998).

Ethischem Verhalten kann aus mehreren Perspektiven untersucht werden. In der Individualethik geht es um das ethische Verhalten sich selbst gegenüber. Die Sozialethik beschreibt das ethische Verhalten anderen gegenüber und wendet sich außerdem den Verknüpfungen der verschiedenen Ordnungen unserer Gesellschaft zu (vgl. Schwarz, 1999). Mit der Globalisierung der Wirtschaft und dem daraus resultierenden Fortschritt von Wirtschaft und Technik wurden neue Fragen hinsichtlich der Verantwortung von Unternehmen hervorgebracht. So steht das Bewusstsein von Verantwortung eines Einzelnen oft im Konflikt zum Unternehmenserfolg. Zudem ist eine Verlagerung der Einzelverantwortung zur Gruppenverantwortung erkennbar, welche eine Zuschreibung der Übernahme für Verantwortung aus ethischer Sicht erschwert (vgl. Lauxmann, 2002).

Die direkte Verbindung zur Corporate Social Responsibility findet sich in der Unternehmens- und Wirtschaftsethik. Traditionelle unternehmensbezogene Fragen betreffen das ethische Verhalten in den Bereichen der Korruptionsbekämpfung, des Arbeitsklimas und der Arbeitssicherheit, sowie der Kundenzufriedenheit. Neue Bereiche sind Gender Diversity und soziokulturelle Fragen.

Weiterführende Quellen

Lauxmann, F. (2002): Wonach sollen wir uns richten? Ethische Grundmodelle von den zehn Geboten bis zum Projekt Weltethos, Stuttgart/Zürich: Kreuz.

Schwarz, J. (1999): Leichter lernen: Ethik. München: Omnibus

Fair Trade

Fairer Handel (englisch: Fair Trade) ist ein kontrollierter Handel mit dem Ziel, Produzenten aus Entwicklungsländern am Weltmarkt zu emanzipieren und somit deren Ausbeutung zu bekämpfen und einen fairen Handel zwischen Entwicklungsländern und Industrienationen aufzubauen. Die Preise für Produkte aus diesem fairen Handel liegen oftmals über dem durchschnittlichen Weltmarktpreis, was dazu dienen soll, die Produktionskosten und die Lebensgrundlage der Produzenten zu sichern. Die angebotenen Güter sind überwiegend landwirtschaftliche Erzeugnisse und Waren aus traditionellem Handwerk. Die Einhaltung internationaler Umwelt- und Sozialstandards ist dabei oberstes Gebot. Weitere Zielsetzungen des fairen Handels sind zum einen die Produzenten und Arbeiter darin zu motivieren als Interessenvertreter, für die Durchsetzung ihre Rechte und Interessen, in ihren jeweiligen Organisationen aufzutreten und zum anderen auf der globalen Ebene aktiv zu wirken, um für mehr Gerechtigkeit in der Weltwirtschaft zu sorgen (vgl. Stiglitz/Charlton, 2006).

Die größten internationalen Dachorganisationen des fairen Handels sind Fair Trade Labelling Organizations International (FLO), International Fair Trade Association (IFAT), Network of European Worldshops (NEWS) und European Fair Trade Association (EFTA). Diese Dachorganisationen bilden gemeinsam einen zwanglosen Zusammenschluss in Form eines informellen Arbeitskreises, der FINE genannt wird, wobei sich diese Bezeichnung aus den Anfangsbuchstaben der vier genannten Organisationen zusammensetzt. FINE handelt nach den Grundprinzipen, den fairen Handel durch Einigkeit zwischen Organisationen und allen beteiligen Akteuren zu stärken. Der Zusammenschluss der Dachorganisationen des fairen Handelns stärkt die Bedeutung des fairen Handels auf politischer und ökonomischer Ebene (vgl. FINE, 2009). Folgende Definition der FINE aus dem Jahr 1999 beschreibt die wichtigsten Charakteristika des fairen Handels: „Fairer Handel ist eine Handelspartnerschaft, die auf Dialog, Transparenz und Respekt beruht und nach mehr Gerechtigkeit im internationalen Handel strebt. Durch bessere Handelsbedingungen und die Sicherung sozialer Rechte für benachteiligte Produzenten und Arbeiter – insbesondere in den Ländern des Südens – leistet der faire Handel einen Beitrag zu nachhaltiger Entwicklung. Im Weiteren engagieren sich FINE gemeinsam mit Verbraucher für die Unterstützung der Produzenten, die Bewusstseinsbildung sowie die Kampagnenarbeit zur Veränderung der Regeln und der Praxis des konventionellen Welthandels" (FINE, 2009: 4).

Weiterführende Quellen

FINE (2009): Eine Grundsatz-Charta für den fairen Handel, http://www.forum-fairer-handel.de/webelements/filepool/site/Publikationen/Charter%20of%20Fair%20Trade%20Principles_dt.Version.pdf, Zugriff: 11.01.2009.

Stiglitz, J./Charlton, A. (2006): Fair Trade. Agenda für einen gerechten Welthandel, Hamburg: Murmann.

Finanzindizes

Finanzindizes sind Kennziffern, die Veränderungen bestimmter Größen zum Ausdruck bringen. Der Berechnung von Indizes liegt eine einfache Prozentrechnung zugrunde, wobei die Vergleichszahl eines Zeitpunkts auf 100 gesetzt wird. Um Aussagen über solche Ereignisse treffen zu können, greifen Aktienspezialisten auf Aktienindizes zurück. Den einfachen Börsen-Indizes stehen Finanzindizes der Nachhaltigkeit gegenüber. Diese betrachten nicht nur wirtschaftliche, sondern auch ökologische und soziale Faktoren. Unternehmen werden dorthin unterstützt, ihre Aktivitäten nachhaltiger zu gestalten sowie soziale und umweltpolitische Gesichtspunkte stärker zu berücksichtigen. Nachfolgend werden einige bedeutende Finanzindizes der gesellschaftlichen Verantwortung beschrieben.

Die Dow Jones Sustainability Indizes (DJSI) berücksichtigen neben ökonomischen auch ökologische und soziale Kriterien. Sie unterscheiden sich sowohl von klassischen Aktienindizes, als auch von rein ökologieorientierten Indizes. Bestimmte Branchen, wie z. B. Glücksspiel, Alkohol, Tabak oder Waffenhandel, werden in den DJSI ausgeschlossen. Zur gewerblichen Nutzung der DJSI sind Lizenzen zu erwerben. Seit der Einführung im Jahr 1999 wurden über 70 Lizenzen an Finanzunternehmen aus 18 unterschiedlichen Ländern verkauft.

Ein weiterer Index der Nachhaltigkeitsindizes ist der FTSE-4-GOOD (Financial Times Stock Exchange). Der ethische FTSE-4-Good Aktienindex berücksichtigt nur soziale Kriterien. Dieser Index wurde mit Unterstützung der UNICEF und des Kinderhilfswerks der Vereinten Nationen entwickelt und im Juli 2001 eingeführt. Hier werden Unternehmen ausgewählt, deren Strategien und Praktiken als sozial nachhaltig eingestuft werden (vgl. Cartlidge, 2004). Investoren können mit Hilfe des Zertifikats an der Wertentwicklung teilhaben, ohne jeden einzelnen Wert separat zu kaufen. Das Zertifikat bildet die Gesamtheit der ausgewählten Unternehmen und die Entwicklung an der Börse ab. Außerdem bewertet der Index die Nachhaltigkeitsaspekte von Unternehmen und dient somit Geldanlegern als Entscheidungshilfe.

Im Gegensatz dazu beinhaltet der Natur-Aktien-Index (NAI) keine sozialen Kriterien, sondern ethisch-ökologische Gesichtspunkte der 25 internationalen Unternehmen, die diesem Index angehören. Die ökonomische Qualität findet hier keine Berücksichtigung und somit werden nur Unternehmen ausgewählt, die nach besonders konsequenten Maßstäben als erfolgreiche Öko-Pioniere gesehen werden. Der Index gilt somit als Orientierung für ökologische Geldanlagen und wurde 1997 eingeführt.

Eine Mischung aus den beiden zuvor erwähnten Indizes beinhaltet der Domini 400 Social Index. Diesem Index, der im Mai 1990 eingeführt wurde, gehören über 400 öffentlich gehandelte Unternehmen an, die bestimmte Standards der sozialen und ökologischen Qualität erfüllen. Als potenzielle Unternehmen des Domini 400 Social Index werden Wirtschaftssubjekte gehandelt, die großen Wert auf die Punkte Menschlichkeit, Mitarbeiterbeziehungen, Produktsicherheit und Umweltschutz legen. Unternehmen, die gewerblich in Kontakt mit Alkohol, Tabak, Waffen, Glücksspiel oder Kernenergie stehen, werden automatisch ausgeschlossen.

Weiterführende Quellen

www.sustainability-index.com
www.ftse.com

Generationengerechtigkeit

Der Begriff der Generationengerechtigkeit ist ein fester Bestandteil von aktuellen politischen, philosophischen und gesellschaftlichen Diskussionen. Die Idee der Generationengerechtigkeit ist ein spezieller Anwendungsfall der durchgängigen Idee der Gerechtigkeit. Unter Gerechtigkeit wird in diesem Zusammenhang die Gerechtigkeit von Lebensverhältnissen innerhalb einer sozialen Gemeinschaft verstanden. Hierzu gehören u. a. die Garantie von Grundrechten und die gerechte Verteilung von Gütern und Lasten. In der Generationengerechtigkeit wird diese allgemeine Vorstellung von Fairness auf die spezielle Situation des Verhältnisses zwischen den Generationen übertragen. Demnach ist die gerechte Verteilung von Gütern und Lasten unter den verschiedenen Generationen ein zentraler Aspekt (vgl. Knell, 2008). Unter dieser Vorraussetzung gilt die Prämisse, dass von jeder Generation die Verpflichtung ausgeht, für die nachfolgende Generation zu sorgen, da sie von der Vorgänger-Generation etwas erhielt. Mit dieser systematischen Vorgehensweise bildet sich eine Kette von Generationen mit einer durchgängigen und kaskadenartigen Verpflichtung (vgl. Hösle, 1997).

Unter Generationengerechtigkeit ist zu verstehen, dass die Chance der Bedürfnisbefriedigung von den künftigen Generationen mindestens genauso groß sein sollte, wie die der momentanen Generation. Problematisch hierbei ist, dass die Bedürfnisse der künftigen Generationen nicht a priori determiniert werden können. Somit ist eine Einschränkung der Handlungsmöglichkeit künftiger Generationen nicht akzeptabel. Im Weiteren kann zwischen temporaler und intertemporaler Generationengerechtigkeit unterschieden werden. Die temporale Generationengerechtigkeit umfasst die Gerechtigkeit zwischen den heute lebenden Generationen. Die intertemporale Generationengerechtigkeit definiert die Gerechtigkeit zwischen den vergangen, aktuellen und zukünftigen Generationen (vgl. Tremmel, 2003).

In diesem Zusammenhang unterliegt die Unternehmensverantwortung darin, verantwortlich und schonend mit vorhandenen Ressourcen und Gütern umzugehen. Neben wirtschaftlichen Erfolgen der einzelnen Betriebe sind es gerade ökologische und soziale Aspekte, die zu berücksichtigen sind. Aktiver Umweltschutz, nachhaltiger Umgang mit natürlichen Ressourcen und gerechte Verteilung von Arbeit über Generationen hinaus, sind einige Aspekte denen Unternehmen in ihrem Wirtschaften Rechnung zu tragen haben.

Weiterführende Quellen

Ekardt, F. (2005): Das Prinzip Nachhaltigkeit – Generationengerechtigkeit und globale Gerechtigkeit, München: Beck.

Tremmel, J. (2003): Generationengerechtigkeit – Versuch einer Definition. in: Stiftung für die Rechte zukünftiger Generationen (Hrsg.), Handbuch Generationengerechtigkeit, 2. Auflage. München, S. 27–80.

Gesundheitsmanagement

Der wirtschaftliche Erfolg von Unternehmen wird nicht allein durch moderne Technologien und gute Kapitalbestände bestimmt, sondern ist in zunehmenden Maß von der optimalen Nutzung und nachhaltigen Pflege des betrieblichen Humankapitals abhängig. Eine physisch und psychisch gesunde Belegschaft stellt eine wichtige Ressource in Unternehmen dar und ist ausschlaggebender Faktor für die Leistungsfähigkeit in Produktions- und Dienstleistungsbereichen. Dem Schutz und der Förderung der Gesundheit und des Wohlbefindens der Mitarbeiter, im Sinne einer nachhaltigen Investition in das betriebliche Sozial- und Humankapital, kommt daher eine zentrale Bedeutung zu (vgl. Marschall/Brandenburg, 2000). Gesundheits- und Arbeitsschutz, Gesundheitsförderung und Suchtprävention bilden unverzichtbare Bestandteile des modernen Personalmanagements, und werden unter dem Begriff betriebliches Gesundheitsmanagement zusammengefasst (vgl. Wattendorff/Wienemann, 2004).

Ziel des betrieblichen Gesundheitsmanagement ist der langfristige Erhalt und die Förderung von Gesundheit und Arbeitszufriedenheit der Beschäftigten. Im Zentrum stehen die Schaffung gesundheitsgerechter und persönlichkeitsfördernder Arbeitsbedingungen, sowie die Verbesserung der gesundheitlichen Situation und des Gesundheitsverhaltens der Beschäftigten (vgl. Wattendorff/Wienemann, 2004). Betriebliches Gesundheitsmanagement beruht dabei auf der Einhaltung rechtlicher Vorschriften des Arbeitsschutzgesetzes und vereint sich mit freiwilligen Leistungen des Arbeitgebers im Bereich der Gesundheitsförderung (vgl. Marschall/Brandenburg, 2000). Die Aufgabe des betrieblichen Gesundheitsmanagement besteht darin, gesundheitliche Risiken am Arbeitsplatz abzubauen und auf die Beseitigung betrieblicher Ursachen von Gesundheitsbeeinträchtigungen hinzuwirken. Bekämpft werden u. a. betriebsbezogene Krankheiten, wie innere Kündigung, Mobbing oder Burnout, um einem Verschleiß der Beschäftigten vorbeugend entgegenzuwirken. Maßnahmen, wie Gesundheitsberatung, -coaching oder -förderungsprogramme reduzieren dabei gesundheitliche Risikofaktoren und fördern das Gesundheitsbewusstsein der Mitarbeiter (vgl. Marschall/Brandenburg, 2000).

Gesundheitsmanagement führt einerseits zu mehr Gesundheit im Betrieb, eröffnet aber auch ökonomische Vorteile. Die effektive Umsetzung von betrieblichem Gesundheitsmanagement liegt daher nicht nur im Interesse der Betriebsbelegschaft, sondern von ihr profitiert auch die Unternehmensleitung. Mitarbeiter, die eine angemessene Gesundheitsbetreuung erhalten, weisen eine höhere Arbeitszufriedenheit und ein höheres Engagement auf, wodurch auch ihre Produktivität positiv beeinflusst wird. Durch verbesserte Qualität und Produktivität wird das Betriebsergebnis erhöht sowie der langfristige ökonomische Unternehmenserfolg und die Wettbewerbsfähigkeit des Unternehmens gesichert (vgl. Brandenburg et al., 2000). Gesundheitsbeeinträchtigungen der Mitarbeiter führen in der Regel zu einem hohen Krankenstand und eine dadurch bedingte Leistungsminderung. Für die Betriebe ergeben sich daraus eine hohe Kostenbelastung und Wettbewerbsnachteile. Ein hohes Ausmaß krankheitsbedingter Fehlzeiten ist für viele Betriebe ein Anlass, Maßnahmen zur Gesundheitsförderung zu ergreifen um dieser Problematik adäquat zu begegnen (vgl. Müller/Osing, 2000).

Mit der Entwicklung der Corporate Social Responsibility gewinnt auch der Aspekt der Gesundheit wesentlich an Bedeutung, da ihr Erhalt im unternehmerischen Interesse liegt. Betriebliches Gesundheitsmanagement steht in diesem Zusammenhang für die Wahrnehmung sozialer Verantwortung von Unternehmern durch Gesundheitsvorsorge am Arbeitsplatz und im gesellschaftlichen Umfeld. Gesundheitsmanagement erhöht die Lebensqualität der Menschen nachhaltig und leistet auf der gesellschaftlichen Ebene einen wichtigen Beitrag zur Entlastung der sozialen Sicherungssysteme, da auf diese Weise Kosten vermieden werden, die durch Behandlungen, Unfälle und Frühberentung entstehen (vgl. Brandenburg et al., 2000).

Weiterführende Quellen

Jancik, J. M. (2002): Betriebliches Gesundheitsmanagement – Produktivität fördern, Mitarbeiter binden, Kosten senken, Wiesbaden: Gabler.

Kuhn, D./Sommer, D. (2004): Betriebliche Gesundheitsförderung – Ausgangspunkte – Widerstände – Wirkungen, Wiesbaden: Gabler.

Global Compact

Der Global Compact ist ein globales Abkommen, welches von den Vereinten Nationen in Verbindung mit multinationalen Unternehmen geschlossen wurde. Das Ziel des Global Compact ist die Vereinigung von Unternehmen mit Institutionen der Vereinten Nationen, Arbeitnehmern und Zivilgesellschaft zur Förderung globaler Sozial- und Umweltprinzipien. Durch gemeinsames Handeln soll das gesellschaftliche Engagement von Unternehmen gefördert werden, um den Herausforderungen der Globalisierung entgegenzuwirken (vgl. Global Compact Büro, 2005). Offiziell im Juli 2000 gegründet, wurde der Global Compact von UNO-Generalsekretär Kofi Annan ins Leben gerufen. Es handelt sich dabei um einen Verhaltenskodex der Vereinten Nationen (UN), der verschiedene Prinzipien aus den Bereichen Arbeitsrecht, Menschenrecht und Umweltschutz vereinigt. Das Global Compact Büro arbeitet dazu mit der Internationalen Arbeitsorganisation (ILO), der internationalen Flüchtlingsorganisation (UNHCR), der Entwicklungsagentur (UNDO) und der Umweltagentur (UNEP) zusammen (vgl. Habisch, 2003). Der Global Compact versteht sich als offenes Gremium, dessen Mitgliedschaft auf freiwilliger Basis gewährt wird. Der Beitrittswunsch muss in einem persönlichen Anschreiben des Vorstandsvorsitzenden des Unternehmens an den Generalsekretär geäußert werden. Wird einer Mitgliedschaft zugestimmt, verpflichtet sich das Unternehmen, im Sinne des Verhaltenskodex des Global Compact zu handeln und die folgenden 10 Prinzipien zu befolgen (vgl. Global Compact Büro, 2005):

Menschenrechte

Prinzip 1: Schutz der internationalen Menschenrechte durch die Unternehmen innerhalb ihres Einflussbereichs.

Prinzip 2: Sicherstellung, dass Unternehmen sich nicht an Menschenrechtsverletzungen mitschuldig machen.

Arbeitsnormen

Prinzip 3: Wahrung der Vereinigungsfreiheit und wirksame Anerkennung des Rechts auf Kollektivverhandlungen.

Prinzip 4: Beseitigung aller Formen der Zwangsarbeit.

Prinzip 5: Abschaffung jeglicher Form von Kinderarbeit.

Prinzip 6: Beseitigung von Diskriminierung bei Anstellung und Beschäftigung.

Umweltschutz

Prinzip 7: Unterstützung eines vorsorgenden Ansatzes beim Umgang mit Umweltproblemen.

Prinzip 8: Ergreifung von Initiativen zur Erzeugung eines größeren Verantwortungsbewusstseins für die Umwelt.

Prinzip 9: Förderung der Entwicklung und Verbreitung umweltfreundlicher Technologien.

Korruptionsbekämpfung

Prinzip 10: Eintreten gegen alle Arten der Korruption, einschließlich Erpressung und Bestechung.

Innerhalb dieses Spektrums können die Unternehmen ihre Schwerpunkte selbst setzen. Die Mitglieder müssen jährlich einen Jahresbericht verfassen, in dem beschrieben werden soll, auf welche Weise das Unternehmen den Global Compact und seine zehn Prinzipien unterstützt (vgl. Global Compact Büro, 2005). Beim Global Compact sind die Beweggründe der Unternehmen jedoch nicht allein am Gemeinwohl orientiert. Sowohl deren Kundschaft, Mitarbeiter, Medien als auch Investoren fordern zunehmend die Einbindung von sinnvollen, universellen Prinzipien und Werten in die unternehmerischen Strategien und Handlungen (vgl. BMZ, 2004). Dazu gehört auch das gesellschaftliche Engagement von Unternehmen in der Weltwirtschaft. Dabei soll der Global Compact kein Ersatz für staatliche Maßnahmen und staatliches Engagement sein, sondern vielmehr den Unternehmen die Möglichkeit bieten, in ihrem eigenen Interesse eine führende Rolle bei der Gestaltung der Globalisierung zu übernehmen (vgl. BMZ, 2004). Außerdem ist die Mitgliedschaft für die Unternehmen kostenlos. Der Global Compact wird ausschließlich durch Zuwendungen der UNO-Mitgliedstaaten und von gemeinnützigen Institutionen finanziert. Unternehmensspenden sind nicht zulässig, auch nicht von den Mitgliedsunternehmen (vgl. Habisch, 2003). Die Einhaltung der Prinzipien des Global Compact ist selbstverpflichtend und wird in der Regel nicht von unabhängigen Dritten kontrolliert. Dadurch entsteht das Problem des ‚Trittbrettfahrertums'. Manche Unternehmen wollen lediglich vom guten Ruf der UN profitieren, ohne dabei selbst über Lippenbekenntnisse hinaus aktiv werden zu müssen (Bluewashing). Dies geschieht zu Lasten derjenigen Unternehmen, die an einer Umsetzung der Prinzipien ernsthaft interessiert sind (vgl. Pommerening, 2005)

Der Global Compact arbeitet grundsätzlich in den folgenden vier Arbeitsfeldern: Netzwerke ermöglichen und fördern, Politikdialoge, Lernforum und Partnerschaftsprojekte. Die nationalen und regionalen Global-Compact-Netzwerke unterstützen die Umsetzung des Global Compact durch Dialoge, Lernen und Projekte. Dieses soll wiederum die Qualitätssicherung fördern (vgl. Global Compact Büro, 2005). Die Politikdialoge finden in bereichsübergreifenden Gesprächskreisen statt, die zu praxis- und problembezogenen Fragestellungen Stellungnahmen und Hilfestellungen erarbeiten. Themen dieser Gesprächskreise sind unter anderem nachhaltige Investitionen, nachhaltiges Unternehmertum, Transparenz konkreter Maßnahmen und Risikomanagement (vgl. Habisch, 2003). Das Lernforum dient dem Austausch von Erfahrungen und Informationen. Die Unternehmen sollen auf diese Weise zur bereichsübergreifenden Kooperation befähigt werden, wodurch Vertreter der Wirtschaft, der Arbeitnehmer, der Bürgergesellschaft und der Institutionen für Menschenrechte, Umwelt und Entwicklung voneinander lernen können (vgl. Habisch, 2003). Außerdem bietet der Global Compact eine Plattform für Partnerschaftsprojekte zwischen den Teilnehmern, den Einrichtungen der Vereinten Nationen und Organisationen der Zivilgesellschaft zur Unterstützung der weltweiten Entwicklungsziele (vgl. Global Compact Büro, 2005).

Weiterführende Quellen

www.unglobalcompact.org

Global Governance

Im Zuge der Globalisierung haben sich die globalen Strukturen in gesellschaftlicher, ökonomischer und politischer Hinsicht radikal verändert (vgl. Reder, 2006). Aufgrund dieser Veränderung hat sich aus der Politikwissenschaft und der Gesellschaftstheorie der Begriff Global Governance heraus entwickelt, obwohl keine Weltregierung, keine Weltparteien, kein Weltparlament und kein Weltsouverän vorliegt (vgl. Wilke, 2006). Diese Idee des Global Governance wurde in den letzten Jahren hauptsächlich von der Gruppe Lissabon (vgl. Die Gruppe von Lissabon, 1997), der Commission of Global Governance und der Initiative für Entwicklung und Frieden weiterentwickelt und propagiert (vgl. Curbach, 2003).

Durch den globalen Wandel sind transnationale Probleme und Steuerungsdefizite aufgetreten, die durch die Kooperation von staatlichen und nicht-staatlichen Akteuren behoben werden kann (vgl. Curbach, 2003). Somit liegt kein Regierungshandeln im ursprünglichen Sinne vor, sondern ein Beziehungsgeflecht in formeller und informeller Weise zwischen Regierungen, internationalen und supranationalen, ökonomischen und anderen Nichtregierungsakteuren (vgl. Brand, 2000). Die Steuerung globaler Kontexte können durch Organisationen, Institutionen, Regelsysteme, Vertragswerke und andere Vereinbarungen durchgeführt werden. Beispiele sind die Weltgesundheitsorganisation WHO, die Weltbank, die UN, der World Wide Fund for Nature (vgl. Wilke, 2006). „Neben der Akteursdiffusion durch die Einbeziehung nicht-staatlicher Akteure sollen die Governance-Strukturen oberhalb und unterhalb der nationalstaatlichen Ebene ausgebaut werden, um den gegensätzlichen Dynamiken der Globalisierung und Lokalisierung gerecht zu werden und die verschiedenen Ebenen zu verbinden" (Curbach, 2003: 18). Kritisch ist zu bemerken, dass ein umfassender institutioneller Rahmen und eine deutliche Hierarchie fehlt, was zu einer mangelnden Durchsetzungsmacht führt. Folgernd daraus ergibt sich eine relativ instabile Global Governance, die durch Konflikte gefährdet wird (vgl. Benz, 2004).

Global Governance ist ein sehr vielseitiger und facettenreicher Begriff mit verschiedenen Ausgestaltungsformen. Daher ist es problematisch, sich auf eine einheitliche Definition festzulegen. Alle Theorien teilen jedoch die gleichen Grundannahmen: globale Probleme, Bedeutung der zentralen Akteure bzw. Systeme in der globalen Dynamik und sich herausbildende Regelungsformen. Weiterhin spielen die Beziehung zwischen der globalen, nationalen und regionalen Ebene und die Ausrichtung auf unterschiedliche weltpolitische Steuerungsmechanismen eine Rolle (vgl. Mürle, 1998). Global Governance kann aus zwei Perspektiven betrachtet werden: Der deskriptive Ansatz beschäftigt sich mit empirischen Beobachtungen bestehender Regelmuster, der normative Ansatz unterstützt den vermehrten Einsatz staatlicher Steuerungsformen zur Lösung von Problemen internationaler Reichweite (vgl. Behrens, 2005).

Weiterführende Quellen

Curbach, J. (2003): Global Governance und NGOs – Transnationale Zivilgesellschaft in internationalen Politiknetzwerken, Opladen: Leske und Budrich.

Wilke, H. (2006): Global Governance, Bielefeld: Transcript.

Global Marshall Plan

Im Jahr 1992 brachte der spätere Vize-Präsident der Vereinigten Staaten von Amerika, *Al Gore*, unter dem Titel ‚Wege zum Gleichgewicht – Ein Marshall Plan für die Erde' ein Buch heraus, welches vor dem Hintergrund der zunehmenden Globalisierung und der damit einhergehenden Probleme im Bereich der Ökologie, der Armut und von Verteilungsfragen für einen globalen Marshall Plan warb (vgl. Gore, 2007b). Dieser Begriff ist nach dem Europäischen Wiederaufbauprogramm (EPR) des früheren US-Außenministers *George C. Marshall* benannt, der dieses nach dem Zweiten Weltkrieg etablierte. Der damalige Marshall-Plan stärkte den Zusammenhang der westlichen Staaten gegen die Sowjetunion und hatte damit in erster Linie psychologische Wirkung, darf aber auch von seiner ökonomischen Wirkung nicht unterschätzt werden (vgl. Stöver, 2007).

Eine zunehmende Unzufriedenheit über die mangelnden Umsetzung von internationalen Resolutionen und Beschlüssen zu ökologischen und sozialen Fragen führte im Jahr 2003 dazu, dass sich die ‚Global Marshall Plan Initiative' gründete, die die Ideale dieser Dokumente fördern soll. Sie fordert hierbei insbesondere eine ‚Welt in Balance', genauer eine ökosoziale Marktwirtschaft mit verstärktem Ordnungsrahmen, die schließlich ein neues Weltwirtschaftswunder hervorbringen soll. Beteiligt an der Initiative sind über hundert Organisationen, sowie Bundesländer und Gemeinden. Die Kernziele sind insbesondere die Durchsetzung der Millenniumsziele der Vereinten Nationen, wobei hierzu 100 Milliarden US-Dollar jährlich aufgebracht werden sollen. Hierzu schlägt die Initiative eine faire und wettbewerbsneutrale Belastung globaler Transaktionen vor. Die Mittel sollen schließlich direkt vor Ort eingesetzt werden, wobei eine gleichzeitige Bekämpfung der Korruption erforderlich ist (vgl. Global Marshall Plan Initiative, 2009).

Standards in der Wirtschafts-, Umwelt- und Sozialpolitik, die von der WTO, dem UN-Umweltprogramm UNEP oder der Internationalen Arbeitsorganisation ILO existieren, sollen enger verknüpft werden und schließlich zu einer der weltweiten ökosozialen Marktwirtschaft führen. Dieses Modell wird von der Initiative ganz bewusst als Gegensatz zum bestehenden Kapitalismus gesehen, bei welchem Kapitalinteressen im Vordergrund stehen. Entscheidend für diese Entwicklung sei ein Staat, der steuernd in das Wirtschaftsgefüge eingreift, wobei ein harter, aber fairer Wettbewerb ebenso gewährleistet werden soll, wie soziale Vorgaben und eine Sozialpartnerschaft zwischen Unternehmen und Arbeitnehmern.

Weiterführende Quellen

www.globalmarshallplan.org

Global Reporting Initiative (GRI)

Die Global Reporting Initiative ist ein Multi-Stakeholder-Netzwerk mit Tausenden von Experten, welche auf der ganzen Welt in zahlreichen Ländern agieren. Ins Leben gerufen wurde die GRI im Jahre 1997 von der ‚Coalition of Environmentally Responsible Economies' (CERES), dem heutigen ‚Investors and Environmentalists for Sustainable Prosperity'. Der Sitz der GRI liegt seit dem Jahre 2002 in den Niederlanden. Die GRI versucht eine für jede Unternehmensform zugeschnittene Nachhaltigkeitsberichterstattung zu entwickeln und zu globalisieren (vgl. Global Reporting Initiative, 2002). Das Ziel des GRI-Leitfadens ist es, den Organisationen einen Rahmen zur Berichterstattung über die Nachhaltigkeitsleistung zu bieten.

Der Leitfaden der GRI hilft den Organisationen bei der Gestaltung eines ausgewogenen und angemessenen Bildes ihrer ökonomischen, ökologischen und sozialen Leistung. Zudem werden Berichterstattungsprinzipien und ausführliche Inhalte dargelegt, die der Organisation bei der Erstellung eines Nachhaltigkeitsberichtes helfen sollen. Unter der Berücksichtigung von praktischen Überlegungen zur Offenlegung von Informationen der verschiedenen Organisationen wird die Vergleichbarkeit von Nachhaltigkeitsberichten unterstützt. Außerdem dient der GRI-Leitfaden als Instrument, um die Einbeziehung von Stakeholdern zu organisieren. Des Weiteren werden durch den Leitfaden die Beurteilung von Nachhaltigkeitsberichten und ein Benchmarking in Bezug auf Kodizes, Leistungsstandards und freiwillige Initiativen unterstützt (vgl. Waibel, 2006).

Der erste Entwurf einer Nachhaltigkeitsberichterstattung durch die GRI-Richtlinie lag im Jahr 1999 vor. Dieser wurde anschließend in den Jahren 1999 und 2000 an 21 Unternehmen getestet. Im Jahre 2002 resultierte aus der Überarbeitungsphase ein Indikatoransatz, welcher seitdem in einem Stakeholderdialog kontinuierlich weiterentwickelt wurde. Der GRI-Leitfaden 2002 stellt die Berichtselemente in fünf Abschnitten dar. Die Subsumierung der Berichtselemente erfolgt in Vision und Strategie, Profil, Kontrollstrukturen und Managementsysteme, GRI Content Index und Leistungsindikatoren. Zusätzlich werden die Leistungsindikatoren in ökonomische, ökologische und gesellschaftliche/soziale Dimension der Nachhaltigkeit unterteilt. Die Vorgehensweise einer solchen Unterteilung beruht auf einer traditionellen Einleitung der Nachhaltigkeit (Triple Bottom Line). Weil eine solche Unterteilung der Leistungsindikatoren zur Bewertung der Unternehmensleistung nicht mehr ausreichend ist, wurde eine weitere vierte Dimension herangezogen, um dem entgegenzuwirken. Dabei handelt es sich neben den drei Dimensionen Ökonomie (z. B. Kunden, Kapitalgeber,

Mitarbeiter), Ökologie (z. B. Material, Energie, Emission) und Gesellschaft/Soziales (z. B. Gesundheit, Sicherheit, Schutz), um die Dimension der integrierten Leistung, wobei die Indikatoren in Kern- und Zusatzindikatoren unterschieden werden. Die aktuellen GRI-Richtlinien G3 wurden im Oktober 2006 vorgestellt; sie umfassen mehr als 120 Indikatoren. Die ursprünglich englischsprachige Richtlinie wurde bisher in mehr als 10 Sprachen übersetzt (vgl. Waibel, 2006).

Weiterführende Quellen

www.globalreporting.org

Global Value Chain

Die Global Value Chain (deutsch: globale Wertschöpfungskette) resultiert aus der durch die Globalisierung entstandene räumliche Arbeitsteilung, die sich durch die Erweiterung der Märkte und dem steigenden Wettbewerbsdruck auf diesen Märkten ergibt. Hierbei werden Unternehmen aus entfernten Regionen (zumeist in Entwicklungsländern) in globale Produktionssysteme eingegliedert, die von Unternehmen in den Abnehmerländern koordiniert und kontrolliert werden. Die global Value Chain umfasst alle Produktionsschritte der Supply Chain: von der Beschaffung und Produktion bis zum Absatz und Kundendienst.

Aus der globalen Entwicklung der Wertschöpfungskette ergeben sich neue Herausforderungen, Risiken und Chancen bezüglich der Einbeziehung ökologischer und sozialer Aspekte. Die globale Einbeziehung von Wirtschaftsakteuren in die Supply Chain führt zu einer Zunahme der Komplexität und Abnahme der Transparenz innerhalb der Wertschöpfung (vgl. Gerybadze, 2005). Durch global verteilte Lieferanten und Abnehmer verringert sich die Kontrolle der Supply Chain, welches zu potentiellen Rechtsverletzungen in der Wertschöpfungskette führen kann. Exemplarisch wurden einige Unternehmen in den letzten Jahren u. a. mit Vorwürfen der Kinderarbeit oder Ausbeutung von Mitarbeitern konfrontiert. Zur Vermeidung von sozialen und ökologischen Fehlverhalten von Unternehmen gilt es, Instrumente und Qualitätsrichtlinien (z. B. Verhaltenskodizes für Lieferanten) einzuführen. Vorteile solcher Instrumente sind zum einen die Kontrolle der Einhaltung ökologischer und sozialer Standards, zum anderen dienen diese Standards zur Imageförderung, Verbesserung der Lieferantenbeziehungen und einer ressourceneffizienteren Produktion. Der Übergang zu einer nachhaltigeren Produktionsweise, also zu einer Produktionsweise die effizienter und nachhaltiger bei der Nutzung von Ressourcen ist (vgl. Prösler, 2003), ist ein langfristiger Prozess und beinhaltet eine enge Zusammenarbeit der Mitglieder der globalen Wertschöpfungskette. Die durchgängige Integration von Nachhaltigkeitsaspekten in alle Ebenen einer Firma (z. B. Beschaffung, Forschung und Entwicklung, Absatz), zeichnet erfolgreiche Unternehmen aus. Die Herausforderung besteht für nachhaltig wirtschaftende Unternehmen also darin, in der eigenen Wertschöpfungskette mögliche Risiken zu untersuchen und potentielle Chancen zu realisieren (vgl. Kaplinsky/Morris, 2008).

Weiterführende Quellen

www.globalvaluechains.org

Globale Erwärmung

Die durch den Menschen verursachte Veränderung des Klimas wird als globale Erwärmung bezeichnet. Dabei steht Kohlendioxid als das wichtigste klimarelevante Gas der Erdatmosphäre, mit der Fähigkeit Wärme in der Atmosphäre zu speichern, im Mittelpunkt. Die Sonnenstrahlen besitzen die Fähigkeit, das Gas in der Atmosphäre ungehindert zu durchdringen, während die von der Erdoberfläche abgestrahlte Wärme, durch Kohlendioxid und anderen Treibhausgasen absorbiert wird. Dieser Vorgang wird als Treibhauseffekt bezeichnet. Für den kontinuierlichen Anstieg des Kohlendioxidgehalts der Atmosphäre in den letzten Jahrzehnten trägt der Mensch mit seiner Lebensweise die Hauptverantwortung. Das verbrennen enormer Mengen fossiler Energieträger (Kohle, Erdöl und Erdgas), das Abholzen der Wälder und die enorme Müllproduktion sind nur einige Ursachen für den Anstieg der Kohlendioxidkonzentration. Neben Kohlendioxid gibt es auch andere Treibhausgase, die den Treibhauseffekt fördern. Um dem Treibhauseffekt und der damit verbundenen steigenden durchschnittlichen Erdtemperatur entgegenzuwirken, bedarf es einer Wende hin zu einer nachhaltigen Lebensweise und Energiepolitik (vgl. Jäger, 2007).

Um eine nachhaltige Entwicklung verfolgen zu können muss der Ressourcenverbrauch deutlich gesenkt werden. Dabei ist es möglich, mit deutlich geringerem Verbrauch von Material, Energie und Fläche, die notwendigen Güter und Dienstleistungen zu produzieren. Unsere Gesellschaft kann aber erst dann materiell nachhaltig operieren, wenn von der gegenwärtig extrem materialintensiven Lebensweise Abschied genommen wird.

Der Maßstab unseres Wirtschaftens muss daher das Prinzip der Ökoeffizienz sein (vgl. Jäger, 2007).

Unternehmen dürfen die Herausforderung durch die globale Erwärmung nicht nur in Bezug auf ihre Öffentlichkeitsarbeit begreifen und im Rahmen der allgemeinen sozialen Verantwortung thematisieren. Für einige Unternehmen ergibt sich die Chance durch die Senkung der Kohlendioxidemissionen den Umweltschutz voranzutreiben und die Senkung der Kosten zu realisieren. Diese beiden Aufgaben schließen sich nicht aus, denn durch klimafreundliche Produktion und Produkte entsteht das Potenzial, Wettbewerbsvorteile erlangen zu können. Die Unternehmen stehen in der Pflicht sich unter Wettbewerbsbedingungen an den Klimawandel anzupassen, um klimabedingten Problemen mit innovativen Lösungen zu begegnen. Der Druck auf die Unternehmen wächst, je stärker die Gewinne durch die Kosten für Kohlendioxidemissionen beschnitten werden (vgl. Porter/Reinhardt, 2007).

Weiterführende Quellen

Dow, K./Downing, T. E. (2007): Weltatlas des Klimawandels: Karten und Fakten zur globalen Erwärmung, Hamburg: EVA.

Good Governance

Das Konzept der ‚Good Governance' bezeichnet ein Leitbild staatlichen Handelns, an dem sich die Effizienz staatlicher Strukturen messen soll. Vor dem Hintergrund der Schuldenkrise der 1980er-Jahre ging die Weltbank dazu über, Kredite nur noch gegen die Bereitschaft zu massiven makroökonomischen Strukturreformen zu gewähren. Gegen Ende dieser Dekade zeigten sich die Schwächen dieses Ansatzes in Form eines stagnierenden Wirtschaftswachstums und enormer Sozialkosten jedoch immer deutlicher. Namhafte Kritiker, wie der Wirtschafts-Nobelpreisträger *Douglas North*, warfen der Weltbank Anfang der 90er Jahre vor, die institutionellen Voraussetzungen für funktionierende Märkte bisher weitgehend ignoriert zu haben. Eine effektive Entwicklungshilfepolitik müsse zur Schaffung und Festigung solch gesunder Strukturen beitragen (vgl. Dolzer, 2007). In diesem Sinne wurden neun Prinzipien für Good Governance bestimmt: 1) Inklusivität aller sozialen Gruppen, Partizipation; 2) Gleichheit; 3) Transparenz; 4) Effizienz; 5) Effektivität; 6) Subsidiarität; 7) Rechtsstaatlichkeit; 8) Rechenschaftspflicht der Regierung gegenüber dem Volk; 9) Nachhaltigkeit und funktionierende öffentliche Dienste (vgl. Sheng et al., 2007).

Die 90er-Jahre zeigten aber schnell auch die Grenzen dieses Konzepts auf, denn trotz intensiver Bemühungen war es diesem Ansatz nicht gelungen, gerade in den fragilsten Staaten (wie beispielsweise Somalia oder Angola) effiziente staatliche Strukturen aufzubauen. Als Ursachen identifizierte man fehlenden Reformwillen oder zu schwach ausgebildete politische Institutionen. Diese Erkenntnis führte bei der Weltbank und den staatlichen Geldgebern zu einer Modifizierung des Government-Ansatzes. Statt sich gleichermaßen um alle zu kümmern, begann man, die Aufmerksamkeit von den Problemstaaten abzuwenden und die Bemühungen vornehmlich auf die aussichtsreichen Kandidaten zu konzentrieren (vgl. Nanda, 2006). Im Zuge der zunehmenden Flüchtlingsproblematik, des Antiterrorkrieges und den damit einhergehenden Sicherheitsbedürfnissen der westlichen Welt rückten die fragilen Staaten aber bald schon wieder ins Zentrum der Aufmerksamkeit. Zu der entwicklungspolitischen gesellte sich eine sicherheitspolitische Komponente. In dieser Hinsicht scheint sich die Good-Governance-Diskussion immer mehr in Richtung eines State-Building-Ansatzes zu bewegen. Institutionelle Reformen sollen nicht mehr indirekt allein durch Kreditvergabekonditionen, sondern durch eine aktive Intervention westlicher Staaten notfalls auch gegen den Willen der Regierungen auf direktem Wege erreicht werden (vgl. Debiel, 2008).

Kritiker weisen jedoch darauf hin, dass ein solch exogener Ansatz nur erfolgreich sein kann, sofern es gelingt, starke soziale Gruppen aus den Empfängerländern selbst für diese Maßnahmen zu gewinnen (Ownership). Da politische Institutionen nicht isoliert existieren, sondern immer auch in die jeweilige Gesellschaft eingebettet sind, müssen diese mit den sozialen Institutionen in Einklang gebracht werden, um brauchbar und effektiv zu sein. Reiner Zwang – besonders in Form militärischer Gewaltmittel – sei hier folglich von vornherein zum Scheitern verurteilt (vgl. Dolzer, 2007). Andere Kritiker weisen zudem auf die Notwendigkeit hin, ein solches Social Engineering sehr behutsam anzugehen und „not to load onto it expectations that will inevitably be disappointed" (Fukuyama, 2006: 140). Statt zu versuchen, die über Jahrzehnte im Westen gewachsenen Strukturen gleichsam über Nacht etablieren zu wollen, sollte man Prioritäten setzen und diese dann abarbeiten. Vertreter dieser Position plädieren daher für ein ‚good-enough-government' als realistisches Ziel (vgl. Debiel, 2008).

Weiterführende Quellen

Dolzer, R./Herdegen, M./Vogel, B. (2007): Good Governance: gute Regierungsführung im 21. Jahrhundert, Herausgegeben im Auftrag der Konrad-Adenauer-Stiftung, Freiburg/Basel/Wien: Herder.

Human Resource Management

Human Resource Management (HRM) beschäftigt sich mit der Erschließung, Pflege und Entwicklung von Humankapital bzw. den Humanressourcen eines Unternehmens (vgl. Bauerdick, 2001). Die gesamte, im Unternehmen zur Verfügung stehende, menschliche Arbeitskraft wird betrachtet. Da das HRM das ganze Unternehmen umfasst, ist es sehr vielschichtig. Beschreibt man es als die Politik, die Methoden und die Systeme eines Unternehmens, die einen Einfluss auf das Verhalten, die Einstellungen und die Leistung eines Mitarbeiters haben, so fallen in den Bereich des HRM die Analyse des Bedarfs, die Gestaltung von neuen Arbeitsplätzen auf Grundlage des Bedarfs, das Recruiting bzw. die Akquisition neuer Mitarbeiter sowie die Auswahl, die Weiterbildung bzw. das Training. Auch Performance Managing, Human Resource Planung und Change Management gehören in den Bereich des HRM (vgl. Noe et al., 2007).

In der Vergangenheit hat sich das HRM von der reinen Personalverwaltung hin zu einem erfolgskritischen Faktor für das Unternehmen weiterentwickelt (vgl. Bauerdick, 2001). In einigen betriebswirtschaftlichen Texten wird das Humankapital auch mit den sonstigen Ressourcen eines Unternehmens, wie Maschinen oder natürlichen Rohstoffen, vom Wert her auf eine Ebene gehoben. Diese Definition muss aus ethischer Perspektive zumindest kritisch hinterfragt werden.

Beim HRM herrscht insbesondere die Problematik des Controllings vor. Es ist immer noch schwierig ähnlich anerkannte Indikatoren für Humanressourcen einzusetzen wie für die klassischen Unternehmenskennzahlen. Das HRM wird wesentlich von externen und internen Faktoren beeinflusst (vgl. Ringstetter/Kaiser, 2008). Die externen Faktoren Recht, Wirtschaft und Konjunktur, Technologie und Soziokultur lassen sich nur eingeschränkt beeinflussen. Somit sind eher strategische Veränderungen der internen Faktoren notwendig, um über längerfristige Zeiträume das Unternehmen wettbewerbsfähig zu halten. Die interne Seite wird durch die Unternehmensstrategie, -struktur und -kultur charakterisiert. Folglich besteht zwischen dem HRM und der gesellschaftlichen Verantwortung von Unternehmen eine enge Verbindung. In der postindustriellen Gesellschaft sind Mitarbeiter von elementarer Bedeutung. Diese schaffen neben dem Design, der Konstruktion und Fertigung materieller Werte insbesondere durch ihr Wissen und ihre Leistungen auch immaterielle Werte, die für Wirtschaftsstandorte entscheidend sind. Als Beispiel kann der an natürlichen Ressourcen arme Wirtschaftsstandort Deutschland aufgezählt werden, der vor allem von der Kreativität und dem Einfallsreichtum der Mitarbeiter lebt. Eine Integration gesellschaftlicher Verantwortung in die Unternehmenskultur führt zu einer Optimierung der Leistung der Mitarbeiter. Sie kann dazu beitragen, dass die Kompetenzen der Mitarbeiter erweitert werden (z. B. Corporate Volunteering), die Fluktuation von Mitarbeitern und die Krankheitsquote zurückgeht (z. B. durch ein besseres Gesundheitsmanagement) und die allgemeine Arbeitszufriedenheit steigt. Während der konventionelle HRM Ansatz diese Aspekte allerdings kaum wahr nimmt, gehen Ansätze der werteorientierten Unternehmensführung oder die Business Values um einiges weiter und versuchen den individuellen Wert sowie den Mehrwert eines Mitarbeiters für das Unternehmen zu erfassen und darzustellen.

Weiterführende Quellen

Oechsler, W. A. (2006): Personal und Arbeit – Grundlagen des Human-Resource-Management und der Arbeitgeber-Arbeitnehmer-Beziehungen, München: Oldenbourg.

Ringstetter, M./Kaiser S. (2008): Humanressourcen-Management, München: Oldenbourg.

Humankapital

Unter Humankapital versteht man in der Ökonomie die Wissensbestandteile in den Köpfen der Mitarbeiter (vgl. Jaeger, 2004). Die Bereitstellung dieses Humankapitals, indem Unternehmen ihre Mitarbeiter zur Verrichtung gemeinnütziger Aufgaben in Non-Profit-Organisationen freistellen (Corporate Volunteering), ist ein Instrument des Corporate Citizenships. Mit diesem Instrument zeigen die Unternehmen ihre moralische Verantwortlichkeit gegenüber der Gesellschaft. Sie unterstützen ihre Mitarbeiter dabei, sich ehrenamtlich zu engagieren und fördern ein positives Image des Unternehmens. Der Begriff Humankapital ist dabei jedoch kritisch zu betrachten. Im Gegensatz zu Sachkapital ist Humankapital nicht verkäuflich (eine Verzinsung demnach nicht möglich). Weiterhin kann Humankapital in ihrem ‚Wert' differenzieren: Der Gesundheitszustand, die Qualität der Erziehung und das lebenslange Lernen sind in die Analyse des Humankapitals einzurechnen (vgl. Gess, 2003). Auch die ethische Komponente einer Bezeichnung von Menschen als Kapital ist kritisch zu beleuchten.

Das Einsetzen von Humankapital im Kontext von CC hat sowohl auf Seiten der Organisation als auch aus Sicht der Mitarbeiter einen positiven Nutzen. Unternehmen nutzen dieses Instrument meist als vertrauensbildende Maßnahme und erkennen einen positiven Effekt für das innerbetriebliche Klima, da sich das den Mitarbeitern entgegengebrachte Vertrauen positiv auf die Zufriedenheit der Mitarbeiter auswirkt. Die Mitarbeiter können eine gesellschaftlich sinnstiftende Arbeit ausführen und damit auch mehr Abwechslung in ihren Arbeitsalltag bringen. Diese Faktoren führen zu einer Steigerung der Bindung der Mitarbeiter an das Unternehmen. Abgesehen von innerbetrieblichen Vorteilen, wird dieses Instrument auch von Unternehmen genutzt, um sich nach außen als attraktiver Arbeitgeber zu präsentieren und die Personalrekrutierungschancen zu verbessern (vgl. Maaß/Clemens, 2002). In Zeiten, in der die Arbeitszeit einen großen Teil des Tages ausmacht, wird es für die Mitarbeiter immer wichtiger, sich in ihrem Unternehmen wohl zu fühlen. Daher sind Unternehmen, die als mitarbeiterfreundlich gelten, den Mitarbeitern Vertrauen entgegenbringen und sich sozial engagieren in den Augen der Arbeitnehmer attraktive Arbeitgeber.

Die Mitarbeiter sehen nicht nur einen Sinn in ihrer ehrenamtlichen Tätigkeit, sie erwerben auch zusätzliche Qualifikationen. Je nach Bereich des Engagements wird unterstellt, dass Unternehmensmitarbeiter beispielsweise im Bereich sozialer Kompetenz gefördert werden. Jedoch ist es entscheidend, welche Art von Arbeit verrichtet wird. Das Corporate Volunteering sollte Kompetenzen speziell fördern, d. h. die Arbeit sollte auf eine gezielte Verbesserung der Fähigkeiten der Mitarbeiter abzielen. Eine Säuberung eines Kinderspielplatzes bzw. das Streichen von Kindergärten muss zumindest kritisch bezüglich der Wirkung einer Steigerung individueller Fähigkeiten hinterfragt werden.

Weiterführende Quellen

Jaeger, B (2004): Humankapital und Unternehmenskultur – Ordnungspolitik für Unternehmen. Wiesbaden. Gabler.

International Labour Organization

Die International Labour Organization (ILO) wurde 1919 als eine Sonderorganisation der Vereinten Nationen gegründet. Der Hauptsitz der ILO ist Genf; der Sitz der deutschen Vertretung befindet sich in Berlin. In der ILO sind Regierungen, Arbeitnehmer und Arbeitgeber als Repräsentanten von 182 Mitgliedsstaaten (z. B. Afghanistan, Australien, China, Deutschland, Indien, Russland, UK, USA) vereint. Die internationale Arbeitskonferenz (IAK) ist das legislative, der Verwaltungsrat das exekutive und das Internationale Arbeitsamt (IAA) das operative Organ der ILO.

Die grundlegende Zielsetzung der ILO ist in ihrer Verfassung fixiert. Insbesondere ist hierbei die Verbesserung der Arbeits- und Lebensbedingungen zu nennen, die eine Grundlage zur Sicherung des Weltfriedens bildet (vgl. ILO, 2003). Um diese Zielsetzung zu erreichen, werden internationale Arbeits- und Sozialnormen entwickelt und durchgesetzt. Gemäß der ILO sind Kernarbeitsnormen, die soziale und faire Gestaltung der Globalisierung und die Schaffung menschenwürdiger Arbeit zentrale Aspekte für die weltweite Armutsbekämpfung (IAO, 1998). International anerkannte Sozialstandards sollen einen Abbau von Arbeitnehmerrechten und eine Verschlechterung der Arbeitsbedingungen verhindern. In Deutschland hat insbesondere die Einbeziehung der Sozialpartner (Gewerkschaften und Arbeitgeberorganisationen) bei der Gestaltung der Arbeits- und Sozialbeziehungen einen hohen gesellschaftspolitischen Stellenwert.

In der ‚Dreigliedrigen Grundsatzerklärung über multinationale Unternehmen und Sozialpolitik' der ILO sind Regeln über die sozialpolitischen Aspekte der Tätigkeit multinationaler Unternehmen, einschließlich der Schaffung von Arbeitsplätzen in Entwicklungsländern, festgehalten. Insgesamt gibt es 59 Regeln zu den Themen Beschäftigung (u. a. Beschäftigungsförderung, Sicherheit der Beschäftigung), Ausbildung, Arbeits- und Lebensbedingungen (u. a. Löhne, Mindestalter, Arbeitsschutz), sowie Arbeitsbeziehungen (u. a. Vereinigungsfreiheit, Kollektivverhandlungen, Beilegung von Arbeitskonflikten). Somit trägt die ILO zur internen Dimension von Corporate Social Responsibility entscheidend bei. Speziell im Bereich der Schaffung von fairen Arbeitsbedingungen und sozialer Sicherung unterstützen die von der ILO formulierten Regeln einen global ausgerichteten Standard für menschenwürdige Arbeitsverhältnisse und sind somit ein wichtiger Aspekt einer nachhaltigen Entwicklung.

Weiterführende Quellen

www.ilo.org

Interne und externe Dimension gesellschaftlichen Engagements von Unternehmen

Die sozialen Handlungsfelder der Corporate Social Responsibility werden aufgrund unterschiedlicher Betroffenheit der Anspruchsgruppen in zwei Dimensionen aufgeteilt (vgl. Kromer, 2005). Dabei kann zwischen der internen und der externen Dimensionen des gesellschaftlichen Engagements von Unternehmen unterschieden werden.

Die interne Dimension setzt sich mit den Problemen und wichtigen Anliegen von Arbeitnehmern auseinander. Genauer gesagt geht es in der internen Dimension um die sozialverträgliche Gestaltung des Human Resource Managements, den Arbeitsschutz sowie Möglichkeiten zur Bewältigung des Wandels. Zudem thematisiert die interne Dimension den Aspekt des umweltbewussten Handelns bzw. den Umgang mit natürlichen Ressourcen. Die Umweltverträglichkeit der natürlichen Ressourcen wirkt sich positiv auf die Wettbewerbsfähigkeit des Unternehmens aus, da die Ertragskraft durch einen sparsamen Ressourceneinsatz gesteigert wird (vgl. Dausend, 2008). Im Bereich des Human Resource Managements dient der Prozess des lebenslangen Lernens der Förderung der Mitarbeiter (sowohl bezüglich ihrer Fähigkeiten als auch einer individuell-persönlichen Förderung) und der Schaffung einer positiven Unternehmenskultur. Ein Beispiel für Maßnahmen im Bereich der internen CSR-Dimension ist eine verantwortungsvolle und nicht diskriminierende Einstellungspolitik, zu der die Einstellung von ethnischen Minderheiten, älteren Arbeitskräften, Frauen, Langzeitarbeitslosen und benachteiligten Personen gehört (vgl. Europäische Kommission, 2001). Ebenso sind Fragen der Verträglichkeit von Arbeit und Familie, des Arbeitsschutzes sowie der Kapital- und Gewinnbeteiligung wichtige Elemente.

Die externe Dimension befasst sich mit Aktivitäten im Bereich der nationalen und internationalen Verantwortung von Unternehmen. Die Erweiterung der internen Dimension ist notwendig, da eine global agierende Wirtschaft ihre gesellschaftliche Verantwortung nicht an den Grenzen Europas beenden kann (vgl. Europäische Kommission, 2001). Die erweiterte Betrachtung bezieht neben den in der internen Perspektive inkludierten Arbeitnehmern und Aktionären weitere Stakeholder mit ein. Innerhalb der externen Dimension wird der Ort gesellschaftlichen Engagements differenziert. Dabei werden als nationale bzw. lokale Aktivitäten die Wechselbeziehungen des Unternehmens mit den lokalen Gemeinschaften vor Ort verstanden. Ein solches Engagement kann dem Unternehmen eine Imageverbesserung und damit eine Steigerung der Wettbewerbsfähigkeit verschaffen. Der globale Umweltschutz ist ein internationaler Aspekt, welcher aufgrund der Verwendung von Ressourcen aus unterschiedlichen Ländern ebenfalls zum Verantwortungsbereich des Unternehmens zählt. Weitere wichtige Aspekte der externen Dimension sind die Beziehungen zu Geschäftspartnern, Zulieferern und Verbrauchern und die Einhaltung der Menschenrechte. (vgl. Europäische Kommission, 2001). Ein wichtiger und in der Realität leider immer wieder auftauchender dimensionsübergreifender Gesichtspunkt ist die Korruption. Aufgrund ihrer nationalen sowie internationalen Präsenz bei der Auftragsvergabe und bei anderen unternehmerischen Aktivitäten, ist sie sowohl Bestandteil der internen, als auch der externen Dimension (vgl. Dausend, 2008).

Weiterführende Quellen

Europäische Kommission (2001): Grünbuch: Europäische Rahmenbedingungen für die soziale Verantwortung der Unternehmen, http://eur-lex.europa.eu/LexUriServ/site/de/com/2001/com2001_0366de01.pdf, Zugriff: 07.01.2009.

ISO 9000

Unter DIN EN ISO 9000 versteht man Normen zur Qualitätssicherung in Unternehmen (vgl. von Ahsen, 2006). Die Normenserie wurde im Jahre 1987 veröffentlicht und 1994 mit der ersten Überarbeitung als vereinheitlichte Norm ergänzt. Eine zweite Überarbeitung fand im Jahr 2000 statt, mit der Absicht die Struktur zu vereinfachen und den Inhalt verständlicher zu machen. Die Änderung wurde als ISO 9000:2000 bekannt (vgl. Töpfer, 2004).

Die Abfassung von Unternehmenszielen wird auf die Qualitätsziele abgestimmt und in allen Führungs- und Leistungsprozessen in Entscheidungen umgesetzt. Diese Integration soll folglich zu einer höheren Kundenzufriedenheit führen (vgl. von Ahsen, 2006). Das zentrale Normenwerk bildet einen Rahmenplan für die Gestaltung des Qualitätsmanagementsystems und gibt den Unternehmen eine Möglichkeit zur Überprüfung der Qualitätsfähigkeit (vgl. Timischl, 2007). Deshalb stellt die ISO 9000 eine Anleitung zur Anpassung der Forderungen bezüglich Darlegungsumfang und -grad (vgl. Lang, 1996).

Die ISO 9000er Serie ist unterteilt in verschiedene einzelne Normen, die nachfolgend erläutert werden. Die ISO 9000 stellt Definitionen und Benennungen für die Zwecke der Norm dar und erläutert die Grundzüge der richtigen Anwendung und des richtigen Einsatzes des Managementsystems (vgl. ISO 9001, 2000). In der ISO 9001 werden die Forderungen an ein Qualitätsmanagementsystem im Unternehmen (Entwicklung, Produktion, Vertrieb, Service) formuliert (vgl. Lang, 1996). Diese Anforderungen können dann für interne Anwendungen oder Zertifizierungs- oder Vertragszwecke verwendet werden (vgl. ISO 9001, 2000). Das Ziel ist es, eine ständige Verbesserung des Qualitätsmanagementsystems zu realisieren und die Qualität innerhalb des Unternehmens langfristig zu gewährleisten (vgl. Verbeck, 1998). Die Fortschritte der Qualitätsentwicklung sollen durch Kennzahlen operationalisiert werden (vgl. Bruhn, 2003). Die ISO 9002 beschreibt die Anforderung an ein Qualitätsmanagementsystem in Produktionsbetrieben (vgl. Schimmelpfeng/Machmer, 1996). Eine weitere Norm der ISO 9000-Serie ist die ISO 9003, deren Inhalte sich mit der Lenkung der Dokumente, Identifikation und Kennzeichnung der Produkte, Prüfung, Behandlung fehlerhafter Einheiten, Lagerung und Versand, Prüfmittelüberwachung, statistische Methoden und Schulung befassen (vgl. Rothery, 1994).

Der Vorteil des Aufbaus von Qualitätsmanagementsystemen auf der Basis von ISO 9001 ist, dass die Umweltmanagementsysteme auf der Basis von ISO 14001 integriert werden können, weil sie ähnliche Aufbaustrukturen haben, wie zum Beispiel im Bereich der Geschäftsprozesse. Dadurch wird ein integriertes Managementsystem im Unternehmen geschaffen, welches aus Qualitätsmanagement und Umweltschutz besteht (vgl. Hering et al., 1997).

Weiterführende Quellen

http://www.iso.org/iso/iso_catalogue/management_standards.htm

ISO 14000

Die ISO 14000-Familie ist eine international anerkannte, zertifizierbare Normenreihe, mit der sich Produktionsprozesse und Dienstleistungen eines Unternehmens unter Umweltaspekten bewerten lassen. Diese Normen helfen den Unternehmen ein Umweltmanagementsystem aufzubauen (vgl. von Ahsen, 2006) und befassen sich demnach insbesondere mit dem Bereich des

Umweltschutzes. Die ISO 14000er-Normreihe wurde durch die ‚International Organization for Standardization' (ISO) im August 1995 veröffentlicht. Sie dient Organisationen vor allem dazu, eine Selbstkontrolle ihrer Umweltaktivitäten durchzuführen (vgl. Schimmelpfeng/Machmer, 1996).

Dabei legt die ISO 14001 die Anforderungen an ein Umweltmanagementsystem fest (vgl. Hansmann, 2006). Der Aufbau der DIN EN ISO 14001:2004 orientiert sich in Anlehnung an die Qualitätsmanagementnorm ISO 9001:2000. Diese Verbindung erleichtert die Integration von Qualitäts- und Umweltmanagementsystemen im Unternehmen (vgl. von Ahsen, 2006). Mit der Verknüpfung beider Normreihen können Organisationen eine Umweltpolitik entwickeln, Ziele setzen und Prozesse aus den Verpflichtungen der Umweltpolitik festlegen. Der Schwerpunkt der Normen liegt in der kontinuierlichen Verbesserung der Prozesse zur Erreichung der definierten Zielsetzung bezüglich der Umweltleistung einer Organisation (vgl. ISO 14001, 2004). Die kontinuierliche Verbesserung beruht dabei auf der Methode PDCA-Zyklus, darunter versteht man Planen (Plan), Ausführen (Do), Kontrollieren (Check) und Optimieren (Act) (vgl. Klüppel, 2006).

Die wichtigen Bestandteile dieser ISO-Normen sind neben der kontinuierlichen Verbesserung, die Einhaltung der einschlägigen Gesetze und der Nachweis der Wirksamkeit des Systems. Ziel der ISO 14000 ist die Erreichung eines verträglichen Levels im Bereich des Umweltschutzes und eine nachfolgende kontinuierliche Verbesserung (vgl. ISO 14001, 2004). In der ISO 14000-Familie werden keine absoluten, allgemeinen Anforderungen für Umweltleistungen von Unternehmen festgelegt, sondern die Einhaltung der individuellen Verpflichtungen der Unternehmen, welche diese sich selbst in ihrer Umweltpolitik auferlegt haben, werden überprüft (vgl. ISO 14001, 2004). Auf Basis der ISO 14001 kann es zu einem einheitlichen und integrierten Managementsystem kommen, welches sowohl Umwelt- als auch Qualitätsaspekte beinhaltet, da die Kernanforderungen der speziellen Regelwerke ein hohes Maß an Übereinstimmungen aufzeigen (vgl. Kamiske, 2008). Durch die Integration des Managementsystems kann Umweltschutz und Qualität im Unternehmen zusammengeführt werden, welches einer Verbesserung der Wettbewerbsfähigkeit dient (vgl. Löbel et al., 2005).

Weiterführende Quellen

http://www.iso.org/iso/iso_catalogue/management_standards.htm

ISO 26000

Aufgrund der Schwierigkeit einer vergleichenden Beurteilung von privaten und öffentlichen Unternehmen sowie von Organisationen jeglicher Art im Feld der sozialen Verantwortung, entstand die Idee einer internationalen Normung der Corporate Social Responsibility. Die Herausforderung der Normung gesellschaftlicher Verantwortung soll mit der Norm ISO 26000, die 2010 verabschiedet werden soll, erfolgen (vgl. Winistörfer, 2008). Der Verbraucherausschuss der internationalen Standardisierungsorganisation (ISO) begann bereits 2001 sich mit der Thematik der Glaubwürdigkeit von Aktivitäten im Bereich CSR auseinander zu setzen. Seit 2001 wurden diverse Studien erstellt, die die Möglichkeiten einer solchen Norm eruierten und die Gestaltung dieser untersuchten. Im Anschluss an diese Arbeiten erfolgte im Januar 2005 der Startschuss für den Normungsprozess. Eine Zertifizierung der Norm wird nicht angestrebt, da diese lediglich eine Empfehlung darstellt. Das Problem daraus ist eine mangelnde Vereinheitlichung im Feld der gesellschaftlichen Verantwortung, die durch die fehlende Verbindlichkeit nicht erfüllt werden kann.

Die ISO 26000 ist keine Konkurrenz zu bestehenden sozialen oder ökologischen Mindeststandards, sie soll vielmehr anerkannte Standards, wie die Konvention der Internationalen Arbeitsorganisation oder die ‚Allgemeine Deklaration der Menschenrechte' zusammenführen. Der Standard soll eine breite Anwendung finden und umfasst somit sämtliche Branchen, Standorte, Unternehmen und andere Organisationen (vgl. Winistörfer, 2008).

Die breite Diskussion über Fälle von Veruntreuung, Bestechung, Umweltverschmutzung, Kinderarbeit oder menschenunwürdige Produktionsbedingungen und die zunehmende Sensibilisierung der Öffentlichkeit für dieses Thema, führen Unternehmen dazu, ihr Engagement hin zu einer nachhaltigen Entwicklung auszurichten. Die Struktur der Norm ist so erstellt, dass neben der nachhaltigen Entwicklung als übergeordnetes Ziel, auch die Beachtung bestehender Gesetze und internationaler Verhaltensnormen sowie die Menschenrechte integriert sind. Die Kernthemen von CSR (Human Rights, Organizational Governance, Labour Practices, Fair Operating Practices, Consumer Issues, The Environment, Social Development) bilden den Schwerpunkt der Norm. Das Thema Corporate Social Responsibility wird von der ISO, anders als bei den bisher existierenden Leitfäden, auf eine breitere Basis gestellt, um so auch die Teilbereiche möglichst umfassend zu beschreiben. Beispielsweise werden im Abschnitt der Labour Practices, die Bereiche Beschäftigung, Arbeitsbedingungen, sozialer Dialog, Gesundheit und Sicherheit am Arbeitsplatz sowie menschliche Entwicklung thematisiert.

Um Organisationen in verschiedenen Ländern, Kulturen und Branchen eine Anwendung der ISO 26000 zu ermöglichen, werden die Formulierungen allgemein gehalten. Da gesellschaftliche Themen eine gewisse Komplexität beinhalten, ist die Beurteilung von CSR immer von der jeweiligen Situation, dem Kontext und der Ausrichtung einer Strategie vor Ort abhängig. Der Erfolg der ISO 26000 nach ihrer Verabschiedung wird von der Umsetzungsbereitschaft der Organisationen und Unternehmen abhängen (vgl. Schmackpfeffer/D'Ambra, 2008).

Weiterführende Quellen

www.iso.org/sr

Kernarbeitsnormen

Die Kernarbeitsnormen wurden von der ILO (International Labour Organization) seit ihrer Gründung im Jahre 1919 durch ihre Mitglieder stetig weiterentwickelt. Die Kernarbeitsnormen wurden 1998 in einer Deklaration (‚ILO-Erklärung über grundlegende Rechte bei der Arbeit') niedergelegt und bisher von über 120 ILO-Mitgliedsstaaten ratifiziert. Ziel ist es, grundlegende Rechte und Prinzipien der Arbeitswelt zu definieren. Dazu existieren insgesamt acht Übereinkommen, welche die Kernarbeitsnormen darstellen: ‚Übereinkommen 87 über die Vereinigungsfreiheit und den Schutz des Vereinigungsrechtes von 1948' beinhaltet 21 Artikel, die hauptsächlich darüber bestimmen, dass Arbeitgeber und Arbeitnehmer gleichermaßen Organisationen gründen und ihnen beitreten dürfen. ‚Übereinkommen 98 über die Anwendung der Grundsätze des Vereinigungsrechtes und des Rechtes zu Kollektivverhandlungen von 1949' beinhaltet 16 Artikel, die den Schutz der Organisationen der Arbeitnehmer regeln. In dem ‚Übereinkommen 29 über Zwangs- oder Pflichtarbeit von 1930' bestimmen 33 Artikel die Definition sowie das Verbot und die Abschaffung von Zwangsarbeit. Das ‚Übereinkommen 105 über die Abschaffung der Zwangsarbeit von 1957' ist eine Ergänzung zu diesem. ‚Übereinkommen 100 über die Gleichheit des Entgelts männlicher und weiblicher Arbeitskräfte für gleichwertige Arbeit von 1951' bestimmt in 14 Artikeln, dass Frauen bei der Arbeit nicht diskriminiert werden dürfen, indem ihnen für die gleiche Arbeit ein geringerer Lohn gezahlt wird. Zusätzlich wird in dem ‚Übereinkommen 111 über die Diskriminierung in Beschäftigung und Beruf von 1958' der Begriff der Diskriminierung definiert und entsprechend der Menschenrechte als Verletzung dieser eingeordnet. Es dürfen demnach keine Unterschiede bezüglich Geschlecht, Herkunft, Alter, Religion oder anderen Gründen im Beruf vollzogen werden. ‚Übereinkommen 138 über das Mindestalter für die Zulassung zur Beschäftigung von 1973' regelt in 18 Artikeln, dass ein Arbeitnehmer mindestens 14 Jahre alt sein muss, sowie bestimmte Arbeit erst ab einem Alter von 18 Jahren getätigt werden darf. ‚Übereinkommen 182 über das Verbot und unverzügliche Maßnahmen zur Beseitigung der schlimmsten Formen der Kinderarbeit von 1999' beinhaltet in 16 Artikeln das Verbot von Kinderarbeit, Sklaverei, Kinderhandel, Prostitution und anderer, für Kinder schädliche, Arbeit.

Aus der Erklärung können allerdings keine Sanktionsmöglichkeiten bei Nichteinhaltung abgeleitet werden. Sie soll als Appell dienen und Handlungsimpulse geben. Zur Prüfung der Einhaltung müssen die Mitgliedsstaaten jedes Jahr einen Bericht über ihre Aktivitäten zur Durchsetzung der Grundprinzipien geben, welcher zu einem weltweiten Gesamtbericht zusammengefasst wird. Dieser erleichtert die Bewertung der Maßnahmen und die Beratung über zukünftig notwendige Aspekte und Prioritäten der ILO (vgl. ILO, 2009).

Weiterführende Quellen

www.ilo.org

Klimawandel

Der Klimawandel stellt immer mehr eine Bedrohung für das Leben auf der Erde dar und findet seinen Ursprung im Verbrauch fossiler Energieträger und den hierdurch freigesetzten starken Emissionen, besonders durch CO_2 (vgl. Rahmstorf/Schellnhuber, 2006). Dieses Gas macht 80% der klimaschädigenden Gase aus. Es entsteht hauptsächlich bei der Verbrennung fossiler Energieträger und bei der Brandrodung von Wäldern. Die zu hohe Konzentration von CO_2 und anderen Treibhausgasen verhindert das Reflektieren, der aus der Sonnenenergie gebildeten, infraroten Strahlen und bewirkt den Temperaturanstieg der Atmosphäre und der Weltmeere (vgl. Gore, 2007a). Auswertungen, wie die von Temperaturdaten und Eiskernproben, belegen das Ansteigen der Durchschnittstemperatur, was unser Leben maßgeblich verändern kann und dramatische Folgen hat. So erhöht dieser Anstieg das Risiko extremer Wetterereignisse, wie Hitzewellen oder Stürme. Das Erwärmen der Meere hat zur Konsequenz, dass der Lebensraum vieler Meerespflanzen und Meerestiere und somit unser Ökosystem bedroht wird. Zudem dehnt sich das Wasser aus und der Meeresspiegel steigt, was zu Überflutungen führt. Die Schnee- und Eisschmelze hätte zur Folge, dass die Ufer dem Druck irgendwann nicht mehr standhalten können und es so zu Erdrutschen und Überflutungen kommen kann. Auch Süßwasserreservoirs könnten leergespült werden. Die Lebensräume von Tieren und Menschen würden sich verlagern. Für die Tiere würde das zum Aussterben einiger Arten führen. Für den Menschen würde es zum Kampf um Ackerland, Energie und sauberes Trinkwasser führen (vgl. Tanaka, 2006).

Das Drängen auf Übernahme gesellschaftlicher Verantwortung von Unternehmen im Bereich des globalen Umweltschutzes hat die Kommission der europäischen Gemeinschaft in den europäischen Rahmenbedingungen für soziale Verantwortung deutlich gemacht (vgl. Europäische Kommission, 2001). Auch die Organisation für wirtschaftliche Zusammenarbeit und Entwicklung (OECD) fordert in ihren Leitsätzen den Schutz der Umwelt und der öffentlichen Gesundheit. Konkret wird dies in den Forderungen nach einem entsprechenden Umweltmanagementsystem (vgl. OECD, 2000). Die internationale Norm ISO 14001 ist die bedeutendste Vorgabe dazu und ist im Umweltmanagement gemäß europäischem ‚Öko-Audit' (EMAS) mit eingebunden. Unternehmen (insbesondere Produktionsunternehmen) haben einen entscheidenden Beitrag am Klimawandel. Sie können mit ressourcen- und umweltschonenden Produktionsweisen dazu beitragen, dass die aktuelle negative Klimaentwicklung gestoppt wird und sowohl Produkte auf den Markt kommen, die nicht klimaschädlich sind (z. B. Autos), als auch die Produktionskette so zu gestalten, dass keine bzw. nur minimale Umweltbelastungen resultieren.

Zudem besteht die Forderung nach Transparenz hinsichtlich der Auswirkungen auf Umwelt, Gesundheit und Sicherheit sowie die Prüfung der Folgen für die Umweltverträglichkeit. Weitere Forderungen sind die Vermeidung der Verharmlosung von Risiken einer ernsten Umweltschädigung, das Bereithalten von Krisenplänen und das ständige Bemühen um eine Verbesserung der Umweltergebnisse. Das Angebot von Schulung und Ausbildung in Fragen der Umwelt, Sicherheit und Gesundheit sowie allgemeine Aspekte des Umweltmanagements soll gewährleistet sein und der Beitrag zur Konzipierung einer ökologisch sinnvollen und ökonomisch effizienten staatlichen Umweltpolitik angestrebt werden (vgl. OECD, 2000). Der Klimawandel erfordert ein Umdenken zur nachhaltigen Entwicklung der Energienutzung. Alternative Energien sind die Solarenergie, die Windenergie und die Erdwärme. Im Kyoto-Protokoll verpflichten sich die Teilnehmer, den Ausstoß von Treibhausgasen zu reduzieren. Ca. 130 Nationen haben bisher das Kyoto-Protokoll ratifiziert und so ihr Bestreben dem Klimawandel entgegenzuwirken deutlich gemacht, wobei die Unterschrift der Vereinigten Staaten noch aussteht (vgl. Gore 2007a).

Weiterführende Quellen

Rahmstorf, S./Schellnhuber, H. J. (2006): Der Klimawandel – Diagnose, Prognose, Therapie, München: Beck.
www.politische-bildung.de/klimawandel.html

Korruptionsbekämpfung

Mit Korruption ist im Allgemeinen der Missbrauch eines öffentlichen Amtes zu privaten Zwecken gemeint (vgl. Leyendecker, 2003). Korruption kann Auswirkungen auf die Entwicklung der dritten Welt haben, führt zur Unterstützung organisierter Kriminalität und beeinflusst sogar die Politik von Staaten (vgl. Eigen, 2003). Das Bewusstsein für die demokratische Verantwortung und die daraus erwachsende Zivilcourage ist als individuelles Bekenntnis zur konstruktiven und aktiven Auseinandersetzung mit Korruption zu sehen und wirkt der Korruption entgegen. Eine weitere Form von Korruption beschreibt das Verhalten der obersten politischen Funktionärsschicht, die Staatsgelder eigennützig untereinander verteilt und Wertvorstellungen von Geld verdrängen lässt. Aus korruptem Verhalten erwachsen zudem Beziehungen und das aus Dankesschulden erwachsene Kapital, das das Nehmen und Gewähren von regelwidrigen Vorteilen ermöglicht (vgl. Roth, 1995).

Die OECD nahm die Konvention zur Bekämpfung der Korruption in ihre Leitlinien auf und legte damit einen neuen Meilenstein. In dieser Konvention wird das Entgegenwirken der Beschaffung unbilligen und ungerechtfertigten Vorteils gefordert. Dies soll durch die Abschaffung von Schmiergeldern, die Sicherstellung der Angemessenheit von Vergütungen, die Transparenz durch z. B. öffentliche Erklärungen, die Sensibilisierung für Korruptionsbekämpfung, entsprechende Managementkontrollsysteme und Vermeidung der Vergabe illegaler Spenden passieren (vgl. OECD, 2000). Die Kommission der europäischen Gemeinschaften hat die europäischen Rahmenbedingungen für die soziale Verantwortung der Unternehmen formuliert. Sie sieht den Zusammenhang zwischen CSR und Wirtschaft in der sozialen Verantwortung, die die Unternehmen hinsichtlich ihrer grundsätzlichen Unternehmensstrategie, ihren Managementinstrumenten und ihren Unternehmensaktivitäten einzubeziehen haben. So wird im Cotonou-Abkommen die Korruptionsbekämpfung als grundlegendes Element verstanden. Eine Konsequenz ernster Fälle von Korruptionen kann die Beendigung der Zusammenarbeit bedeuten (vgl. Europäische Kommission, 2001). Um die Unternehmen von der Notwendigkeit der Korruptionsbekämpfung zu überzeugen und sie in ihrer Bereitschaft, entsprechend zu agieren, zu bestärken, sind verschiedene Instrumente entwickelt worden, die die Idee zur Umsetzung der Korruptionsbekämpfung greifbarer machen. Organisationen wie Transparency International (TI) bemühen sich stetig um eine wirksame Verständigung. So wurde als Leitfaden für Unternehmen zwecks Unterbindung korrupter Praktiken die ‚Business Principles for Countering Bribery' entwickelt, in dem sich das Unternehmen verpflichtet, jede direkte als auch indirekte Form von Korruption zu verhindern und ein Antikorruptionsprogramm einzuführen und umzusetzen. Auch die Wirtschafts- und Berufsverbände haben die Zeitzeichen erkannt und mit Hilfe von Transparency International einen wirksamen Verhaltenskodex entworfen. In diesem Zusammenhang hat die deutsche Sektion der ‚International Chamber of Commerce' (ICC) die ‚ICC-Verhaltensrichtlinien zur Bekämpfung der Korruption im Geschäftsverkehr' formuliert (vgl. Eigen, 2003). Als weitere Instrumente zur Korruptionsbekämpfung wird von Transparency International das ‚TI Source Book' und das ‚Corruption Fighters' Toolkit' als systematische Materialsammlung und analytisches Hilfsmittel für konkrete Reformen vorgestellt. Im ‚TI Source Book', das bereits in mehr als 20 Sprachen übersetzt wurde, geht es um den Schutz der Gesellschaft vor Korruption durch ein Integritätssystem (Integrity System).

Das ‚Corruption Fighters' Toolkit' zeigt auf der Grundlage empirischer Erfahrungen Wege auf, Methoden zu entwickeln, die mit korrupten Praktiken umzugehen helfen. Um im Kampf gegen Korruption immer auf dem neuesten Stand sein zu können, erscheint jährlich der ‚Global Corruption Report', in dem Journalisten, Aktivisten, Wissenschaftler und Mitarbeiter von TI zu verschiedenen Themen Stellung beziehen und von ihren Erfahrungen berichten. Der ‚Global Corruption Report' sieht seine Hauptaufgabe darin, die Wachsamkeit der Medien und der Zivilgesellschaft weiter anzutreiben und den Mut zu stärken, auch weiterhin gegen Korruption vorzugehen (vgl. Eigen, 2003).

Weiterführende Quellen

Eigen, P. (2003): Das Netz der Korruption, Wie eine weltweite Bewegung gegen Bestechung kämpft, Frankfurt am Main: Campus.
www.oecd.org

Kritik und Legitimität von CSR

Westliche Regierungen, internationale Organisationen und Industrieverbände teilen gleichermaßen eine unterstützende Haltung gegenüber Corporate Social Responsibility und Corporate Citizenship – und doch sind beide Konzepte nicht unstrittig. Vielfältige Einwände kommen sowohl von praktischer wie auch von ideologischer Seite. So bemängeln Praktiker vor allem eine von ihnen diagnostizierte Ineffizienz der CSR-Maßnahmen. Ideologiekritische Stimmen hingegen weisen auf eine Reihe strukturell bedingter Legitimationsdefizite hin, die jede Form von unternehmerischer Verantwortung schon im Ansatz fragwürdig machen.

Einer ersten in der öffentlichen Diskussion weit verbreiteten Kritik liegt die Annahme zugrunde, dass unternehmerische und gesellschaftliche Anliegen grundlegend unvereinbar seien. Somit liege ein Nullsummenspiel vor, bei dem die Gesellschaft nur verlieren könne, da Unternehmen im Zweifelsfall immer bereit seien, das Gemeinwohl ihren Gewinnzielen zu opfern (vgl. Beckmann, 2007). Für die Vertreter dieser Kritik stellt das CSR-Konzept somit kein Bekenntnis zu einer gewachsenen gesellschaftlichen Verantwortung dar. Stattdessen handelt es sich lediglich um eine Reaktion auf die seit Mitte der 1980er-Jahre gewachsene Kapitalismuskritik in Form eines PR-Tricks, mit welchem man den strengen Vorgaben einer Verrechtlichung durch weichere freiwillige Zugeständnisse zuvorzukommen suche, um von moralisch fragwürdigen Praktiken und Strategien in viel zentraleren Bereichen abzulenken. Die damit verbundene fehlende Einklagbarkeit der Selbstverpflichtungen verstoße nicht nur gegen Grund-, Bürger- und Menschenrechte, sondern schade auch dem Vertrauen in staatliche Institutionen und beschädige sogar die Reputation der Unternehmen selbst. CSR und CC seien daher abzulehnen und durch eine Verankerung im Ordnungsrahmen kraft Recht zu ersetzen (vgl. Koch, 2008).

Eine konträre Position zu dieser These besagt, dass es unbedeutend sei, mit welchen Intentionen ein Unternehmen sein Sozialengagement betreibe, da ein Reputationsgewinn einzig nur dann zustande komme, wenn die Unternehmenspartner von der Ernsthaftigkeit des Engagements überzeugt würden. Umgekehrt bezweifeln sie sogar den Nutzwert einer philanthropischen Gesinnung in der Wirtschaft, da gerade den sozialsten Unternehmen ein Wettbewerbsnachteil entstünde, der zu Lasten von Nachhaltigkeit und Stärkung des Engagements ginge (vgl. Habisch/Schmidpeter, 2008).

Geht das freiwillige Engagement von Unternehmen den Vertretern dieser ersten Position nicht weit genug, so kommt eine zweite Kritik aus der Gegenrichtung. Befürworter einer neoliberalen Position nämlich sind der

Ansicht, dass CSR und CC aus ideologischen wie praktischen Gründen gerade deshalb abzulehnen seien, weil schon das freiwillige Engagement zu weit gehe. Jede Verpflichtung auf nicht-gewinnorientierte Ziele, so die These, sei nicht nur eigentumstheoretisch kaum zu rechtfertigen, sondern wirke sich enorm schädlich auf das Primärziel der Gewinnmaximierung selbst aus. Schließlich diene nach Maßgabe der klassischen Wirtschaftstheorie gerade nicht die selbstlose Orientierung am Gemeinwohl (homo sociologicus) der Wohlfahrt am besten, sondern die Verfolgung der Eigeninteressen (homo oeconomicus). Unternehmen kämen somit ihrer Verantwortung immer genau dann nach, wenn sie nicht als politische oder gesellschaftliche Akteure aufträten, sondern ausschließlich bei ihrem Kerngeschäft, der Gewinnmaximierung, verblieben (vgl. Beckmann, 2007). Wirtschaftsnobelpreisträger *Milton Friedman*, einer der wichtigsten Vertreter dieses Ansatzes, verdichtete den Gedanken plakativ auf den Leitsatz: ‚The business of business is to increase its profits' (vgl. Friedman, 1970).

Eine dritte Kritik schließlich kommt von den Befürwortern des unternehmerischen Engagements selbst. Apologeten dieser Position sehen die Ursachen für das bisherige Versagen von CSR nicht in einer fehlenden Engagementbereitschaft der Unternehmen oder im CSR-Konzept als solchem, sondern in praktischen Realisierungsproblemen. Ausgehend von einer Win-Win-Situation, könnten mithin alle Kooperationspartner von CSR und CC profitieren, sofern jedes Unternehmen nur in seinem aufgeklärten Selbstinteresse handele und somit langfristige Gewinne den kurzfristigen vorzöge. Freiwilliges Engagement sei also im Grunde genommen begrüßenswert, sofern es gelänge, den Informationsdefiziten vieler Unternehmen entgegenzuwirken und diese dadurch von ihrer eigenen Irrationalität zu überzeugen (vgl. Beckmann, 2007).

Weiterführende Quellen

Friedman, M. (1970): The Social Responsibility of Business is to Increase it Profits, in: New York Times Magazine, 13.09.1970, New York.

Ladd, J. (1970): Morality and the Ideal of Rationality in Formal Organizations, The Monist, S. 488–511.

Label/Gütesiegel

Um einer Bewertung der Qualität der Corporate Social Responsibility von Unternehmen Rechnung zu tragen, existieren mittlerweile mehrere, von unterschiedlichen Institutionen vergebene, Sozial- und Umweltgütesiegel, die solche Unternehmen auszeichnen, welche sich freiwilligen Verhaltenskodizes verpflichten. Diese Kodizes dienen zur Erhaltung von determinierten sozialen und ökologischen Standards. Die Europäische Kommission definiert den Terminus Sozialgütesiegel (Social Label) als „Textangaben und bildliche Angaben auf Produkten, die die Kaufentscheidungen der Verbraucher beeinflussen wollen durch Zusicherungen in Bezug auf die sozialen und ethischen Auswirkungen einer Geschäftstätigkeit auf andere Stakeholder" (Europäische Kommission, 2001: 29–30).

Bekannte Siegel auf diesen Gebieten sind z. B. der blaue Engel (www.blauer-engel.de), Max Havelaar (www.maxhavelaar.ch), TransFair (www.transfair.org), Fair Trade Mark (www.fairtrade.org) oder Goodweave (www.goodweave.de). Solche Siegelinitiativen stellen teilweise gegen eine Lizenzgebühr ihre Namen für die Nutzung durch Unternehmen zur Verfügung. Da diese Organisationen jedoch häufig nicht finanziell unabhängig sind, bleibt fraglich, ob jede Lizenzvergabe objektiv bleibt. Es ist außerdem schwierig, bei einer großen Fülle den Überblick über die Bedeutung von einzelnen Siegeln zu behalten.

Ein Anreiz, ihr verantwortungsvolles Engagement Verbrauchern zu kommunizieren, besteht für Unternehmen eindeutig. „Für die Mehrheit der europäischen Verbraucher beeinflusst die Einstellung eines Unternehmens zur sozialen Verantwortung die Kaufentscheidung oder die Wahl eines Dienstleistungsanbieters" (Europäische Kommission, 2001: 22). Angemerkt sei an dieser Stelle, dass ein kritischer Umgang mit vergebenen Auszeichnungen im Bereich der Corporate Social Responsibility zu hilfreichen Erkenntnissen bezüglich deren Validität führen kann.

Probleme sind fehlende Restriktionen bezüglich Kontrollen der Einhaltung der Standards, zu denen sich Unternehmen bekannt haben. Unterschiedliche Siegelinitiativen können zudem durchaus verschiedene Kriterien für ihre Lizenzvergabe haben und dementsprechend von unterschiedlicher Effektivität bezüglich des Erhalts von sozialen und ökologischen Standards sein. Die nahezu beliebige Erweiterbarkeit solcher Problemstellungen zeigt auf, dass für den Aspekt der Validität von sozial-ökologischen Gütesiegeln enormer Bedarf an Verbesserungen und Schaffung von Transparenz besteht. Etwaige Zweifel der Verbraucher auf diesem Gebiet werden dadurch unterstützt, dass Unternehmen bei ihrer Produktgestaltung eigene Symbole anbringen können, so dass Konsumenten nur durch genauere Informationen die Glaubhaftigkeit erkennen können.

Weiterführende Quellen

www.blauer-engel.de

http://www.fairtrade.org.uk/

Life Cycle Assessment (Ökobilanz)

Life Cycle Assessment (LCA) (deutsch: Ökobilanz) dient der systematischen Erfassung und Evaluation des Inputs und des Outputs sowie der potentiellen Umweltauswirkungen eines Produktionsverfahrens während seines Lebenszyklus (vgl. Guinée, 2002). Der Begriff Life Cycle Assessment ist dabei präziser als der Ausdruck Ökobilanz, da die Umweltbelastungen eines Produktes von der ‚Wiege bis zum Bahre' bemessen werden (vgl. Klöpffer, 2005). Durch eine umfassende Darstellung der benötigten Rohstoffmengen, des eingesetzten Energieaufwandes und der jeweiligen Abfallmenge bei Produktion, Nutzung und Entsorgung eines Konsumgutes wird die Umweltbelastung des Produktes über seine gesamte Nutzungsdauer erfasst (vgl. Nentwig, 2005). Hauptsächlich wird das Life Cycle Assessment zur Analyse von Problemursachen, zum Vergleich von Verbesserungsalternativen eines Produktes, zur Erschaffung neuer und zur Auswahl zwischen verschiedenen, vergleichbaren Produkten angewandt (vgl. Guinée, 2002).

Eine vollständige Ökobilanz nach der ISO 14040 Norm (ISO-14000-Serie) umfasst die Elemente Zieldefinition, Untersuchungsrahmen, Sachbilanz, Wirkungsabschätzung und Auswertung. Die Zielbestimmung soll in einem ersten Schritt dabei helfen, den Verwendungszweck der Ökobilanz näher zu bestimmen. Die Bedeutung dieses Schrittes darf dabei nicht unterschätzt werden, da in diesem der Rohstoffverbrauch dem Nutzen und den Emissionen in quantitativer Weise gegenübergestellt wird. Die Wirkungsabschätzung bewertet die festgestellten Ergebnisse der Sachbilanz, wohingegen in der Auswertung abschließende Konsistenzprüfungen und Analysen der Ergebnisse festgehalten werden (vgl. Bieletzke, 1998). Das Life Cycle Assessment berücksichtigt in seiner Analyse eine variable Parametergewichtung. Grund dafür ist, dass die verschiedenen Energiegewinnungsverfahren, wie beispielsweise die Verbrennung fossiler Energieträger, der Einsatz von Kernenergie oder die Nutzung von Wasserkraft, unterschiedlich große Umweltbelastungen erzeugen. Somit fallen Ökobilanzen bei der Verrechnung von Energiedaten je nach Art des angewandten Verfahrens unterschiedlich aus. Durch eine Vereinheitlichung der Energiezusammensetzung kann anhand des ISO-Standards eine bessere internationale Vergleichbarkeit gewährleistet werden, jedoch wird Staaten wie der Schweiz mit ihrer Hauptenergiegewinnung aus Wasserkraft nicht Rechnung getragen. Ebenso wird die Entsorgung unterschiedlich bewertet: Durch die Verbrennung von Abfällen entstehen Verbrennungsgase und

Rückstände müssen gesondert gelagert werden. Zwar verursachen Deponien keine Verbrennungsgase, allerdings benötigten sie große Lagerstätten. Des Weiteren entstehen im Verrottungsprozess Deponiegase. Durch Recyclingmaßnahmen kann die Bilanz hingegen verbessert und positive Akzente gesetzt werden. Da diese Vielfalt der Betrachtungen eine Vergleichbarkeit der Produkte erschwert, besteht ein großer Bedarf an genormten Methoden, hierfür werden die ISO 14040–14044 Normen genutzt (vgl. Nentwig, 2005).

Weiterführende Quellen

Finke, M. (2008): Die Ökobilanz – eine Komponente der Nachhaltigkeitsbewertung, Naturwissenschaftliche Rundschau 61(1), S. 21–26.

Schaltegger, S. (1996): Life Cycle Assessment (LCA) – Quo vadis?, Basel/Boston/Berlin: Birkhäuser.

Limits to Growth (Grenzen des Wachstums)

Der Bericht über die ‚Grenzen des Wachstums' geht auf eine Initiative des 1968 vom italienischen Großindustriellen Aurelio Peccei und dem schottischen Wissenschaftler Alexander King gegründeten ‚Club of Rome' zurück. Der Bericht stellt mithin den Versuch dar, die mit der Industrialisierung einhergehenden Probleme auf Grundlage eines starken wissenschaftlichen Fundaments besser zu verstehen und einen breiten zivilgesellschaftlichen Diskurs anzuregen. Die Projektleitung wurde an *Dennis Meadows*, damals Systemanalytiker an der ‚Sloan School of Management' am MIT, vergeben. Er kam zu dem Schluss, dass der gegenwärtige Trend hinsichtlich Überbevölkerung, Umweltverschmutzung und Rohstoffverbrauch etwa um 2070 ein absolutes Maximum erreichen würde, um dann plötzlich und unkontrolliert einzufallen. Zur Vermeidung dieser Katastrophe empfahl der Bericht daher eine radikale Abkehr vom gegenwärtigen Kurs in Richtung eines ökologischen Gleichgewichts. Dabei hob er besonders hervor, dass eine Umstellung umso einfacher sei, je früher sie beginne. Warte man hingegen zu lange, sei eine Umkehrung kaum noch möglich (vgl. Meadows et al., 1972).

Schon kurz nach dem Erscheinen stieß die Studie auf ein ungeahntes Echo, von Kritikern wie Befürwortern. Die massivste Kritik aus der Wissenschaft kam vor allem von den Ökonomen und marxistischen Theoretikern. Erstere monierten die unzureichende Datenbasis und warfen *Meadows* eine fehlerhafte Methodik vor. So kritisierte etwa Nobelpreisträger *Paul A. Samuelson*, dass in der Simulation der Zusammenhang von Preisdruck, der bei einer zunehmenden Diskrepanz von Rohstoffangebot und Rohstoffnachfrage zwangsläufig entstehen müsse, und der sich daraus ergebenden technischen Innovation nicht angemessen berücksichtigt wurde. Letztere hingegen kritisierten die völlige Auslassung soziologischer und politischer Variablen als Einflussfaktoren. Auf politischer Ebene glaubte vor allem die Dritte-Welt-Lobby hinter dem Bericht nichts anderes als den Versuch der Industriestaaten zu erkennen, den Entwicklungsländern die Möglichkeit nehmen zu wollen, ihren Wohlstandsrückstand aufzuholen. Von Seiten wirtschaftsskeptischer Kräfte wiederum musste sich der ‚Club of Rome' die Kritik gefallen lassen, einer globalen Panikmache Vorschub zu leisten, um den Partikularinteressen einer rasch expandierenden Umweltökonomie entgegenzukommen (vgl. Kupper, 2003).

Auch heute noch ist die wissenschaftliche Aussagekraft des Berichts in der akademischen Welt umstritten. Während Kritiker diesen als völlig überholt ansehen (vgl. Maxeiner/Miersch, 2000), sind andere der Meinung, dass derlei Kritik nur insoweit korrekt sei, wie sie sich auf konkrete numerische Vorhersagen bezögen. Diese seien aber nur von sekundärer Relevanz, da der Bericht vornehmlich als Trendaussage verstanden werden müsse. In dieser Hinsicht sei er aber durchaus ernst zu nehmen, da er viele der heutigen Diskurse, wie beispielsweise den globalen Umweltdiskurs, zutreffend prognostiziert habe (vgl. Kupper, 2003). Auch der Energieexperte *Matthew Simmons* weist darauf hin, dass „all the mileposts raised as red flags in the Limits to Growth have so far been met. […] [T]here was nothing that I could find in the book which has so far been even vaguely invalidated" (Simmons, 2000: 15).

Weiterführende Quellen

Meadows, D./Meadows, D. H./Zahn, E./Milling, P. (1972): Die Grenzen des Wachstums – Bericht des Club of Rome zur Lage der Menschheit, Stuttgart: Deutsche Verlags-Anstalt.

Menschenrechte

Jeder Mensch besitzt im Grundgesetz festgeschriebene unveräußerliche Menschenrechte, die ihm Freiheit und Unversehrtheit der eigenen Person garantieren (Art. 1, 2 GG). Diese Rechte unterliegen alle dem Gleichheitsgrundsatz, so dass keine Unterscheidung von Geschlecht, Rasse, Hautfarbe, Sprache, Religion, politischer oder sonstiger Überzeugung, nationaler oder sozialer Herkunft oder sonstigen Umständen zulässig ist (Art. 3 GG). Sie sind die Grundrechte eines jeden Menschen und als moralische und rechtliche Basis überstaatlich und können somit nicht verliehen oder aberkannt werden (vgl. Koenig, 2005). Menschenrechte sind definiert und umfassen u. a. die liberalen Verteidigungsrechte, das Recht auf Leben, die Unversehrtheit und Sicherheit der Person, das Recht auf Meinungs-, Gewissens- und Glaubensfreiheit, das Recht auf Freizügigkeit, das Recht auf Bildung, Erwerbsmöglichkeit und gerechten Lohn, das Recht auf Versammlung, Vereinigung und Koalition; sie beschreiben Verbote von rassistischer, religiöser, politischer oder sonstiger Diskriminierung.

In der Bundesrepublik Deutschland finden die Menschenrechte im 1. Abschnitt des Grundgesetzes ihre rechtliche Verankerung (vgl. Bundesministerium der Justiz, 2009). Das Grundgesetz hat Vorrang vor allen anderen Gesetzen und stellt die Menschenrechte als Grundrechte besonders heraus. Die sogenannten ‚Limburger Prinzipien' sind 1986 von Menschenrechtsexperten der Vereinten Nationen erarbeitet worden und stellen drei Arten von Verpflichtungen heraus, denen der Staat für jedes Menschenrecht nachzukommen hat. Die Respektierungspflicht verpflichtet den Staat, Verletzungen der Rechte zu unterlassen. Die Schutzpflicht bedeutet dem Staat die Rechte vor Übergriffe durch Dritte zu schützen und mit der Gewährleistungspflicht hat der Staat für die volle Umsetzung der Menschenrechte Sorge zu tragen, wo diese noch nicht gegeben sind (vgl. United Nations, 2000). Diese Verpflichtungen beziehen sich auf alle Menschenrechte und sind als Staatspflicht vereinbart. Menschenrechte, wie sie heute verstanden werden, ergeben sich aus den 30 Artikeln der Resolution der Generalversammlung der Vereinten Nationen vom 10.12.1948. Diese Resolution hatte eine hohe moralische Komponente, jedoch keine bindende Wirkung für die Mitgliedsstaaten. Erst 1966 wurden zwei Pakte entwickelt, die politische und bürgerliche Menschenrechte sowie wirtschaftliche, soziale und kulturelle Rechte regeln. Diese Pakte wurden 10 Jahre später für alle Mitgliedsstaaten bindendes Recht, die diese Pakte ratifiziert haben. Zusammen bilden die Menschenrechtsresolution und die genannten Pakte die ‚International Bill of Human Rights' der Vereinten Nationen und sind als Staatsverträge zur Einhaltung und Durchsetzung der Menschenrechte zwar rechtlich bindend, jedoch nur unzureichend zu überwachen. In Europa wacht der Europäische Gerichtshof für Menschenrechte als ein Organ des Europarates über die Einhaltung der Menschenrechte in den Mitgliedsstaaten. Seine Urteile sind bindend und beziehen sich auf die europäische Konvention zum Schutz der Menschenrechte, die 1953 in Kraft trat und von der Europäischen Menschenrechtskommission weiterentwickelt wurde. Dieses Gericht kann sowohl von Mitgliedsstaaten als auch von Einzelpersonen angerufen werden. Solche Gerichte begründen sich aus der Tatsache, dass Menschenrechte immer wieder gebrochen werden und das Recht gegen Unrecht immer wieder aufs Neue durchgesetzt werden muss (vgl. Schubert/Klein, 2007).

Die Wahrung und Umsetzung der Menschenrechte, verstanden als Staatsaufgabe, verpflichtet alle politischen und gesellschaftlichen Organe. Wirtschaftliche Unternehmen sind daher ebenso in diese Aufgaben eingebunden und zur Wahrung und Umsetzung dieser Rechte verpflichtet, wie der Staat mit seinen politischen Institutionen. Insbesondere unter dem Gesichtspunkt der Globalisierung ist die Integration der Menschenrechte in die wirtschaftliche und soziale Interaktion ein wesentlicher Bestandteil der gesellschaftlichen Unternehmensverantwortung.

Weiterführende Quellen

Bundeszentrale für politische Bildung (2004): Menschenrechte: Dokumentation und Deklaration, Bonn: Bundeszentrale für Politische Bildung.

Fritzsche, K. P. (2005): Menschenrechte, Paderborn: Schöningh.

Mikrokredite

Die Form des Mikrokredits gilt im Gegensatz zu anderen Krediten als wichtiges Mittel zur Armutsbekämpfung, da Kreditgeber nicht nur an monetären Gewinnen interessiert sind, sondern auch die Lebensumstände ihrer Kunden verbessern wollen.

Die professionelle Vergabe von Mikrokrediten begann 1978 mit der Gründung der Grameen Bank unter der Führung des Bankiers *Muhammad Yunus* in Bangladesch. Für sein Engagement im Bereich der Mikrokredite bekam *Mohammed Yunus* 2006 den Friedensnobelpreis. Zumeist werden die Kredite an Frauen vergeben (ca. 94 %), da diesen eine bessere Rückzahlungsquote zugeschrieben wird. Allgemein liegen die Rückzahlungsquoten von Mikrokrediten je nach Organisation zwischen 95–99%. Mikrokredite bestehen aus weniger als 1.000 Euro und die Laufzeiten liegen zwischen 6 und 36 Monaten. Das Besondere daran ist, dass sie an Menschen vergeben werden, die bei den herkömmlichen Kreditinstituten als nicht kreditwürdig angesehen werden. Die Kreditnehmer kommen üblicherweise aus Regionen, in denen es kein gut entwickeltes Finanz- und Bankensystem gibt, leben zumeist unter der Armutsgrenze und besitzen keine materiellen Sicherheiten. Bereits 2005 wurde durch den großen Erfolg der Mikrokredite von den Vereinten Nationen das Jahr des Mikrokredits ausgerufen (vgl. Simon, 2006). In den vergangenen 30 Jahren haben rund 500 Millionen Menschen einen Mikrokredit angenommen (Dreher, 2006).

Dennoch sind Mikrokredite einiger Kritik ausgesetzt. Ein Argument gegen Mikrokredite ist die Steigerung der Verschuldung der Kreditnehmer. Laut Argumentation können Mikrokredite der nachhaltigen Entwicklung schaden, da sie mittel- und langfristig die Kreditnehmer in eine Schuldenfalle bringen können. So kann es passieren, dass neue nachhaltige Einkommensquellen weder durch eine verbesserte Subsistenzlandwirtschaft, noch durch eröffnete Shops entwickelt werden. Die Verschuldung bedroht die Gemeinschaft der Frauen und zudem aufgrund der entstehenden Unsicherheit und finanziellen Abhängigkeit den emanzipatorischen Fortschritt (vgl. Nilges, 2005). Ein weiterer (schwacher) Kritikpunkt ist in der Schwächung der örtlichen, klassischen Kreditgeber (z.B. Banken) zu sehen. Auch die Vergabe an ‚weniger' arme Kreditnehmer, im Vergleich zu den Ärmsten der Armen, wird häufig kritisiert. Es wird in diesem Kontext von einer Zweiklassen-Entwicklungshilfe gesprochen. Alle Argumente sind jedoch größtenteils keine berechtigte Kritik an Mikrokrediten. So würden beispielsweise örtliche Kreditgeber aufgrund fehlender Sicherheiten der Kreditnehmer keine Kredite an diese verteilen, der Vorwurf der Zweiklassen-Entwicklungshilfe ist ebenfalls strittig.

Weiterführende Quellen

Yunus, M. (2008): Die Armut besiegen, München: Hanser.
www.grameen-info.org

Mission Statement (Leitbild)

In einem Mission Statement formulieren die Unternehmen (oder Institutionen), in einem oder mehreren prägnanten Sätzen den Zweck, Sinn und Ziel ihres Unternehmens (vgl. Horak, 2004). Zum Beispiel der Leitsatz ‚Wir sind ein führender Lieferant von Produkten zur Erhaltung und Wiederherstellung der Gesundheit und der Umwelt' gibt kurz aber prägnant die Aufgabe und das Ziel des Unternehmens wieder. Auch lassen sich Normen und Werte aus diesem Satz ableiten. Aus diesem Leitsatz wird ein Leitbild formuliert, welches meist ca. 1–2 Seiten umfasst. Ein Leitbild ist die schriftliche, klar gegliederte Formulierung von Grundsätzen. Unternehmen benutzen Leitbilder, um ihre Unternehmensgrundsätze, also das Verhalten des Unternehmens, für jedermann zugänglich und deutlich zu machen. Grundsätze stellen dabei bestimmte Normen und Werte von Verhaltensweisen innerhalb bestimmter Situationen dar (vgl. Bamberger/Wrona, 2004). Ein Leitbild drückt also die langfristige Orientierung und die Ziele eines Unternehmens aus und ist dabei relativ stabil. Es ist auf der einen Seite für die internen Mitglieder der Organisation, z. B. Mitarbeiter und Führungskräfte, gedacht. Denn ein Leitbild verhilft dem Unternehmen zu einer gemeinsamen Identität, Wir-Gefühl und höherer Motivation. Durch die Grundsätze lässt sich außerdem die Unsicherheit im Unternehmen reduzieren, indem für bestimmte Entscheidungen Regeln existieren. Auf der anderen Seite wird ein Leitbild aber auch für die Umwelt des Unternehmens formuliert. Aus dem Leitbild ergibt sich nämlich die gewünschte Rolle des Unternehmens in der Gesellschaft und die Beziehungen zu Kunden, Lieferanten, Wettbewerbern und anderen Stakeholdern wird festgelegt. Die Prioritäten des Unternehmens lassen sich also dem Leitbild entnehmen (vgl. Bamberger/Wrona, 2004).

Auch CSR-Maßnahmen lassen sich in dem Leitbild verankern. Die Unternehmen kommunizieren nach Innen und Außen, welche Wertvorstellungen sie haben, welche konkreten Maßnahmen sie durchführen und welche Ziele sie verfolgen. Sie definieren damit einen eigenen Anspruch und eine Erwartungshaltung für Außenstehende. Somit lässt sich Transparenz schaffen und das Handeln der Unternehmen verfolgen.

Weiterführende Quellen

Renn, O./Deuschle, J./Jäger, W./Weimer-Jehle, W. (2007): Leitbild Nachhaltigkeit – Eine normativ-funktionale Konzeption und ihre Umsetzung, Wiesbaden: VS
www.bundestag.de/gremien/welt/glob_end/8.html

Multi-Stakeholder-Forum

Ein Multi-Stakeholder-Forum zielt darauf ab, alle Stakeholder eines bestimmten Themas zusammen zu bringen, um Meinungen auszutauschen und gemeinsame Lösungen zu finden. Es basiert auf einem demokratischen Grundverständnis und der Ansicht, dass Meinungen von allen relevanten Stakeholdern diskutiert und eingebracht werden müssen, um einen nachhaltigen Partizipationsprozess sowie eine von allen Beteiligten getragene Entscheidung zu gewährleisten. Ziel ist die Steigerung der Akzeptanz von Entscheidungen, um damit deren Implementierung zu erleichtern.

Das ‚European Multi-Stakeholder Forum on CSR' (EMS-Forum) ist ein im Jahr 2002 von der europäischen Kommission initiiertes Forum, welches als Plattform für die Diskussion und den Austausch von CSR-Instrumenten und deren praktische Umsetzung eingeführt wurde. Nach der ursprünglichen Projektlaufzeit von 2002–2004 wurde es im Jahr 2006 weiter fortgeführt und besteht bis heute. Im Zeitraum 2002–2004 wurden mehrere themenbasierte Round Tables – unabhängig von den Vollversammlungen (2002, 2004, 2006, 2009) – organisiert, deren Resultate als Anhang einer Zusammenfassung der Arbeitsergebnisse im Abschlussbericht des Forums veröffentlicht wurden. Eingeladen sind organisierte Arbeitgeberverbände, Wirtschaftsvereinigungen sowie Organisationen und Akteure der Arbeitnehmer und der Zivilgesellschaft (vgl. European Multistakeholder Forum on CSR, 2004). Im Forum besitzen Vertreter der EU (Rat, Parlament, Wirtschafts- und Sozialausschuss) und transnationale Organisationen (z. B. OECD und ILO) einen Beobachterstatus (vgl. Loew et al., 2004).

Die Aktivitäten der EU bezüglich CSR in den letzen Jahren sind grundsätzlich auf die Wachstumsstrategie der EU (Lissabon-Strategie von 2000) sowie die ergänzende Nachhaltigkeitsstrategie, die Göteborg-Strategie von 2001, die im Jahre 2006 erneuert wurde, zurückzuführen (vgl. BMU, 2009c). Konkret ist das Forum aus dem ‚Grünbuch Europäische Rahmenbedingungen für die soziale Verantwortung der Unternehmen' (vgl. Europäische Kommission, 2001), besonders aber auf den daraus folgenden Austauschprozess zurückzuführen. Er veranlasste die Europäische Kommission zu einer ‚Mitteilung betreffend die soziale Verantwortung der Unternehmen: ein Unternehmensbeitrag zur nachhaltigen Entwicklung' im Jahr 2002, in der ein europäisches Stakeholder-Forum vorgeschlagen wurde und somit auf praktischer Ebene einen Raum für Austausch zum Thema CSR geschaffen werden sollte (vgl. Europäische Kommission, 2002).

Inwieweit Vertreter aus Wirtschaft, Politik, Verbänden und der Zivilgesellschaft durch das Multi-Stakeholder-Forum zu gemeinsamen Positionen finden konnten und in Zukunft finden werden, kann u. a. aufgrund der mangelnden Transparenz nicht neutral bewertet werden. Ob ein Minimalkonsens erzielt wird, welcher über die Jahre erreicht wird, in welchem Verhältnis dieser von den betreffenden Stakeholdern wirklich getragen und umgesetzt wird und ob und wie dieser mit den nationalen und europaweiten Nachhaltigkeitsstrategien in Einklang steht, bleibt abzusehen.

Weiterführende Quellen

http://circa.europa.eu/irc/empl/csr_eu_multi_stakeholder_forum/info/data/en/csr%20ems%20forum.htm

www.stakeholderforum.org

Nachhaltige Entwicklung

Ursprünglich stammt der Begriff ‚Nachhaltige Entwicklung' (englisch: Sustainable Development) aus der mitteleuropäischen Forstwirtschaft zu Beginn des 17. Jahrhunderts. Das Grundprinzip war, nur so viel Holz zu schlagen, wie es durch Neupflanzungen nachwachsen kann. Bekannt wurde der Begriff der nachhaltigen Entwicklung 1987 im Bericht der ‚World Commission on Environment and Development', welche 1984 durch das ‚United Nations Environment Programm' (UNEP) anberaumt wurde. Im Jahr 1992 fand in Rio de Janeiro eine Konferenz statt, die die Agenda 21 mit dem Begriff der nachhaltigen Entwicklung verabschiedete. Ein erneuter Weltgipfel zur nachhaltigen Entwicklung (‚World Summit on Sustainable Development', WSSD) erfolgte 2002 in Johannesburg (vgl. Boms, 2008).

Aufgrund unterschiedlicher Interessen, Naturverständnisse und Werthaltungen gibt es keine eindeutige Definition für nachhaltige Entwicklung (vgl. Müller-Christ, 2001a). Nach dem Brundtland-Bericht ist die nachhaltige Entwicklung „eine Entwicklung, die den Bedürfnissen der heutigen Generation entspricht, ohne die Möglichkeiten künftiger Generationen zu gefährden, ihre eigenen Bedürfnisse zu befriedigen und ihren Lebensstil zu wählen" (Hauff, 1987: 46). Daher bedeutet nachhaltige Entwicklung auch die Verantwortungsübernahme nicht nur innerhalb, sondern auch zwischen den Generationen. Sie verlangt eine Einsicht in soziale, ökonomische und ökologische Grenzen der Erde (vgl. Kastenholz et al., 1996). Nachhaltige Entwicklung ist in diesem Sinne ein gesellschaftspolitisches Leitbild, das sich auf die internationale Umwelt- und Entwicklungspolitik bezieht. Es „ist ein Leitbild für alle Gesellschaften (internationale Gerechtigkeit), für heutige ebenso wie für zukünftige (inter- und intragenerationelle Gerechtigkeit) sowie für alle Menschen in Beziehung zu ihrer natürlichen Umwelt (ökologische Gerechtigkeit)" (Becker/Jahn, 2006: 241). Lebt die jetzige Generation in dem Maße, dass alle zukünftigen Generationen die gleichen Entwicklungschancen haben wie die jetzige, handelt es sich um die intergenerationelle Gerechtigkeit. Eine intragenerationelle Gerechtigkeit liegt vor, wenn alle Menschen auf der Welt die gleichen Entwicklungschancen haben (vgl. Engelfried, 2004). Dies ist unabhängig von ihrer Herkunft und dient dem Ausgleich zwischen Industrie- und Entwicklungsländern, wobei ökologische, ökonomische und soziale Entwicklungen einheitlich betrachtet werden sollen (integrativer Aspekt). Hieraus leiten sich drei zentrale Nachhaltigkeitsgrundsätze ab, und zwar vom Einkommen zu leben und nicht vom Kapital sowie kurz- und langfristige Aspekte als auch ökonomische, ökologische und soziale Aspekte in die Entwicklung zu integrieren (vgl. Boms, 2008). Dieser Zusammenhang wird oftmals durch ein Drei-Säulen-Modell dargestellt, welches eine ökologische, ökonomische und soziale Komponente beinhaltet. Somit steht die nachhaltige Entwicklung für soziale Gerechtigkeit, Erhaltung des Ökosystems sowie ökonomische Gleichmäßigkeit. Zwei Hauptaspekte sind die Befriedigung der Grundbedürfnisse der Ärmsten der Welt und die Verfolgung eines Entwicklungsmusters, das die Verfügbarkeit der endlichen Naturressourcen für zukünftige Generationen sichert (vgl. Sietz et al., 2008). Das heißt, es ist wichtig, die Lebensbedingungen bzw. die ökologischen Systeme zu erhalten und die Ressourcenverfügbarkeit zu sichern, die gleichzeitig soziale Konfliktpotenziale reduzieren.

Zudem gibt es bestimmte Regeln zur Umsetzung dieser Ziele. Die Abbauregel besagt, dass die Nutzungsrate erneuerbarer Ressourcen nicht die Regenerationsrate dieser übersteigen darf. Die Substitutionsregel besagt, dass die Nutzungsrate nicht-erneuerbarer Ressourcen nicht über die Aufbaurate erneuerbarer Ressourcen steigen darf. Bei der Assimilationsregel darf die Schadstoffemissionsrate nicht die Kapazität zur Schadstoffabsorption überschreiten und mit Hilfe der Risikoregel sind bestehende Risiken bzw. Gefahren für die Menschen und die Umwelt zu vermeiden. Wenn das Zeitmaß anthropogener Umwelteingriffe in einem ausgewogenen Verhältnis zum Zeitmaß der für das Reaktionsvermögen der Umwelt relevanten natürlichen Prozesse steht, ist die Erhaltungsregel gemeint.

Unternehmerische Leitbilder einer nachhaltigen Entwicklung sind zum einen durch ökologischen und ökonomischen Wandel gekennzeichnet. Einst wurde in Betrieben energie- und materialverschwenderisch produziert und nur nachsorgender Umweltschutz betrieben. Heutzutage versucht man energie- und materialeffiziente Produkte herzustellen als auch vorsorgenden Umweltschutz auszuüben. Insgesamt orientiert man sich mehr an der Natur und versucht diese nachhaltig zu nutzen, anstatt sie zu beherrschen oder zu verbrauchen (vgl. Engelfried, 2004). Andererseits wird die nachhaltige Entwicklung durch eine soziale Komponente geprägt, die den vorsorgenden Schutz der menschlichen Gesundheit, die Gerechtigkeit, die

Sicherung der Demokratie, die Sicherung der Möglichkeiten zur Partizipation am materiellen Wohlstand und die Chancengleichheit als Ziele anstrebt (vgl. Boms, 2008).

Weiterführende Quellen

von Hauff, M./Kleine, A. (2009): Nachhaltige Entwicklung – Grundlagen und Umsetzung, München: Oldenbourg.

www.nachhaltigkeitsrat.de/

http://www.bundesumweltministerium.de/nachhaltige_entwicklung/aktuell/1719.php

Nachhaltigkeit

Nachhaltigkeit (englisch: Sustainability) wird erstmals von *Hans Carl von Carlowitz* im Jahre 1713 im Zusammenhang mit der nachhaltigen Nutzung der Wälder verwendet, jedoch fehlen hier Ansätze wie dieses zu handhaben ist (vgl. Grunwald/Kopfmüller, 2006). 1795 wird der Begriff von *Georg Ludwig Hartig* implizit definiert, auch wenn der Begriff nicht explizit erwähnt wird. Demnach zielt Nachhaltigkeit zunächst auf die Bewirtschaftungsweise eines Waldes ab. Es darf immer nur so viel Holz entnommen werden, wie nachwachsen kann. Die Regeneration des Waldes soll damit immer gewährleistet sein. Der Begriff wurde dann ins Englische übertragen als ‚Sustained Yield' und fand damit Eingang in die internationale Forstwirtschaft (vgl. Günther, 2008). Erst 1972 in einer Studie von *Donela* und *Dennis Meadows* über ‚Die Grenzen des Wachstums' für den Club of Rome tritt der Begriff Sustainable auf. Die Studie stellt durch ein Rechenmodell, unter Berücksichtigung einiger Trends (Industrialisierung, Bevölkerungswachstum etc.), verschiedene Zukunftsszenarien der Welt dar (vgl. Grunwald/Kopfmüller, 2006). Der Begriff Sustainability wird aber erst 1987 in der englischen Sprache verankert.

Den Leitgedanken der Nachhaltigkeit aus der Forstwirtschaft griff die 1983 von den Vereinten Nationen eingesetzte Weltkommission für Umwelt und Entwicklung (Brundtland-Kommission) auf. Der Auftrag der Kommission lag im Aufzeigen langfristiger und umweltschonender Perspektiven für die Entwicklungspolitik. Der Abschlussbericht ‚Unsere gemeinsame Zukunft' aus dem Jahr 1987, welcher als Brundtland-Bericht bekannt wurde, definiert das Konzept der Nachhaltigkeit (vgl. Günther, 2008). Demnach gilt es, die zukünftige Entwicklung so zu gestalten, dass die gegenwärtige Generation ihre Bedürfnisse befriedigt, ohne die Befriedigung der Bedürfnisse zukünftiger Generation zu gefährden (vgl. United Nations, 1987). Dieses Konzept liefert erstmals eine politische Strategie, um bislang getrennte Politikfelder gemeinsam zu thematisieren. Es behandelt Umweltprobleme der Industriestaaten, wie auch Schuldenprobleme der Dritten Welt und versucht eine Lösung dieser Probleme zu liefern. Allgemein beinhaltet Nachhaltigkeit nicht nur die Generationengerechtigkeit, sondern auch die globale Gerechtigkeit. Die Europäische Union erklärt daher die Umweltpolitik im Sinne der Nachhaltigkeit und stellt somit die Nachhaltigkeit als Leitbild in der Umweltpolitik der EU dar.

Die Konferenz der Vereinten Nationen über Umwelt und Entwicklung in Rio de Janeiro (1992) gilt als Meilenstein für die Integration von Umwelt- und Entwicklungsbestrebungen. Zu den wichtigen Ergebnissen des Erdgipfels werden die Agenda 21, die Rio-Deklaration, die Klimakonvention, Wüstenkonvention und die Biodiversitätskonvention zugerechnet (vgl. Grunwald/Kopfmüller, 2006). Die Agenda 21 verpflichtet die Industrieländer zur Einsparung von Ressourcen und die dritte Weltländer zur Armutsbekämpfung (vgl. United Nations, 1992a). Die Rio-Deklaration beinhaltet 27 Grundsätze bezüglich Politik, Gesetzgebung, Wirtschaft und Wissenschaft, die die Staaten beachten sollen, um den Schutz der Umwelt und eine nachhaltige Entwicklung zu gewährleisten (vgl. United Nations, 1992b). Die Klimarahmenkonvention soll Störungen des Klimasystems verhindern, die globale Erwärmung verlangsamen und deren Folgen mildern (vgl. United Nations, 1992c). Die Wüstenkonvention umfasst das Ziel der Verhinderung der Bildung von Wüsten; die Biodiversitätskonvention umfasst die Ziele Schutz der biologischen Vielfalt, nachhaltige Nutzung ihrer Bestandteile, Zugangsregelung und gerechter Ausgleich von Vorteilen, welche aus der Nutzung von Ressourcen entstehen. Während der Konferenz der Vereinten Nationen in Rio de Janeiro über Umwelt und Entwicklung wurde die Kommission für nachhaltige Entwicklung gegründet, die den Umsetzungsprozess der Ergebnisse der Rio de Janeiro-Konferenz überwacht.

Das Drei-Säulen-Modell (Triple Bottom Line) der Nachhaltigkeit geht auf die der Enquete-Kommissionen zurück. Dieses Modell setzt sich aus den drei Komponenten Ökologie, Soziales und Ökonomie zusammen; die Komponenten sind gleichrangig, jedoch schwer zu optimieren, da Zielkonflikte existieren. Die ökologische Fokussierung richtet sich auf den Erhalt der Natur und des Ökosystems für die folgenden Generationen. Unter Soziales fallen die Sicherung der Grundbedürfnisse, Armutsbekämpfung und eine gerechte Verteilung von Ressourcen. Die ökonomische Komponente dient zur Sicherung eines intakten Wirtschaftssystems.

Das Drei-Säulen-Modell wird stark diskutiert. Die Schwäche des Operationalisierens in Verbindung mit der Ableitung von Konsequenzen für die Praxis wird oftmals kritisiert. Zudem wird die Gleichrangigkeit der ökonomischen, ökologischen und sozialen Nachhaltigkeit beanstandet, da das Ziel der ökologischen Nachhaltigkeit Vorrang genießen müsste. Somit wird angenommen, dass der Schutz der natürlichen Lebensbedingungen die Grundvoraussetzung auch für ökonomische und soziale Stabilität sei.

Weiterführende Quellen

Baumgartner, R. J./Biedermann, H./Ebner, D. (2007): Unternehmenspraxis und Nachhaltigkeit – Herausforderungen, Konzepte und Erfahrungen, München und Mering: Rainer Hampp.

Grunwald, A./Kopfmüller J. (2006): Nachhaltigkeit, Frankfurt am Main: Campus.

Nichtregierungsorganisationen

Die Akronyme NGOs und NROs bedeuten Non-Governmental Organizations bzw. Nichtregierungsorganisationen, wobei sich auch im deutschen Sprachraum das englische ‚NGO' als eigenständiger Begriff etabliert hat. NGOs sind im dritten, nicht auf Profit ausgerichteten Sektor neben dem Staat und der Wirtschaft bzw. dem Markt angesiedelt. Daher sind sie auch als Non-Profit Organisationen anzusehen (vgl. Frantz/Martens, 2006).

Das erste Mal erwähnt wurden NGOs im § 71 der UNO Charta von 1945. Die letzte Überarbeitung erfolgte 1996. Im Jahr 1950 wurde der Konsultationsstatus für NGOs eingeführt. Eine NGO kann demnach drei verschiedene Konsultationsstadien erreichen: den allgemeinen Status (‚General Consultative Status'), den besonderen Status (‚Special Consultative Status') und den Status als Listen-NGO (‚Roster'). Um allerdings als NGO anerkannt zu werden muss eine Organisation einige von der UNO festgelegte Kriterien erfüllen, wie z. B. einen Hauptsitz bestimmen und finanzielle Unabhängigkeit von staatlichen Organen bewahren (vgl. United Nations, 1996). Der maßgebliche Unterschied dabei sind die Privilegien, die eine NGO gegenüber der UNO genießt. Der allgemeine Status ist dabei der Status mit den meisten Privilegien. NGOs mit allgemeinem Status dürfen Vorschläge mit 2000 Wörtern einreichen, wohingegen Listen-NGOs nur auf Einladung hin Vorschläge mit 500 Wörtern bei der UNO einreichen können (vgl. United Nations, 1996). Die ‚Union of International Associations' (UIA), mit Sitz in Brüssel, ist eine Art ‚Meta-NGO', da sie als NGO gegründet wurde und ihr Arbeitsfeld die Vertretung von NGOs ist. Im Gegensatz zur UNO definiert sie in ihrem Merkmalkatalog die NGOs viel strikter. NGOs müssen für die UIA z. B. aus drei verschiedenen Ländern finanziert werden, womit einige NGOs im Sinne der UNO ausgeschlossen wären (vgl. UIA, o. J.).

NGOs können generell auf drei verschiedenen Ebenen tätig werden und versuchen Einfluss auszuüben auf die internationale Ebene, nationale Ebene und gesellschaftliche Ebene. Die Organisationsweise von NGOs kann man dabei in zwei Hauptgruppen einteilen. Auf der einen Seite die föderalistisch organisierten NGOs, welche eine internationale Dachorganisation für nationale Zweigstellen darstellen und programmatisch einen Bottom-Up-Ansatz benutzen. Somit machen diese den Mitgliederorganisationen wenig Vorschriften und setzen eher auf den Input der Mitglieder. Auf der anderen Seite stehen die zentralistisch organisierten NGOs, welche programmatisch eher einem Top-Down-Ansatz folgen und den nationalen Abteilungen die Inhalte viel stärker vorgeben. Zusätzlich müssen NGOs noch zwischen einer internen Mitgliederlogik und der externen Einflusslogik unterscheiden, sich also in zwei Handlungsfeldern aufstellen (vgl. Frantz/Martens, 2006).

Die transnationale Arbeitsweise bekommt immer mehr Bedeutung wobei weiterhin für Institutionen oder Organisationen immer das nationale Recht von dem Land gilt, indem sie ihren Hauptsitz haben (vgl. Kamminga, 2005). An dem Punkt versuchen transnationale NGOs zwischen nationalen sowie internationalen Regelungen Kooperationsformen zu finden. Einige NGOs handeln nicht direkt klientenorientiert, sondern arbeiten mit Aktionen, mit denen eine möglichst hohe Medienwirksamkeit erzielt werden soll, um so ein breites Publikum anzusprechen. Durch diese Arbeitsweise sind NGOs sehr flexibel und können sich schnell Veränderungen anpassen. Ebenfalls über diesen Weg, versuchen NGOs ihre Legitimität zu erzielen, um als professionelle Akteure für potentielle Mitglieder interessant zu sein.

Das Ziel einer NGO ist es überparteilich politischen Druck zu erzeugen bzw. Einfluss auszuüben, ohne selber eine politische Institution zu sein. Auf transnationaler Ebene geht es darum, zwischen nationalen Regierungen und transnationalen Institutionen und Organisationen beständige Kooperationsformen zu finden und zu fördern (vgl. Take, 2002). Dabei agieren sie oftmals als Speerspitze von sozialen Bewegungen transnationaler Organisationen oder Institutionen und handeln für das Allgemeinwohl.

Reine NGOs sind z. B. Green Peace oder Amnesty International. Hier ist die Unabhängigkeit von der Regierung besonders wichtig um z. B. in Krisengebieten die Sicherheit ihrer Mitarbeiter zu erhöhen. Es gibt allerdings eine große Vielfalt von NGOs, die eine klare Definition sehr schwierig macht.

Allerdings gibt es nicht nur reine NGOs sondern auch mehrere Mischformen wie die beiden größten Untergruppen GONGOs und QUANGOs. GONGO ist wiederum ein Akronym für ‚Government Organized NGO' und bedeutet, dass der Staat gezielt Aufgaben an externe Organisationen abgibt bzw. diese auf staatliche Initiative hin gegründet werden. Des Weiteren werden GONGOs überwiegend durch staatliche Mittel finanziert. QUANGO bedeutet ‚Quasi NGO'. Diese Art der NGOs ist dadurch gekennzeichnet, dass Sie unter anderem auch Staaten bzw. staatliche Institutionen neben nicht staatlichen Mitgliedern zulassen und auch teilweise über staatliche Mittel finanziert werden (vgl. Frantz/Martens, 2006).

Weiterführende Quellen

Frantz, Ch./Martens, K. (2006): Nichtregierungsorganisationen (NGOs), Wiesbaden: VS.

Schildt, J. (2007): Das NGO-Handbuch – Non Governmental Organisations, Hamburg: Greenpeace Media.

Non-Profit-Organisationen

Non-Profit Organisationen (NPO) sind gemeinnützige Organisationen, die ohne eine Gewinnabsicht arbeiten und sich sozialen, kulturellen oder umweltpolitischen Zielen in der Gesellschaft widmen. Die Finanzierung erfolgt in der Regel durch staatliche Förderungen oder Spenden. In Deutschland sind NPOs in der Regel als Vereine oder gemeinnützige GmbHs organisiert und bilden einen Teil der Zivilgesellschaft. Die Ziele von NPOs sind in der Regel weit gefasst und die konkrete Umsetzung vage zu handhaben. Über die Art der Umsetzung können innerhalb der Organisation auch verschiedene Ansichten existieren. Dabei werden Themen aufgegriffen, bei denen in gewisser Weise ein Staatsversagen festzustellen ist. In der inneren Struktur von solchen Organisationen werden die Entscheidungen demokratisch durch die Mitgliedschaft gefällt, die auch den Vorstand oder allgemeiner die Führungsebene der Organisation wählt. Aufgrund der idealistischen Ausrichtung ist bei den Mitarbeitern eine mehr oder weniger strenge Identifizierung mit den Zielen der Organisation förderlich (vgl. Nährlich, 1998).

Trotz der unterschiedlichen Ausrichtung von Unternehmen und Non-Profit Organisationen können beide von einer gegenseitigen Kooperation profitieren. Unternehmen können NPOs neben finanziellen Mitteln auch Unterstützung bei Logistik, Managementwissen oder Öffentlichkeitsarbeit bieten. Vorteilhaft ist, dass verantwortliches Engagement einer NPO zusätzliche Finanzmittel und Aufmerksamkeit geben kann und zugleich dem Unternehmen ein positives Image durch die hohen Sympathiewerte der Organisation in der Öffentlichkeit bietet. Zusätzlich können Unternehmen von Experten und Netzwerken der NPOs profitieren (vgl. Halfmann, 2008). Insbesondere die finanzielle Abhängigkeit von externen Mitteln schafft für NPOs allerdings eine womöglich problematische Einflussnahme auf die Ziele und innere Entscheidungen dieser Organisationen (vgl. Nährlich, 1998).

Weiterführende Quellen

Badelt, Ch. (2007): Handbuch der Nonprofit Organisation – Strukturen und Management, Stuttgart: Schäffer-Poeschel.

Nährlich, S. (1998): Was sind die und was bleibt von den Besonderheiten der Nonprofit-Organisationen? Eine Betrachtung aus Sicht der Neuen Institutionenökonomie, in: Arbeitskreis Nonprofit-Organisationen (Hrsg.), Nonprofit-Organisationen im Wandel, Das Ende der Besonderheiten oder Besonderheiten ohne Ende?, Frankfurt am Main, S. 225–250.

OECD (Leitsätze)

OECD steht für ‚Organisation für wirtschaftliche Zusammenarbeit und Entwicklung' (englisch: Organisation for Economic Co-operation and Development). Die Leitsätze der OECD formulieren Grundsätze und Maßstäbe, die die gesellschaftliche Verantwortung von multinationalen Unternehmen regeln sollen. Die Unternehmen sind durch den fortlaufenden wirtschaftlichen Wandel vor neue Herausforderungen gestellt, wobei die multinationalen Unternehmen über Ressourcen verfügen, die eine nachhaltige Entwicklung ermöglichen können. Den Leitsätzen kommt eine besondere Bedeutung zu, da sie der allgemeinen Orientierung dienen und in ihren Grundprinzipien mit den weiteren Empfehlungen für Unternehmen übereinstimmen. Das Einhalten der Gesetze des jeweiligen Landes hat für das unternehmerische Handeln dabei Priorität, da die Leitsätze keinen rechtsverbindlichen Charakter haben. Die Aktivitäten multinationaler Unternehmen dürfen nicht im Widerspruch zum Ziel der nachhaltigen Entwicklung stehen. Die Leitlinien haben zum Ziel die Komplementarität des ökologischen, ökonomischen und sozialen Fortschritts zu fördern und so eine nachhaltige Entwicklung zu optimieren (vgl. OECD, 2000).

Sie teilen sich wie folgt auf und beinhalten die exemplarisch aufgeführten Punkte (vgl. OECD, 2000):

(1) Begriffe und Grundsätze: Die Umsetzung der Leitsätze durch die Unternehmen ist freiwillig und erfordert in der Ausübung ihrer Geschäftstätigkeit die Berücksichtigung der spezifischen Gegebenheiten des Gastlandes. Die Regierungen der Teilnehmerstaaten nehmen an Prüfungs- und Konsultationsverfahren teil, die sich mit der Auslegung der Leitsätze im Wandel der Zeit auseinandersetzen.

(2) Allgemeine Grundsätze: In einem respektvollen Umgang mit der Politik und den Meinungen der Akteure anderer Länder, sollen die Unternehmen einen Beitrag zur nachhaltigen Entwicklung leisten. Zudem sind die Unternehmen dazu angehalten, gute Corporate-Governance-Grundsätze zu unterstützen, sowie entsprechende Corporate-Governance-Praktiken zu entwickeln und anzuwenden. Die Corporate-Governance-Prinzipien gehören zu den international anerkannten Standards in der Unternehmensethik, die eine gute Unternehmensführung aus der Sicht der Shareholder und Stakeholder anstreben. Sie fordern unter anderem Transparenz, flache Hierarchien und Gesetzesbefolgung (vgl. Höffe, 2008).

(3) Offenlegung von Informationen: Unternehmensspezifische Informationen sollen regelmäßig der Öffentlichkeit zur Verfügung gestellt werden.

(4) Beschäftigung und Beziehungen zwischen den Sozialpartnern: Im Rahmen der bestehenden Gesetze und Bestimmungen sollen die Unternehmen ihren Arbeitnehmern gegenüber respektvoll handeln und wichtige Informationen das Unternehmen betreffend an das Personal weiterleiten.

(5) Umwelt: Die Unternehmen sind angehalten, ihre Geschäftstätigkeit unter Beachtung der Umwelt und der öffentlichen Gesundheit und Sicherheit durchzuführen. Ein entsprechendes Umweltmanagementsystem sollte dazu entwickelt und aufrechterhalten werden.

(6) Bekämpfung der Korruption: Die Unternehmen sollen dem Erlangen unbilligen und ungerechtfertigten Vorteils durch Bestechungsgelder oder ähnliche Angebote entgegenwirken. Gefordert werden Kontrollsysteme und Transparenz für die Öffentlichkeit.

(7) Verbraucherinteressen: Die Unternehmen sind angehalten faire Geschäftspraktiken durchzuführen und maximale Sicherheit und Qualität der angebotenen Güter und Dienstleistungen zu gewährleisten.

(8) Wissenschaft und Technologie: Die Aktivitäten der Unternehmen sollen sich mit der Wissenschafts- und Technologiepolitik und den damit verbundenen Plänen der Länder decken.

(9) Wettbewerb: Die Unternehmen sollen die wettbewerbsrechtlichen Bestimmungen ihres Landes und die der anderen Länder beachten, um wettbewerbswidrige Praktiken auszuschließen, die dem jeweiligen Land schaden könnten.

(10) Besteuerung: Die Unternehmen sollen unter Beachtung der länderspezifischen Steuergesetze und Steuervorschriften ihre Steuerschuld pünktlich und korrekt entrichten.

Weiterführende Quellen

www.oecd.org

Ökoeffizienz

Die Herausforderung der Ökoeffizienz besteht darin, mit geringerem Ressourceneinsatz den Wert eines Produktes oder einer Dienstleistung für den Kunden zu maximieren und gleichzeitig durch die Ressourceneinsparung die Umwelt zu schonen. Die Minimierung der Material- und Energieintensität von Produkten und Dienstleistungen, die Steigerung ihrer Recyclingfähigkeit, als auch die Maximierung des Gebrauchs erneuerbarer Ressourcen sind messbare Indikatoren, die als Ziele ins Management mit einbezogen werden können (vgl. Seiler-Hausmann/Liedtke, 2001).

Als Managementansatz fördert die Ökoeffizienz die Durchführung von Umweltschutzmaßnahmen. Dabei stellt die Kombination von Ökonomie und Ökologie keinen Widerspruch dar, sondern ist vielmehr ein Gewinn für das Unternehmen und die Umwelt. Im Sinne der Nachhaltigkeit sollte der Ressourceneinsatz hinsichtlich der ökologischen Auswirkungen soweit gesenkt werden, dass für den gesamten Lebenszyklus der Güter und Dienstleistungen eine Übereinstimmung mit der voraussichtlichen Belastbarkeit der Erde besteht (vgl. von Weizsäcker/Stigson, 2001). Die Realisierung der Ökoeffizienz benötigt neben den technologischen Veränderungen ebenso einen tiefgreifenden Wandel hinsichtlich unternehmerischer Aktivitäten, der schwieriger zu realisieren ist (vgl. Schmidheiny, 1992).

Es existiert eine Reihe von Methoden zur Bewertung der Ökoeffizienz, die auch zur Bewertung einzelner Nachhaltigkeitsaspekte genutzt werden können. Eine dieser Methoden ist die Ökobilanz (englisch: Life Cycle Assessment, LCA). Mit Hilfe der Ökobilanz können einerseits Umweltwirkungen von Produkten, Verfahren und Dienstleistungen bewertet werden, andererseits wird die mit dem Produkt oder der Dienstleistung verbundene Umweltwirkung bewertet. Darüber hinaus existieren für die Bewertung weitere Methoden, wie das ‚Life Cycle Management', das ‚Life Cycle Costing', das ‚Design for Environment' und die Ökoeffizienz-Analyse, die nachfolgend erklärt wird (vgl. Lang et al., 2004). Als erstes Unternehmen der chemischen Industrie hat BASF die Methode der Ökoeffizienz-Analyse entwickelt, mit der bis heute mehr als 400 Produkte und Herstellungsverfahren untersucht wurden. Mit Hilfe dieser Analyse werden die Kosten und Umweltwirkungen der beschriebenen Prozesse ganzheitlich betrachtet, um die Nachhaltigkeit der Produkte zu ermitteln. Die Analyse erfolgt bei Produkten und Herstellungsverfahren anhand ihres Lebensweges von der ‚Wiege bis zur Bahre'. Als Gegenstand der Analyse umfasst die Methode sowohl die Ausgangsstoffe und Produkte, die andere Zulieferer erbringen, als auch das Gebrauchsverhalten der Endabnehmer hinsichtlich der Möglichkeiten der Wiederverwendung und Entsorgung von Produkten. Die Ökoeffizienz-Analyse basiert auf den Normen der ISO 14040 und 14044 für ökologische Bewertungen.

Das Spannungsverhältnis zwischen Ökoeffizienz und Nachhaltigkeit kann durch die steigende Zahl an ökoeffizienten Unternehmen einerseits und dem Wachstum der Weltbevölkerung sowie der Expansion der Wirtschaft und Industrie andererseits beschrieben werden, wodurch sich die Ressourcengrundlage der Erde verschlechtert. An dieser Stelle müssen sich die Unternehmen mit Fragestellungen auseinander setzen, wie sie den umweltbewussten Gebrauch, die Pflege und die Entsorgung der Produkte durch den Konsumenten unterstützen können. An dieser Stelle greifen die Verbesserungsvorschläge zur Ökoeffizienz zu kurz (vgl. Stahlmann/Clausen, 2000).

Im Zusammenhang der Ökoeffizienz sind abschließend zwei wichtige Konzepte zu nennen: das Faktor-4-Konzept und die Faktor-10-Strategie. *Ernst Ulrich von Weizsäcker* beschreibt eine allgemeine Formulierung eines Faktors 4, der den Reduzierungsfaktor für den Rohstoffverbrauch angibt (vgl. von Weizsäcker et al., 1997). Andere Autoren sehen einen höheren Reduzierungsfaktor als notwendig. In diesem Zusammenhang bedeutet Faktor 10 eine Reduzierung des Rohstoffverbrauchs auf ein Zehntel. Diese Strategie, die von *Friedrich Schmidt-Bleek* vertreten wird, bedarf eines fundamentalen Wandels unserer Denk- und Handlungsweisen (vgl. Schmidt-Bleek, 2000).

Weiterführende Quellen

von Weizsäcker, E. U./Seiler-Hausmann, J.-D. (1999): Ökoeffizienz – Management der Zukunft, Basel/Boston/Berlin: Birkhäuser.

Schaltegger, S./Sturm, A. (1995): Öko-Effizienz durch Öko-Controlling – Zur praktischen Umsetzung von EMAS und ISO 14001, Stuttgart: Schäffer-Poeschel.

Our Common Future

Der Begriff ‚Our Common Future' geht auf eine Initiative der skandinavischen Länder zurück. Aufgrund der gefährlich fortschreitenden Umweltzerstörung entwickelten die Vereinten Nationen 1983 eine Kommission unter dem Vorsitz der norwegischen Ministerpräsidentin Gro Harlem Brundtland, welche eine Gesellschaft realisieren möchte, die nicht auf den Kosten ihrer Kinder lebt. Die ‚World Commission on Environment and Development' thematisierte mit dem Bericht insbesondere die politische Komponente der nachhaltigen Entwicklung. Ziel der Weltkommission war es, den Staats- und Regierungschefs die globale Umweltkrise als Bedrohung bewusst zu machen und somit eine Verhaltensänderung sowie eine neue Qualität des Wachstums zu erreichen. Eine dauerhafte und nachhaltige Entwicklung, die durch den Our-Common-Future-Bericht (Brundtland Report) zum Leitbild für Umwelt- und Entwicklungspolitik wurde, ist erzielt, wenn „die Entwicklung, die den Bedürfnissen der heutigen Generation entspricht ohne die Möglichkeit künftiger Generationen zu gefährden, ihre eigenen Bedürfnisse zu befriedigen und ihren Lebensstil zu wählen" (Brozus/Take/Wolf, 2003: 70).

Our Common Future ist sozusagen der Urheber der Agenda 21, um sich für die nächsten Generationen und eine nachhaltige Entwicklung einzusetzen. Ökonomische Entwicklung und ökologische Bewahrung in Einklang miteinander zubringen, ist der Anspruch und somit das Ziel wirtschaftliche und soziale Anforderungen zu verbinden. Es geht um eine gemeinsame Zukunft, die auch die folgenden Generationen unter guten Voraussetzungen erleben sollen. Dem kommt zugute, dass soziales Engagement und Umweltbewusstsein, sowohl heutzutage von der Öffentlichkeit gefordert, als auch von den Unternehmen von sich aus praktiziert wird.

Weiterführende Quellen

http://www.un-documents.net/wced-ocf.htm

People, Planet, Profit

Das Begriffspaar ‚People, Planet, Profit' – oft auch einfach ‚Triple P' genannt – bezeichnet die Grundsäulen der Nachhaltigkeit: Mensch, Natur, Wirtschaft. Grundlage dieser Theorie ist es insbesondere, dass keines dieser drei Elemente schädliche Wirkungen auf die Anderen ausüben darf, sondern diese sich im Gegenteil positiv ergänzen sollen. In der ökologischen Säule geht es um die Verbesserung der Umweltqualität, die Verringerung des Rohstoffbedarfs und Energieverbrauchs, den Schutz der biologischen Vielfalt und die Risikovermeidung. Vor dem Hintergrund von Unternehmen stehen demnach auch die Fragen nach Umweltverschmutzung und die Wahl der Rohstoffe auf der Tagesordnung. Arbeitsbedingungen, Einbindung in das lokale Umfeld sowie Diskriminierung in Unternehmen bilden Kernpunkte der sozialen Säule, die allgemein eine selbstbestimmte Lebensführung, eine umweltverträgliche Erfüllung von Bedürfnissen, Grundsicherheiten, Chancengleichheit und Teilhabe fordert. Trotz diesen sozialen und ökologischen Zielen ist es für Unternehmen notwendig, Profit zu machen. Die ökonomische Säule der Nachhaltigkeit erfordert dementsprechend ein funktionsfähiges Wirtschaftssystem, soziale Sicherheiten und ökonomische Leistungsfähigkeit (vgl. Nohlen, 2003). Alle drei Säulen bedingen sich gegenseitig und sind interdependent vernetzt.

Mittels einer transparenten Analyse von Unternehmen nach den Prinzipien der Triple Bottom Line können diese eingestuft und festgestellt werden, ob sie sich auf dem richtigen Weg zu einem nachhaltigen Wirtschaften befinden. Ziel ist eine gleichmäßige Ausrichtung auf die Bereiche Soziales, Ökologie und Ökonomie. Kritisch anzumerken ist, dass insbesondere im Bereich der Messbarkeit und Quantifizierung keine einheitlichen Maßstäbe existieren. So lasse sich der Nutzen gesellschaftlichen Handelns keineswegs genau bestimmen und mit Werten fixieren, wie der wirtschaftliche Gewinn (vgl. Kuhn, 2008).

Weiterführende Quellen

Fisk, P. (2010): People, Planet, Profit – How to Embrace Sustainability for Innovation and Business Growth, London: Kogan Page.

Philanthropie

Die ‚Philanthropie' (griechisch: phileo = ich liebe; ánthropos = Mensch) bezeichnet grundsätzlich die Menschenliebe oder Menschenfreundlichkeit. Philanthropisch eingestellte Menschen fördern das Gemeinwohl und helfen ihren Mitmenschen. Damit weisen sie eine altruistische Lebensweise auf, welche nicht ausschließlich religiös oder philosophisch begründet sein muss. Im Gesamtkonzept der gesellschaftlichen Verantwortung von Unternehmen kann das Konzept des Corporate Citizenships tendenziell einer eher philanthropischen Ausrichtung zugeschrieben werden. Auch wenn CC einen langfristigen Wettbewerbsvorteil unterstützen soll (vgl. Habisch/Schmidpeter, 2008), liegt der Kern eines über die Wertschöpfungskette hinausgehenden Engagements oftmals in der philanthropischen Haltung der Unternehmensführer.

Dabei lassen sich länderspezifische Ungleichheiten erkennen. Anders als in Deutschland, wo das Ausüben einer wohltätigen Aktivität eher verschwiegen wird, spielt philanthropisches Engagement in den Vereinigten Staaten von Amerika eine traditionell große Rolle (dies muss auch in Verbindung des ‚Giving Back to the Community'-Gedankens gesehen werden). Daher wird im angelsächsischen Raum der Begriff ‚Philanthropist' häufig für wohlhabende Personen benutzt, welche ihr Vermögen einsetzen, um dem Wohl der Allgemeinheit zu dienen (vgl. Moon, 2005). Als Beispiel für einen Philanthropist kann *Bill Gates* genannt werden, der sich mit der Melinda & Bill Gates Stiftung auf vielfältige Weise zum Wohl der internationalen Allgemeinheit engagiert. Als deutsches Beispiel ist Familie *Krupp* hervorzuheben, die schon zum Ende des 19. Jahrhunderts Siedlungen (Altenhof 1) für Alte, Invaliden und Alleinstehende erbauen ließ, welche diese mietfrei bewohnen durften (vgl. Rother, 2006). Dennoch steckt hinter diesem philanthropischen Unternehmensengagement auch ein langfristiger Nutzen für die Unternehmen (z. B. Steigerung der Mitarbeiterbindung und -identifikation mit dem Unternehmen).

Weiterführende Quellen

Moon, J. (2005): Portrait of Philanthropy. The Capacity for Individual Giving in Howard County, San Francisco, http://www.columbiafoundation.org/Uploads/ 41/Philanthropy.pdf, Zugriff: 15.01.2010.

Profitmaximierung

Profitmaximierung ist eine ursprüngliche Verhaltensannahme, nach der das Ziel in der Betriebswirtschaft die Erzielung einer möglichst großen Differenz aus Betriebserlösen und -kosten einer Periode ist. Obwohl das Gewinnziel in der Praxis nach wie vor eine dominante Kenngröße (neben z. B. der Höhe des Umsatzes und des Marktanteils) für die Bemessung unternehmerischen Erfolges ist, sollte der Gewinn weniger als ein zu maximierender Wert als vielmehr ein Satisfizierungswert gesehen werden. Dies hat zum einen den Grund, dass betriebliche Gewinnfunktionen in der Realität aufgrund von Prognosen, Entscheidungen unter Unsicherheit, Externalitäten u. ä. nur näherungsweise bestimmt werden können und somit eine ‚Maximierung' per se ausgeschlossen ist. Zum anderen sollte der Aspekt der nachhaltigen Marktteilnahme für Unternehmen von zentraler Bedeutung sein. Dazu gehören neben Investitionen, die den Gewinn für spätere Perioden erhalten, auch solche, die auf den Erhalt von ökologischem Gleichgewicht sowie sozialer Gerechtigkeit abzielen. Die mitunter vorrangigen Erhaltungs- und Wachstumsziele sollten Aspekte von Corporate Social Responsibility einschließen, um nachhaltig eine möglichst gute Grundlage für die unternehmerische Tätigkeit zu schaffen. Hierzu gehören die Vermeidung der Verschwendung natürlicher Ressourcen, die Reduzierung von Emissionen, die Forschung und Entwicklung auf dem Gebiet der alternativen Energiegewinnung und -verwertung ebenso wie Bemühungen um interne und externe soziale Gerechtigkeit.

Demnach stellt eine strategische Verankerung der Profitmaximierung im Zusammenspiel mit unternehmerischer Verantwortung inzwischen eine besondere Herausforderung dar. Einerseits steht eine optimalen Befriedigung von Kundenbedürfnissen, der Schutz von langfristigen Shareholder-Interessen, aber auch die Erhöhung der Attraktivität des Unternehmens für potentielle Arbeitnehmer im Fokus unternehmerischen Handelns. Andererseits können Unternehmen ethisch begründete Wertschöpfungsideen durch innovative und sozial-ökologisch nachhaltige Produktions- und Organisationsprozesse in der Wertekette realisieren. Das Erschließen neuer Märkte soll so unterstützt werden (vgl. Ungericht et al., 2008). Durch gezielte Marketingmaßnahmen kann der Mehrwert der Güter für die Abnehmer hervorgehoben, eine positive Imageverbesserung und letztlich eine höhere Marktleistung erzielt werden.

Die Hypothese, Ausgaben für den Bereich CSR seien gewinnmindernd und schränken den monetären Erfolg ein, ist als falsifiziert anzunehmen. Versprechen sich Unternehmen beispielsweise Erfolg davon, Kostensenkungspotentiale durch die Investition in Ländern mit geringen Umwelt- und Sozialstandards auszuschöpfen, so greift diese Denkweise zu kurz. Es ist „anzuzweifeln, ob ein solches Verhalten einen nachhaltigen Bestand des Unternehmens sichert. Es ist umgekehrt sogar damit zu rechnen, dass die Ignoranz von Nachhaltigkeits-Prinzipien sich langfristig nachteilig auf die Unternehmensentwicklung auswirken wird" (Habisch/Neureiter/Schmidpeter, 2007: 517).

Weiterführende Quellen

Schranz, M. (2007): Wirtschaft zwischen Profit und Moral – Die gesellschaftliche Verantwortung von Unternehmen im Rahmen der öffentlichen Kommunikation, Wiesbaden: VS.

Public Private Partnership

Public Private Partnership (PPP) steht für eine langfristig angelegte vertragliche Zusammenarbeit zwischen öffentlicher Hand und privater Wirtschaft, um öffentliche Infrastrukturprojekte effizienter zu realisieren. PPP kann durch ein modernes und effizientes Verwaltungshandeln charakterisiert werden, dessen Potenzial in der Verbesserung des Schnittstellenmanagements und der Verfahrens- bzw. Prozessabläufe liegt (vgl. Pols, 2007). PPP-Konzepte geben die Möglichkeit, ungenutzte Chancen hinsichtlich der Nachhaltigkeit aufzudecken und auszuschöpfen. Dies ist der Fall, wenn beispielsweise der Auftragnehmer aus der privaten Wirtschaft nicht nur für den Neubau oder die Renovierung einer Immobilie verantwortlich ist, sondern auch für deren langjährigen Betrieb. Das bedeutet, dass der Auftragnehmer die Weichen für einen möglichst wirtschaftlichen Betrieb schon in der Bauphase stellen sollte. Aus dem primären Ziel der Kosteneinsparung durch niedrigeren Wasser- und Stromverbrauch sowie den geringeren Heizkosten entstehen zusätzliche Vorteile für die Umwelt. Dies rechtfertigt die Investition in umweltfreundliche Technologien und schont wichtige Ressourcen.

Um die beschriebene Kooperation zwischen privater und öffentlicher Hand als ein Corporate-Citizenship-Instrument werten zu können, wird die Beteiligung einer gemeinnützigen Organisation als Kernelement des PPP vorausgesetzt. Die Initiative D21 erfüllt diese Voraussetzung und zeichnet sich dadurch aus, dass sie durch eine Verbesserung der Bildungs-, der Qualifikationsmöglichkeiten und der Innovationsfähigkeit das wirtschaftliche Wachstum langfristig aufrechterhalten will (www.initiatived21.de). Die Initiative zeigt, welchen gesellschaftlichen Wert ein Public Private Partnership im Sinne von Corporate Citizenship für alle Beteiligten besitzen kann. Die im Jahre 1999 gegründete Initiative umfasst im Mitgliederverzeichnis rund 200 Unternehmen, Vereine und öffentliche Einrichtungen aus den unterschiedlichsten Branchen (vgl. Odoj, 2008).

Probleme des PPP existieren, da das freiwillige bürgerschaftliche Engagement nicht staatlich oder auf andere Art und Weise reguliert wird und sich somit einer der Partner der Selbstverpflichtung entziehen kann. Weiterhin birgt die ungleiche Machverteilung zwischen den Kooperationspartnern ebenfalls Risiken. Ein ‚prekäres' Projekt, das stark im öffentlichen Fokus steht, kann auch eine große Hypothek für den größeren Partner bedeuten, wenn dieser beispielsweise die Glaubwürdigkeit hinsichtlich seiner Absichten schuldig bleibt. In diesem Fall kann der sogenannte Reputationsgewinn ins Gegenteil umschlagen (vgl. Habisch, 2003).

Es lässt sich feststellen, dass in Deutschland das unternehmerische Bürgerengagement von Unternehmen ein weit verbreitetes Thema ist. Bei näherer Betrachtung fällt auf, dass die höhere Konzentration des Engagements in den wirtschaftlichen Ballungszentren entsteht und die Beteiligung ostdeutscher Unternehmen unterdurchschnittlich ist. Die geringe Resonanz ostdeutscher Unternehmen liegt möglicherweise auch daran, dass kein Großunternehmen seinen Hauptsitz in Ostdeutschland hat (vgl. Habisch, 2003).

Weiterführende Quellen

Baumgärtner, F./Eßer, T./Scharping, R. (2009): Public Private Partnership in Deutschland – Das Handbuch – Mit einem Register aller relevanten PPP-Projekte, Frankfurt am Main: Frankfurter Allgemeine Buch.

Pauly, L. (2006): Das neue Miteinander: Public Private Partnership für Deutschland, Hamburg: Hoffmann und Campe.

Rat für nachhaltige Entwicklung

Bereits 1998 sah die Koalitionsvereinbarung der SPD und der Grünen vor, eine nationale Strategie für eine nachhaltige Entwicklung auszuarbeiten. Um sich während dieses vielschichtigen und komplizierten Prozesses auf die Unterstützung eines externen Expertengremiums verlassen zu können, wurde im April 2001 erstmalig der ‚Rat für Nachhaltige Entwicklung' durch *Gerhard Schröder* berufen. Dieser versucht im Dialog mit der Bundesregierung und gesellschaftlichen Akteuren Lösungsstrategien zu entwerfen, die den Umweltschutz, die Sicherung der Lebensqualität und die wirtschaftliche Entwicklung fördern. Das Ziel dabei ist, ein Gleichgewicht zwischen den Bedürfnissen der heutigen Generation und den Lebensperspektiven künftiger Generationen zu finden. Zu den Arbeitsaufgaben gehören dabei die Ausarbeitung von Projekten, die Bestimmung von zukünftigen Handlungsfeldern und der Auftrag, Nachhaltigkeit zu einem wichtigen öffentlichen Anliegen zu machen (vgl. BMU, 2008).

Zu diesem Zweck hat der 13-köpfige Rat in den vergangenen Jahren verschiedenste Kommunikationsprojekte ins Leben gerufen, um Bürger auf lokaler und regionaler Ebene in die Arbeit mit einzubeziehen. Dazu zählen sowohl Filmprojekte und Kreativwettbewerbe als auch die Förderung von bürgerschaftlichem Engagement. Weiterhin hat der Rat dafür Sorge zu tragen, dass Nachhaltigkeitspolitik anhand konkret quantifizierbarer Ziele und Indikatoren messbar und deutlich gemacht werden kann. Daher werden in regelmäßigen Abständen Berichte zur Nachhaltigkeitspolitik und dem aktuellen Stand der Zielerreichung an die Bundesregierung weitergegeben und veröffentlicht. Jüngste Beispiele sind unter anderem der ‚Ampelbericht', der eine Einschätzung zur bisherigen Entwicklung der Nachhaltigkeit auf Basis der Datenlage des Indikatorenberichtes des statistischen Bundesamtes enthält, sowie eine Stellungnahme zum Entwurf der Bundesregierung für den Fortschrittsbericht zur nationalen Nachhaltigkeitsstrategie (vgl. Deutscher Bundestag, 2009).

Darüber hinaus hat der Rat Empfehlungen zur Energieeffizienz, zur Kohlepolitik, zum Weltagrarhandel und Technologietransfer, zum Thema nachhaltiger Konsum, zur unternehmerischen Verantwortung und etlichen weiteren Bereichen erarbeitet. Auf europäischer Ebene nimmt der Rat als Mitglied des Netzwerks europäischer Umwelt- und Sicherheitsräte (EEAC) an den Beratungen der Arbeitsgruppe ‚Nachhaltige Entwicklung' teil und übernimmt dabei gemäß der im Juni 2006 verabschiedeten europäischen Nachhaltigkeitsstrategie eine aktive Rolle im Monitoring ein (vgl. RNE, 2010).

Weiterführende Quellen
www.nachhaltigkeitsrat.de

Rechenschaftspflicht (Accountability)

Durch die immer währenden Nachhaltigkeitsdiskussionen im Alltag und dem Bewusstseinswandel der Bevölkerung, steigt die Forderung nach Transparenz und Rechenschaftspflicht. Obwohl deutschlandweit kein Standard existiert, veröffentlichen Unternehmen CSR-Berichte (Nachhaltigkeitsberichte). Hierbei handelt es sich um die Beschreibung von Unternehmensaktivitäten und deren Erfolge im Bereich des nachhaltigen Wirtschaftens. Die Messung erfolgt zum Beispiel durch einen Balance Scorecard Ansatz oder durch ‚Extra-Financial Performance Indicators'. Ziel der Berichte ist eine Präsentation des Unternehmensengagements innerhalb der 3-Säulen (Ökologie, Ökonomie, Soziales) der Nachhaltigkeit in der Wertschöpfungskette. Richtlinien für CSR- und Nachhaltigkeitsberichte stellen z. B. die GRI Guidelines, Social Accountability 8000, UN Global Compact und die OECD-Leitsätze dar.

Das Europäische Parlament verlangt legislative Maßnahmen zur Förderung der sozialen Verantwortung der Unternehmen. So forderte das Europäische Parlament im Jahre 2002 von der EU-Kommission für den Weltgipfel für nachhaltige Entwicklung in Johannesburg einen Rechtsrahmen für die soziale Verantwortung der Unternehmen in privaten EU-Kapitalgesellschaften bis 2004. Dieser verlangt von privaten Investoren, die grundlegenden Arbeitnehmerrechte und Umweltnormen zu beachten, die in den einzelstaatlichen und internationalen Rechtsvorschriften festgelegt sind (vgl. Howitt, 2006). Bislang ist diese Forderung nicht erfüllt. Eine Arbeitsgruppe der UNO-Subkommission für den Schutz und die Förderung der Menschenrechte entwickelte von 1999 bis 2004 Menschenrechtsnormen für Unternehmen, die rechtlich bindend sein sollten (vgl. Missbach, 2007). Auch diese Normen wurden jedoch nach starker Kritik nicht durchgesetzt. So existiert weiterhin nur der Global Compact der UNO, der auf Freiwilligkeit beruht. Dieser verlangt von den beteiligten Unternehmen nur die Einhaltung zehn allgemein gehaltener Prinzipien zu Umwelt und Menschenrechten, schafft aber keine geeigneten Instanzen zur Kontrolle der Einhaltung und zur Sanktionen bei einem Verstoß (vgl. Missbach, 2007).

Weiterführende Quellen

Gazdar, K./Habisch, A./Kirchhoff, K. R./Vaseghi, S. (2006): Erfolgsfaktor Verantwortung – Corporate Social Responsibility professionell managen, Berlin: Springer.

Recycling

Als Recycling wird allgemein die Gewinnung von Rohstoffen und ihre Rückführung in den Wirtschaftskreislauf verstanden. Hierbei spielt insbesondere die Rückführung in den Wirtschaftskreislauf, bei der aus Verwertung und Verarbeitung alter Rohstoffe neue Produkte entstehen, eine wichtige Rolle. Zurückführen lässt sich das Recycling auf ‚Lumpensammler', d. h. Personen, die Metalle und sonstige Abfälle sammelten, um diese gewinnbringend zu verkaufen (vgl. Vieser, 2009). Daraus entstanden später verschiedenen Formen wie Wiederverwendung, Weiterverwendung und Weiterverwertung. Die Wiederverwendung stellt die klassische Form des Recycling dar, bei dem Produkte oder Materialien für den Zweck der Erstanwendung aufbereitet werden (z. B. Pfandflaschen/Mehrwegverpackung). Weiterverwendung umfasst, im Gegensatz zur Wiederverwendung, die Verwendung eines Produktes für einen neuen Verwendungszweck. Von der Verwendung unterscheidet sich die Verwertung in dem Maße, dass sich Produkte durch bestimmte Produktionsprozesse wiedergewinnen lassen. Dabei lässt sich zwischen Weiter- und Wiederverwertung differenzieren. Die Weiterverwertung stellt eine Form der Wiedergewinnung von bestimmten Stoffen und Produkten zum gleichen Einsatzzweck durch die Rückführung in den Produktionsprozess dar (z. B. Altglas oder Autoschrott). Die Wiederverwertung umfasst den Einsatz von Materialien und Produkten in noch nicht durchlaufenen Produktionsprozessen unter Veränderung zu neuen Werkstoffen oder Produkten, (z. B. Holzreste für Spannplatten oder Hydrierung von Kunststoffen) (vgl. Heiserich, 2002).

Neben diesen Arten lassen sich weitere Unterscheidungen hinsichtlich der Qualität treffen, bei der das Recycling in Down- und Upcycling unterschieden wird. Downcycling befasst sich mit der Wiederverwertung hoch qualitativer Produkte, die beim Recycling bei jedem Schritt an Qualität verlieren, wie beispielsweise Papier (vgl. Wallau, 2001). Dagegen steigt beim Upcycling von defekten, alten und nutzlos gewordenen Gegenständen mit jedem Schritt die Qualität (z. B. bei Glas) (vgl. Werner, 2008).

Um eine Entwicklung zur nachhaltigen Kreislauf- und Abfallwirtschaft zu gewährleisten, wurden EU- und deutschlandweit gesetzliche Regelungen, Vorgaben und Restriktionen eingeführt. Dabei wird versucht möglichst alle Bereiche, d. h. die rechtliche, technische und ökonomische Sicht, einzubeziehen. Darüber hinaus gibt es noch freiwillige Selbstverpflichtungen der Industrie. In Deutschland gibt es mittlerweile über „[…] 800 Gesetze, 2.800 Verordnungen und 4.700 Verwaltungsvorschriften […]" (Arnold, 2008: 490). Die Richtlinien umfassen nicht nur das Recycling, sondern auch die Behandlung, den Transport, die Entsorgung und die Verwertung sowie den Umgang mit Abfällen.

Zusammenfassend lässt sich der Nutzen von Recycling in der Wiederverwendung und somit in der Ressourceneinsparung manifestieren. Neben der Unterstützung beim Umweltschutz bietet Recycling einige Vorteile für die Unternehmen, da durch eine Wiederverwendung Zeit bei der Gewinnung von Rohstoffen und somit der Produktion eingespart werden kann, was sich nicht zuletzt in monetärer Form widerspiegelt und somit einen finanziellen Anreiz bietet. Diese Kosteneinsparungen verschaffen dem Unternehmen wiederum wichtige Wettbewerbsvorteile gegenüber der Konkurrenz und durch die Umsetzung von ökologischer Verantwortung gesellschaftliches Ansehen.

Weiterführende Quellen

Windmüller, S. (2004): Die Kehrseite der Dinge – Müll, Abfall, Wegwerfen als kulturwissenschaftliches Problem, Münster: LIT.

www.gruener-punkt.de

Regulierung – ethisch und ordnungspolitisch

Regulierungen dienen zur Sicherstellung von Normen und Regeln. Sie finden sowohl durch die Ethik als auch durch die Ordnungspolitik statt. Aufgrund von Ethik werden Normen aufgestellt, die eine Überzeugung und Akzeptanz der aufgestellten Regeln erzielen soll. Die durch die Ethik aufgestellten Normen stellen jedoch lediglich Richtlinien dar, da bei einem Verstoß gegen diese keine Strafen zu erwarten sind. Ethik spielt im Bereich der gesellschaftlichen Verantwortung eine wichtige Rolle. So erlegen sich Unternehmen, beispielsweise aufgrund von gesellschaftlichem Druck, Aufgaben zur Bildung von Nachhaltigkeit auf, die über die Kernaufgaben des Unternehmens oder gesetzlicher Regelungen hinausgehen (vgl. Vogel, 2005).

Die Ordnungspolitik stellt den staatlichen Eingriff durch das Aufstellen von rechtlich verbindlichen Regeln dar, die durch Unternehmen eingehalten werden müssen. Es findet eine Überprüfung hinsichtlich des Erfüllens der aufgestellten Regeln durch die Regierung statt. Bei Nichteinhaltung drohen Sanktionen für das Unternehmen (vgl. Kuhlen, 2005). Der staatliche Eingriff kann in verschiedenen Formen erfolgen, so z. B. kann die Regierung Gesetze erlassen oder Steuern erheben.

Im Bereich des Corporate Social Responsibility dienen Normen dazu, die gesellschaftliche Akzeptanz für bestimmte Bereiche zu erzielen und ein Bewusstsein für bestimmte Probleme zu entwickeln. Ordnungspolitische Normen und Regeln hingegen dienen zur kontrollierten Umsetzung. So wird Kinderarbeit in Deutschland sowohl aus ethischer Sicht abgelehnt als auch durch das Gesetz der Bundesrepublik unterbunden. Die Frage nach der Regulierung von CSR wird sowohl positiv als auch negativ beurteilt. Auf der Seite der Befürworter einer Regulierung wird angeführt, dass CSR von vielen Unternehmen zur Reputations- und Gewinnsteigerung genutzt wird, ohne den Nachweis der Einhaltung zu liefern. So werden national als auch international anerkannte Standards sowie die Prüfung durch unabhängige Dritte gefordert. Die Gegenargumente beruhen auf der durch Regulierungen wegfallenden Freiwilligkeit der Unternehmen. Zudem gestaltet sich eine internationale Standardisierung aufgrund kultureller Differenzen schwierig. Aktuell finden in Deutschland bereits verschiedene staatliche Regelungen im Bereich von CSR statt. So sind z. B. im Ausbildungsgesetz, im Arbeitnehmerrecht, im Mutterschutzgesetz, im Versicherungsvertragsgesetz oder im Umweltschutzgesetz bereits einige soziale und ökologische Regeln durch den Gesetzgeber festgelegt worden.

Weiterführende Quellen

Homann, K./Blome-Drees, F. (1992): Wirtschafts- und Unternehmensethik, Göttingen: Vandenhoeck & Ruprecht.

Reporting

Reporting ist das Berichtswesen, das steuerungsrelevante Informationen aus der Kosten- und Leistungsrechnung sammelt und diese anschließend für die jeweiligen Nutzer aufbereitet. Auf Basis dieser Informationen wird den Nutzern eine Wirtschaftlichkeitsbeurteilung als auch eine zielorientierte Entscheidungsunterstützung ermöglicht. Die Berichterstattung soll Abweichungen von den Zielsetzungen darlegen, um diese anschließend durch Korrekturmaßnahmen beseitigen zu können. Reporting ist Teil eines Management-Informationssystems (vgl. Hoffjan, 2009).

Für die Bekanntmachung als auch die Bewertung von unternehmerischen CSR-Aktivitäten ist eine CSR-Berichterstattung notwendig, die Informationen über die Tätigkeiten eines Unternehmens und die umweltbezogenen, sozialen und ethischen Aspekte eines Unternehmens an Stakeholder vermittelt (vgl. Kuhlen, 2005). Die CSR-Berichte bzw. CSR-Reports ermöglichen eine Kontrolle der Einhaltung von CSR-Maßnahmen und CSR-Zielen und werden im Geschäftsbericht oder als Nachhaltigkeitsberichte veröffentlicht. Zusätzlich unterstützen sie die Glaubwürdigkeit und die Unternehmenskommunikation (vgl. Mayerhofer et al., 2008). Die Berichte können gemäß der ‚Global Reporting Initiative' standardisiert werden, die eine Verbreitung eines allgemeingültigen Konzeptes bzw. allgemeingültiger Richtlinien für eine freiwillige Berichterstattung über ökonomische, ökologische und soziale Aktivitäten von Unternehmen darbietet. Sie legt die Berichterstattungsprinzipien und -inhalte fest und fördert die Unternehmensdarstellung als auch die Vergleichbarkeit von Unternehmen und somit die Transparenz, das Benchmarking und die Unternehmensbeurteilung (vgl. Kuhlen, 2008). „Zweck der unternehmerischen Berichterstattung ist es, die Erwartungen von Stakeholdern zu erfüllen, die eigene Unternehmensleistung zu demonstrieren, die Unternehmensziele und -vorgaben aufzuzeigen sowie über die Aktivitäten zu berichten, die zur Verbesserung der ökonomischen, ökologischen und sozialen Leistungen beitragen" (Kuhlen, 2008: 213).

Die nachhaltige Berichterstattung der Unternehmen entstand Ende der 1990er Jahre aufgrund der zunehmenden gesellschaftlichen Verantwortung und der zunehmenden Forderung nach Transparenz, ausgelöst durch Umweltskandale und Menschenrechtsverletzungen. In den 1970er Jahren wurde eine soziale, ökonomische und ökologische Berichterstattung entwickelt, die dem internen betrieblichen Management und der externen Öffentlichkeit diente, aus welcher sich dann die Nachhaltigkeitsberichterstattung entwickelte. Die Nachhaltigkeitsberichterstattung dient der Informationsversorgung, der wechselseitigen Kommunikation und dem Informationsaustausch zwischen Stakeholdern unter Berücksichtigung von CSR-Aspekten. Inhalte der nachhaltigen Berichterstattung können u.a. Arbeitnehmerbefragungen und Diskussionsforen sowie unterschiedliche Stakeholderansichten sein.

Ziel ist es, durch Glaubwürdigkeit der Informationen, Vertrauen zu gewinnen. Dies geschieht durch die Bewertung der Inhalte anhand von Indikatoren und die Veröffentlichung dieser Ergebnisse. Die ökonomische Berichterstattung bietet einen finanziellen und wirtschaftlichen Überblick über die Unternehmen. Die ökologische Berichterstattung beschäftigt sich mit den Umweltauswirkungen von Gütern und mit der Einhaltung bzw. Umsetzung von ökologischen Richtlinien und Standards. Zudem befasst sie sich mit den ökologischen Indikatoren und Maßnahmen zur Verbesserung der Umweltqualität. Zur ökologischen Berichterstattung gehören z. B. der Umweltbericht oder die Umwelterklärung (vgl. Kuhlen, 2008). Umweltberichte sind Publikationen über ökologische Fragestellungen eines Unternehmens an interessierte Gruppen. „Umwelterklärungen sind spezifische Berichte, die von allen an EMAS […] teilnehmenden Unternehmen verfasst werden müssen, um die Öffentlichkeit und weitere interessierte Kreise regelmäßig über die umweltrelevanten Unternehmensaktivitäten zu informieren" (Schaltegger et al., 2007: 73). Die soziale Berichterstattung bezieht sich auf die Arbeitnehmerangelegenheiten sowie auf die lokalen Gemeinschaften und Umweltauswirkungen. Zu der sozialen Berichterstattung gehört z. B. der Sozial-, Personal- oder gesellschaftsorientierte Bericht (vgl. Kuhlen, 2008). Sozial-, Personal- oder gesellschaftsbezogene Berichte stellen Ziele, Maßnahmen und Leistungen und ihre Auswirkungen auf die mitarbeiter- und gesellschaftsbezogenen Unternehmensaktivitäten dar. Neben den genannten Reports gibt es in Bezug zur gesellschaftlichen Verantwortung auch noch den ‚Corporate Citizenship Report', den ‚Non-/Extra-Financial Report', den ‚Corporate Social Responsibility Report' und den ‚Triple Bottom Line Report' (vgl. Schaltegger et al., 2007).

Weiterführende Quellen

Gazdar, K. (2008): Reporting, in: Habisch, A./Schmidpeter, R./Neureiter, M. (Hrsg.), Handbuch Corporate Citizenship. Corporate Social Responsibility für Manager, Berlin: Springer, S. 191–197.

Reputation (Image)

Die Reputation zählt zu den immateriellen Vermögensgegenständen eines Unternehmens. Sie spiegelt wieder, wie ein Unternehmen von seinen Stakeholdern wahrgenommen wird. Ein hoher Reputationsgrad ist für Unternehmen von signifikanter Bedeutung, da das zukünftige Verhalten seitens der Interessengruppen anhand der Reputation antizipiert werden kann. Eine positive Reputation wird hierbei zum Großteil durch die Dimensionen Glaubwürdigkeit, Zuverlässigkeit, Vertrauenswürdigkeit und Verantwortung charakterisiert (vgl. Bender, 2007).

Durch nachhaltiges Handeln im Sinne von CSR kann eine Steigerung der Reputation und somit eine zunehmend positive Wahrnehmung der Unternehmung erzielt werden. Zur langfristigen Sicherung der Reputation ist eine Definition wesentlicher Grundwerte in der Unternehmensphilosophie und der -kultur unabdingbar. Diese Grundwerte werden durch Handlungen konkretisiert und durch Unternehmensbotschaften an die Interessensgruppen kommuniziert. Ein langfristig betriebenes, integriertes Kommunikationsmanagement sorgt hierbei für eine effektive Allokation der Unternehmensbotschaften. Weiterhin spielt der Faktor Glaubwürdigkeit eine entscheidende Rolle, wenn es darum geht, den Grad an Reputation bei den Stakeholdern zu stärken und auszubauen. Dies geschieht durch eine transparente Handlungsweise, was bedeutet, dass die kommunizierten Botschaften eines Unternehmens seinen Werten und seiner Kultur auch tatsächlich entsprechen (vgl. Bender, 2007).

Wenn ein Unternehmen CSR-Aktivitäten kommuniziert, ist es der Gefahr ausgesetzt, dass diese von Stakeholdern als ‚Greenwashing' interpretiert werden. Hierbei werden soziologische und ökologische Maßnahmen lediglich kommuniziert, ohne dass diese in der Unternehmenskultur verankert sind (vgl. Heidbrink/Hirsch, 2008). Im Vergleich dazu spricht man beim ‚Bluewashing' von Unternehmen, die sich dem Global Compact der Vereinten Nationen angeschlossen haben, ohne dabei Nachhaltigkeit glaubwürdig in ihren Unternehmensprozessen verankert zu haben.

Weiterführende Quellen

Biedermann, Ch. (2008): Corporate Citizenship in der Unternehmenskommunikation, in: in: Backhaus-Maul, H./Biedermann, Ch./Nährlich, St./Polterauer, J. (Hrsg.), Corporate Citizenship in Deutschland, Wiesbaden: VS, S. 353–370.

Kirstein, S. (2008): Unternehmensreputation – Corporate Social Responsibility als strategische Option für deutsche Automobilhersteller, Wiesbaden: Gabler.

Risk Assessment

Risk Assessment (deutsch: Risikobewertung) stellt eine Phase des Risk Managements dar. Dabei werden ungewisse Risiken erforscht, d. h. analysiert, bewertet und abgeschätzt (vgl. Jonker, 2006). Das Risk Assessment ist ein Hilfsmittel zur Bewertung bestimmter Situationen, Vorhaben oder Systeme, um negative Auswirkungen auf die wirtschaftliche Handlungsweise zu reduzieren. Das Bewerten und Bewerkstelligen von Risiken bezieht sich beispielsweise auf die Bereiche Umwelt, Gesundheit und Sicherheit. Vorteilhaft hierbei ist, dass neben der Bewertung und somit Fokussierung auf die wichtigen Risiken eine Verbindung zwischen Risikobewertung und Strategieanalyse geschaffen wird.

Das Risk Assessment lässt sich in vier Bereiche untergliedern: Risikoidentifikation, Risikomessung, Risikoanalyse und Risikobewertung. Nach der Identifikation einzelner Risiken (Phase 1), beispielsweise mittels der Szenario-Technik, Post-Mortem-Analyse, Expertenbefragungen oder Delphi-Methode, wird festgestellt, welche Bereiche davon betroffen sind. Anschließend werden die Risiken in der Risikomessung (Phase 2) und Risikoanalyse (Phase 3) über Kennzahlen wie Performance, Sensitivität oder dem ‚Value at Risk' (VaR) gemessen (vgl. Wolke, 2008). Die Risikoanalyse dient der Auswertung von Messergebnissen. Relevante Risiken sollen dabei herausgefiltert werden, wobei das zentrale Analyseziel eine Prüfung nach Handlungsbedarf ist. Sofern ein Handlungsbedarf besteht, wird dieser im Risk Management durch entsprechende Maßnahmen umgesetzt. Bei den Messverfahren der Risikomessung lässt sich zwischen quantitativen und qualitativen Messverfahren unterscheiden. Quantitative Messverfahren stellen Kennzahlen dar, deren Berechnung auf vorhandenen beobachtbaren Preisen, Kursen und sonstigen Marktdaten beruhen. Da sich Risiken nur schwer quantifizieren lassen, wird beim Risk Assessment auf qualitative Messverfahren (z. B. Messung der Sensitivität) zurückgegriffen. Die Sensitivität gibt an, wie empfindlich das Vermögen auf Veränderungen einer oder mehrerer Einflussgrößen reagiert. Diese Veränderungen können durch äußere Einflüsse entstehen. Dazu ist es notwendig, dass man den Zusammenhang zwischen Einflussgrößen der Vermögensänderung und der Vermögensgröße beschreiben kann. Allerdings ist das Ergebnis kritisch zu hinterfragen, da die Risikobeurteilung mittels einer Sensitivitäts-Analyse auf rein subjektiven Annahmen ohne Risikobeurteilung beruht (vgl. Wolke, 2008). Der ‚Value at Risk' hingegen gibt den Wert eines angenommenen Verlustes an.

Im CSR-Kontext lassen sich vier Hauptgruppen identifizieren, die dem Unternehmen gegenüberstehen und im Sinne der Nachhaltigkeit gleichmäßig in ihren Bedürfnissen befriedigt werden sollen. Dazu zählen Angestellte, Gesellschaft, Lieferanten und Kunden. Diese vier Perspektiven werden im Folgenden kurz erläutert. Jede Gruppe hat seine eigenen Faktoren bzw.

Werte, die es zu berücksichtigen gilt. So stellt beispielsweise die erste Gruppe die Angestellten dar, deren Parameter u. a. Abwechslung und Anpassungsfähigkeit sind. Die zweite Gruppe, die Gesellschaft, hat beispielsweise den Wunsch nach Beteiligung an gesellschaftlichen Tätigkeiten oder einer Teilnahme an sozialen Foren. Als dritte Gruppe können die Lieferanten identifiziert werden. Die Lieferanten fordern Rahmenverträge und CSR-Informationen. Die letzte Gruppe wird durch die Kunden beschrieben. Diese haben einen Bedarf an Produktinformationen, Produkthaftung, CSR-Informationen und Schulungen. Dabei muss beachtet werden, dass das Unternehmen nicht alle Gruppen gleichzeitig bedienen kann (vgl. Idowu/Filho, 2008).

Weiterhin lässt sich das Risk Assessment in die vier Arten umweltbedingte, Lebenszyklus-, Umwelteinfluss- und strategische Umwelteinflussbewertung gliedern. Eine umweltbedingte Risikobewertung dient dem Aufbau von Potenzialen für unbeabsichtigte umweltbedingte Störungen. Eine Lebenszyklusbewertung hilft dabei, Vorteile für weitere umweltbedingte, unkritische Einflüsse und Auswirkungen aufzudecken. Die Umwelteinflussbewertung dient zur Sicherung der Überwachung der Belastung von zu entwickelnden Projekten auf einem akzeptablen Niveau. Als letzte Risikobewertungsart lässt sich die strategisch umweltbedingte Bewertung aufzeigen, wobei sichergestellt werden soll, dass die Belastung der Richtlinien und Pläne in die Beobachtung einbezogen und möglichst abgeschwächt werden sollen (vgl. Mullerat, 2005).

Weiterführende Quellen

Newman, M. C./Strojan, C. L. (1998): Risk Assessment – Logic and Measurement, Chelsea, MI: Ann Arbor.

Wolke, T. (2008): Risikomanagement, München: Oldenbourg.

Risk Management

Risk Management (deutsch: Risikomanagement) lässt sich allgemein als „[…] die Gesamtheit organisatorischer Regelungen und Maßnahmen zur Risikoerkennung zum Umgang mit den Risiken […]" definieren (Brohm, 2002: 9). Diese Definition lässt sich um Maßnahmen zur Identifikation, Analyse, Quantifizierung und Kontrolle erweitern; eine Risikotransparenz wird in allen Hierarchieebenen geschaffen (vgl. Brohm, 2002).

Es lassen sich allgemeine Grundsätze aus mehreren Konzepten ableiten, die die Phasen des Risikomanagements beschreiben. In den meisten Fällen handelt es sich dabei um einen dynamischen Prozess der mehrmals durchlaufen werden kann und aus sechs Phasen besteht: Die erste Phase ist die Risikoidentifikation, in der einzelne Risiken nach Risikoarten klassifiziert und identifiziert werden. In der zweiten Phase, der Risikomessung, wird das Risiko über Kennzahlen bewertet. Anschließend werden in der dritten Phase Analysen und Auswertungen durchgeführt, um die Kennzahlen zu bewerten. Die Risikobewertung stellt zusammen mit der Analyse das Risk Assessment dar und endet meist in einer Entscheidung über ein Vorhaben (Phase vier). Dieses Ergebnis dient anschließend in der fünften Phase als Grundlage zur Risiko-Steuerung; Instrumente sind hier Vorsorgemaßnahmen, Abwälzung, Kompensation und Diversifikation. Abschließend wird in einer letzten Phase das Risikocontrolling durchgeführt, d. h. es findet eine Überwachung, ein Risikoreporting und eine Unterstützung der Unternehmensführung als Hauptaufgabe des Risikocontrollings statt (vgl. Wolke 2008).

Ordnet man Risk Management in den Kontext von CSR ein, so bedeutet das, dass man nicht nur „finanzielle Risiken wie z. B. Überschuldung oder Zahlungsunfähigkeiten, Kürzung bzw. Kündigung von Kreditlinien […]" (Gazdar et al., 2006: 9) und technologische oder politische Risiken (vgl. Kytle, 2005) einbezieht, sondern auch andere Risikoarten wie Umweltrisiken oder soziale Risiken. Zu Umweltrisiken gehören Emissionen und Boden-/Gewässerkontaminationen. Soziale Risiken sind zumeist in den Bereichen Verletzung von Menschenrechten, Kinderarbeit und Gesundheitsgefahren zu finden (vgl. Gazdar et al., 2006). Weiterhin gehören zu den Risiken die Einhaltung von Arbeitsrichtlinien und Umweltrichtlinien (vgl. Kytle, 2005). Um ein Reputationsrisiko durch Glaubwürdigkeitsdefizite der Lieferanten zu vermeiden, welches sich negativ auf alle nachfolgenden Unternehmen auswirken kann, bedarf es spezieller Gegenmaßnahmen (vgl. Kytle, 2005). Diese können eine Erhöhung der Transparenz oder eine umfassende Betrachtung sowie Verbesserung der Beziehungspflege darstellen und sollen dabei helfen, Betriebsstörungen durch etwaige Risiken zu vermeiden und somit die Auswirkungen auf das operative Geschäft zu minimieren (vgl. Kytle, 2005). Dazu gehört insbesondere eine Erhöhung der Transparenz innerhalb der Lieferkette, die durch Audits der Lieferanten aber auch durch Datenschutz, Arbeitsschutz, Korruptionsprävention oder Umweltschutz erzielt wird (vgl. Pappenheim, 2008). Weiterhin ist festzuhalten, dass länderspezifische Gegebenheiten wie Gesetze, Wirtschaft, Kultur und Gesellschaft nicht ausgeblendet werden dürfen, damit dass Risiko in den einzelnen Wertschöpfungsstufen minimiert wird (vgl. Kytle, 2005).

Weiterführende Quellen

Romeike, F. (2004): Lexikon Risiko-Management – 1000 Begriffe rund um das Risikomanagement – nachschlagen, verstehen, anwenden, New York: Wiley.

Wolke, T. (2008): Risikomanagement, München: Oldenbourg.

SA 8000

SA 8000 (Social Accountability) ist eine weltweit anerkannte Norm, die sich mit Sozialstandards für Unternehmen beschäftigt. Im Jahre 1998 wurde sie von der Nichtregierungsorganisation ‚Council for Economic Priorities' entwickelt. Sie hat die sozialen Arbeitsbedingungen und den Gesundheitsschutz zum Ziel und berücksichtigt Kinder- und Menschenrechtskonventionen. Zudem ist die SA 8000 mit anderen internationalen Normen (z. B. ISO 9001, ISO 14001) kompatibel. Weiterhin ist die SA 8000 für die Überwachung und Umsetzung von sozialen Mindeststandards in Produktionsstätten verantwortlich und zertifiziert diese auch weltweit (vgl. Balderjahn, 2003).

Die Vorgehensweise der SA 8000 beinhaltet mehrere Schritte. Zunächst führen Auditoren eine Vorbeurteilung durch, um festzustellen, ob und welche Anforderungen der Norm in dem jeweiligen Unternehmen bereits umgesetzt sind. Das Audit-Team prüft, inwieweit die Dokumentation der Sozialstandards bereits dem SA 8000 entspricht, um danach die Wirksamkeit zu prüfen. Bei Erfüllung aller Kriterien, erhält das Unternehmen ein Zertifikat, welches die Normenkonformität gemäß SA 8000 bescheinigt. Anschließend unterstützen halbjährliche Überwachungsverfahren die kontinuierliche Optimierung der Prozesse in den einzelnen Unternehmen. Zu den wesentlichen Schwerpunkten der SA 8000 zählen die Bekämpfung von Kinder- und Zwangsarbeit sowie Rassen-, Geschlechts- und Religionsdiskriminierung. Die Unternehmen, die sich an die SA 8000 binden, verpflichten sich somit diese strikten sozialen Kriterien zu erfüllen und alle Mitarbeiter gleich und menschenwürdig zu behandeln. Dazu gehören auch existenzsichernde Löhne, gute Arbeitsbedingungen, Festlegung von Höchstarbeitszeiten sowie die Einhaltung eines freien Tages pro Woche. Das Recht der freien Meinungsäußerung und Interessenvertretung von Angestellten wird durch die Bildung von Gewerkschaften und durch den Anspruch auf Vereinigungsfreiheit sichergestellt.

Im Vergleich zur ISO 14001 bezieht die SA 8000 bei ihrer Befragung auch die Beschäftigten der Unternehmen und die Gewerkschaften mit ein. Das Ziel dieser Zertifizierung ist der Aufbau eines weltweiten Systems zur Kontrolle jedes einzelnen Unternehmens. Dies erleichtert die Unterscheidung zwischen umweltfreundlichen und sozial fairen Fabriken und menschenrechtsverletzenden und umweltausbeutenden Produktionsstätten. Die Einhaltung dieser Norm stärkt das Vertrauen der Kunden und der Partner in das Unternehmen und bringt Wettbewerbsvorteile gegenüber anderen Herstellern, die sich nicht an die Anforderungen der SA 8000 binden (vgl. Kreikebaum et al., 2001).

Weiterführende Quellen

www.sa-intl.org

Selbstverpflichtung

Die Übernahme sozialer Verantwortung von Unternehmen im Rahmen des CSR-Konzeptes steht im engen Zusammenhang mit der freiwilligen Selbstverpflichtung zu gesellschaftlich verantwortlichem Handeln (vgl. Europäische Kommission, 2001). Unternehmensverantwortung wird dabei nicht als Ersatz für gesetzliche Regelungen verstanden, sondern vielmehr ist es die freiwillige unternehmerische Selbstverpflichtung, durch sozialverträgliches Handeln, einerseits die bestehende gesetzliche Forderungen einzuhalten, aber auch darüber hinausgehende Zielsetzungen im Hinblick auf eine nachhaltige Entwicklung in den Bereichen Ökologie und Soziales zu verwirklichen (vgl. Europäische Kommission, 2001).

Unter freiwilliger Selbstverpflichtung werden einseitig abgegebene Erklärungen von Unternehmen oder Wirtschaftsverbänden verstanden, die rechtlich keinen bindenden Charakter haben. Im Zuge freiwilliger Selbstverpflichtung orientieren sich Unternehmen daher vielmehr an moralischen Werten sowie an gesellschaftlichen Normen, die über staatliche Gesetze hinausgehen (vgl. Kuhlen, 2008). Eine Form von freiwilliger Selbstverpflichtung stellen Verhaltenskodizes (‚Codes of Conduct') dar, die wichtige Leitsätze und Empfehlungen für sozialverträgliches Unternehmerverhalten beinhalten und den sozial verantwortlichen Wirtschaftsbetrieben zur Unterstützung und Umsetzungen ihrer CSR-Strategien dienen. Ein Verhaltenskodex beinhaltet eine Ansammlung von Verhaltensweisen, die im Gegensatz zu Regelungen, die jeweilige Zielgruppe nicht rechtsverbindlich in die Pflicht nehmen (vgl. Europäische Kommission, 2001).

Negative Globalisierungsfolgen und Unternehmensskandale, die an die Öffentlichkeit gelangen, haben verstärkt zur Forderung nach freiwilliger Selbstverpflichtung der Wirtschaftsbetriebe zu sozial und ökologisch verträglichem Handeln geführt. Um das Unternehmensimage zu verbessern und negativen Verbraucherreaktionen vorzubeugen, fügen sich immer mehr Unternehmern dem wachsenden Druck der Zivilgesellschaft und verpflichten sich, freiwillige Verbesserungen in den Bereichen Arbeitsbedingungen, Menschenrechte und Umweltaspekte zu bewirken (vgl. Kuhlen, 2008). Die Auffassung von Nichtregierungsorganisationen und Wirtschaftsverbänden in Bezug auf die Verbindlichkeit von Selbstverpflichtung sind kontrovers. Für die Wirtschaftsverbände steht die Freiwilligkeit der Corporate Social Responsibility im Vordergrund, daher wird ein Engagement nur dann akzeptiert, wenn es von den Unternehmen auf freiwilliger Basis übernommen wird. Nichtregierungsorganisationen werfen der Wirtschaft Profitmaximierung auf Kosten der gesellschaftlichen Verantwortung vor und fordern eine verpflichtende Übernahme von CSR-Strategien (vgl. Heydenreich, 2005). Freiwillige Selbstverpflichtung der Unternehmen kann durchaus zur Verbesserung der Einhaltung von Menschenrechten, Arbeits- und Sozialstandards beitragen, da alle Teilnehmer entsprechend ihrer Zusage die Einhaltung gewährleisten müssen. Die Wirksamkeit und Glaubwürdigkeit der Unternehmen hängt dabei entscheidend davon ab, inwieweit die ordnungsgemäße Überwachung von freiwilliger Selbstverpflichtung erfolgt. In diesem Zusammenhang kann die Überprüfung durch Stakeholder oder Nichtregierungsorganisationen eine erfolgreiche Umsetzung gewährleisten (vgl. Europäische Kommission, 2001).

Weiterführende Quellen

Europäisches Parlament (2007): CSR: Freiwillige Selbstverpflichtung der Wirtschaft und ihre Grenzen, http://www.europarl.europa.eu/sides/getDoc.do?pubRef=-//EP//TEXT+IM-PRESS+20070314STO04227+0+DOC+XML+V0//DE, Zugriff: 03.03.2010.

Service Learning

Service Learning bedeutet ins Deutsche übertragen Lernen durch Engagement. Hierbei geht es darum, dass Schüler, Studierende und Teilnehmer anderer Bildungseinrichtungen durch bürgerschaftliches Engagement in sozialen, kulturellen und ökologischen Organisationen theoretisches Wissen und praktische Erfahrung miteinander verbinden.

Das Konzept entwickelte sich in Amerika seit Anfang des 20. Jahrhunderts und ist heute ein fester Bestandteil der Lehrpläne an vielen Schulen, Colleges und Universitäten. Es werden Lerninhalte erstellt, die das Gemeinwohl unterstützen und gleichzeitig die Practical- und Soft-Skills der Teilnehmer fördern. Dabei ist insbesondere eine Schärfung der Wahrnehmung sozialer Verantwortung und die Entwicklung von zivilbürgerschaftlichem Engagement belegbar (vgl. Astin, 2003). Service Learning kann auf vielfältige Weise Wissenserwerb und praktische Projektarbeit miteinander verbinden.

An der ‚European Business School' (EBS) setzt man sich mit Hilfe des Ressorts ‚Studenten helfen' oder dem Unterstützen der studentischen Initiative ‚Make a Difference' unter anderem dafür ein, eine verantwortungsvolle, nachhaltige Unternehmensführung für die Studierenden mit Hilfe sachlicher und praktischer Kompetenzförderung zu erreichen. Dazu verbrachten zum Beispiel Studierende eine Woche bei der Organisation ‚Habitat for Humanity' in Mississippi und halfen dort beim Häuserbau.

Pionierarbeit auf dem Gebiet Service Learning leistet in Deutschland u. a. UNIAKTIV (Zentrum für gesellschaftliches Lernen und soziale Verantwortung der Universität Duisburg-Essen) mit einem vielfältigen Seminarangebot. Hierbei werden universitäre Lehre, praxisbezogenes Projektlernen und bürgerschaftliches Engagement zum Nutzen von Studierenden, Non-Profit-Organisationen und der Universität verbunden (vgl. Kreikebaum, 2009). Die Vorteile für die Studierenden und Lehrenden sind hierbei, dass fachliche Lerninhalte in der Praxis erprobt, neue Zugänge für theoretisches und fachliches Wissen durch anschauliches Lernen und Lehren eröffnet, Lerninhalte besser auf neue Situationen angewendet und das angewendete Gelernte kognitiv tiefer verarbeitet werden. Tätigkeitsfelder können zum Beispiel Bildung, Gesundheitswesen, Kultur, soziale Arbeit, Umweltschutz, Betreuung, Haus und Handwerk oder Sport sein (vgl. Stark et al., 2007).

Weiterführende Quellen

Altenschmidt, K./Miller, J./Stark, W. (2009): Raus aus dem Elfenbeinturm? Entwicklungen im Service Learning und bürgerschaftlichem Engagement an deutschen Hochschulen, Weinheim/Basel: Beltz.

Sliwka, A./Frank, S. (2004): Service Learning – Verantwortung lernen in Schule und Gemeinde, Weinheim/Basel: Beltz.

Social Case

Der Social Case beschreibt die Wirksamkeit und somit den Nutzen oder den Grad der Wertschöpfung einer Maßnahme im sozialen oder ökologischen Umfeld und somit den Beitrag zum Gemeinwohl. Dabei wird der Social Case insbesondere durch externe Determinanten erklärt. Diese sind Relevanz des gesellschaftlichen Problems, Radius des Lösungsbeitrags und formale Charakteristika (z. B. Gemeinnützigkeit) (vgl. Nährlich, 2008). „Mit dem Bekenntnis zu ihrer sozialen Verantwortung und der freiwilligen Übernahme von Verpflichtungen, die über ohnehin einzuhaltende gesetzliche und vertragliche Verpflichtungen hinausgehen, streben die Unternehmen danach, die Sozial- und Umweltschutzstandards anzuheben und zu erreichen, dass die Grundrechte konsequenter respektiert werden. Dabei praktizieren sie eine offene Unternehmenspolitik, die widerstreitende Interessen in einer globalen Sicht von Qualität und Nachhaltigkeit in Einklang zu bringen sucht" (Europäische Kommission, 2001: 4).

Business Case und Social Case suchen eine Begründung für die betrieb- und gesellschaftliche Sinnhaftigkeit von CSR. Sind Business Case und Social Case im Gleichgewicht, führt das zu einer Win-Win-Situation zwischen Unternehmen und Gesellschaft bzw. Ökologie. Es gibt die Perspektive, dass nur dann effektives und strategisches CSR vorliegt, wenn der Nutzen des Social und des Business Cases hoch ist. Ist beides niedrig, so wird das als ‚Window Dressing' beschrieben. CSR ist dann ein situativ geprägtes Sponsoring. Hoher Nutzen von Unternehmen und geringer Nutzen für Umwelt und Gesellschaft kommt bei dem sogenannten vorgetäuschten CSR vor. Damit meint man die Verhüllung alltäglicher Geschäftsaktivitäten unter dem Mantel von CSR. Engagement ohne Integration in die Unternehmensstrategie hat einen geringen Business Case und einen hohen Social Case und kann eher der Philanthropie zugeordnet werden.

Kritisch zu sehen ist, dass es unter Umständen sehr schwierig sein kann, den Social Case zu messen (vgl. Jordan, 2008). Insbesondere diese Messbarkeit der gesellschaftlichen Verantwortung könnte jedoch helfen, eine strategische Verantwortungsübernahme von Unternehmen für verschiedene Stakeholder nachvollziehbarer zu machen.

Weiterführende Quellen

Baker, M. (2002): But is there a social case for CSR? Business Respect, Nr. 43, http://www.mallenbaker.net/csr/CSRfiles/page.php?Story_ID=695, Zugriff: 03.03.2010.

Lang, R./Dresewski, F. (2008): Zur Entwicklung des Social Case zwischen Unternehmen und Nonprofit-Organisationen, in: Backhaus-Maul, H./Biedermann, Ch./Nährlich, St./Polterauer, J. (Hrsg.), Corporate Citizenship in Deutschland, Wiesbaden: VS, S. 401–422.

Social Entrepreneurship

Der von *Bill Drayton* (Gründer von ‚Ashoka') geprägte Begriff Social Entrepreneurship wird in der deutschen Literatur mit Sozialunternehmertum übersetzt. Der Begriff lässt sich in die beiden Wortbestandteile social – sozial – und Entrepreneur(ship) – Unternehmer(tum) – zerlegen. Das französische Wort Entrepreneur wurde vor ca. 200 Jahren von dem Nationalökonomen *Jean-Baptiste Say* geprägt und bezeichnet einen Wirtschaftsakteur, „der Wirtschaftsressourcen aus Bereichen geringerer Produktivität [herausnimmt] und sie an anderer Stelle [nutzt], wo sie höhere Produktivität und Erträge erzielen" (Drucker, 1985: 46). Ein Entrepreneur erzeugt somit durch seine unternehmerische Produktivität Werte. Das Attribut sozial bezieht sich in diesem Zusammenhang nicht nur auf das Beheben sozialer Missstände, sondern vielmehr auf das Beheben zivilgesellschaftlicher Probleme (vgl. French, 2008).

Social Entrepreneurs sind Menschen, die die Ursache für ein gesellschaftliches, bisher ungelöstes Problem erkennen und auf dieses mit einer innovativen Lösung reagieren. Sie setzen sie sich mit unternehmerischem Engagement für eine Verbesserung der gesellschaftlichen Strukturen und einen gesellschaftlichen Wandel ein (vgl. Ashoka, 2007). Social Entrepreneurship beschreibt demnach einen unternehmerischen Ansatz, der darauf abzielt, ein gesellschaftliches Problem nachhaltig zu lösen.

Der Social Entrepreneur unterscheidet sich in seiner Grundausrichtung in einigen Merkmalen von einem klassischen Business Entrepreneur. Während bei einem Business Entrepreneur die Gewinnmaximierung im Vordergrund steht, bewegt sich der Social Entrepreneur in seiner Ausrichtung zwischen traditionellen, gewinnorientierten Unternehmen und Non-Profit-Organisationen. Denn einerseits schafft er mit seiner Geschäftsidee einen möglichst großen gesellschaftlichen Nutzen, und geht andererseits dabei gewinnorientiert vor. Der Social Entrepreneur setzt sich insbesondere dort ein, wo ein gesellschaftliches Bedürfnis weder vom Markt noch durch staatliche Leistungen befriedigt wird. Bei der Zielgruppe des Social Entrepreneurs handelt es sich meist um Menschen mit geringer oder keiner Kaufkraft (vgl. Winkler, 2008). Im Gegensatz zum Wirkungsfeld des Business Entrepreneurs, das sich durch eindeutige Preise und Produkte auszeichnet, existieren entsprechend für den Social Entrepreneur häufig keine funktionierenden Märkte. Dennoch schaffen beide Entrepreneure Werte, aber mit dem Unterschied, dass sich die Wirkung des Social Entrepreneurs kaum operationalisieren lässt (vgl. Faltin, 2008). Das Handlungsfeld des Social Entrepreneurs ist sehr vielfältig und kann sich beispielsweise auf die Entwicklung von Lösungskonzepten gegen Armut oder Diskriminierung, für verbesserte Bildungsstandards oder Gesundheitssysteme beziehen.

Social Entrepreneurship hat in den letzten 30 Jahren weltweit zunehmend an Bedeutung gewonnen, was insbesondere darauf zurückzuführen ist, dass politische Barrieren, die eine soziale Reform oftmals verhinderten, nun aufgelöst worden sind (vgl. Bornstein, 2006). Das Konzept des Social Entrepreneurs wird derzeit insbesondere durch die drei großen Organisationen ‚Ashoka', ‚Skoll Foundation' und ‚Schwab Foundation' gefördert.

Weiterführende Quellen

Faltin, G. (2008): Social Entrepreneurship – Definitionen, Inhalte, Perspektiven, in: Braun G./French, M. (Hrsg.), Social Entrepreneurship – Unternehmerische Ideen für eine bessere Gesellschaft, Rostock: HIE-RO, S. 25–46.
www.germany.ashoka.org

Social Return on Investment

Der ‚Social Return on Investment' (SROI) ist ein Ansatz zur Bewertung und Messung des geschaffenen finanziellen und vor allem sozialen Mehrwerts (vgl. Hahn et al., 2008). Es werden Investitionen und Erträge gegenübergestellt, um unternehmensbezogene Messzahlen für das Verhältnis von Investitionen zu gesellschaftspolitisch relevanten Rückflüssen zu erstellen. Die Frage, was mit dem investierten Kapital eines Unternehmens geschieht, soll erörtert werden, indem Aussagen über das Unternehmen getroffen werden. Dadurch entsteht eine wachsende Rechenschaftspflicht und Verantwortung auf Seiten der Unternehmer. Im Vordergrund steht hierbei die soziale, sozialökonomische und ökologische Komponente. Die SROI-Analyse ist dementsprechend eine Methode, die ökologische, soziale und öffentlich-wirtschaftliche Wertschöpfung von Organisationen neben der finanziellen Wertschöpfung misst (vgl. Adam, 2008).

Investoren, Manager von Finanzierungsprogrammen und politische Mandatsträger können die SROI-Analyse anwenden. Sie basiert auf alternativen Ansätzen, die über nicht-finanzielle Werte Aufschluss geben. Die Werte dieser Indikatoren „werden anschließend zu einem konstanten Nettowert umgerechnet und durch den Betrag der finanziellen Investition geteilt, was das Resultat des ‚social return on investment' (gesellschaftlicher Ertrag) ergibt" (Beimann et al., 2005: 3). Somit erstattet die Methode einen Bericht über die Wertschöpfung, welche sich nachhaltig auf die Gesellschaft auswirkt. Die Messung dieser Wertschöpfung erfolgt durch das Relationsverhältnis von erwirtschafteten sozioökonomischen Erträgen zu investiertem Kapital. Dabei muss zwischen der SROI-Zahl und der SROI-Analyse unterschieden werden. (vgl. Beimann et al., 2005). „Letztere umfasst: (a) Informationen über den Prozess, mit dem die Zahl berechnet wurde, (b) Kontextinformationen zur genauen Interpretation der Zahl selbst und (c) ergänzende nicht-finanzielle soziale Werte und Informationen über Inhalt und Kontext (Beimann et al., 2005: 3).

Der SROI-Berechnungsmethode liegen sechs Schritte zugrunde (vgl. Loidl-Keil/Laskowski, 2010). Der erste Schritt ist die Berechnung des betriebswirtschaftlichen Unternehmenswerts. Ausgangspunkt hierfür ist die prognostizierte Cashflow-Berechnung der Organisation. Es wird meistens von einem zu prognostizierenden Zeitraum von zehn Jahren ausgegangen. Obwohl Prognosen stets mit Schätzungen verbunden sind, bieten die Entwicklungen und Zahlen aus der Vergangenheit eine gute Basis für Prognosen. Weiterhin müssen die Barwerte berechnet werden, dies geschieht durch Abzinsen der Cashflow-Prognosen zum heutigen Gegenwert. Die Summe sämtlicher Barwerte ergibt den Unternehmenswert zum Zeitpunkt t_0. Der zweite Schritt ist die Berechnung des sozialen Unternehmenswertes. Die Berechnung selbst ist der vorherigen Berechnung des betriebswirtschaftlichen Unternehmenswerts ähnlich. Die Ersparnisse für die öffentliche Hand addiert mit den neu entstandenen Steuereinnahmen werden den Kosten für soziale Arbeit gegenübergestellt und für künftige Betrachtungsperioden prognostiziert. Wie im Schritt zuvor, werden sie für jede Betrachtungsperiode abgezinst und summiert. Die Berechnung des gemischten Unternehmenswertes ist der dritte Schritt. Hier wird der Unternehmenswert mit dem sozialen Unternehmenswert addiert, um den gemischten Unternehmenswert zu erhalten. Der vierte Schritt ist die Berechnung des Unternehmensertrags. Soziale Organisationen und Projekte verfügen in der Startphase in der Regel über geringe Erfahrungen hinsichtlich sozialer Effekte. Daher empfiehlt sich die Berechnung des ‚Return on Investments' (ROI) und SROI bei bereits laufenden Projekten bzw. Organisationen. Diese Zahlen werden dann zum heutigen Tage aufgezinst. Hierzu wird ein gemischter Zinssatz verwendet. Die Summe der aufgezinsten Investitionen wird relational zum betriebswirtschaftlichen Unternehmenswert gesetzt. Die Ertragskennzahl des ROIs beschreibt die finanzwirtschaftliche Performance eines sozialen Unternehmens unter der Berücksichtigung des investierten Kapitals. Man erhält den ROI durch Dividieren des Unternehmenswerts durch die bisherigen Investitionen. Die Berechnung des ROI der sozialen Zielsetzung ist der fünfte Schritt. Fundament der Berechnung ist das Heranziehen aller bisherigen Investitionen. Der ROI der sozialen Zielsetzung zeigt die in Geld ausgedrückten sozialen Auswirkungen bezogen auf die dafür notwendigen Investitionen. Die Berechnungsmethode ist exakt die gleiche wie im vierten Schritt; der soziale Unternehmenswert wird durch die bisherigen Investitionen dividiert. Im sechsten und letzten Schritt werden alle sozio-ökonomischen Erträge durch alles bisherigen Investitionen dividiert (vgl. Franssen/Scholten, 2008).

Weiterführende Quellen

Scholten, P. J./Nicholls, S./Olsen, S./Galimidi, B. (2006): SROI – A Guide to Social Return on Investment, Amsterdam: Lenthe.

www.sroi.de

Socially Responsible Investing

Socially Responsible Investment (SRI) wird oft auch als ethisches Investment bezeichnet. Die Idee des SRI wurde ursprünglich von Kirchen und verschiedenen religiösen Gruppen begründet (vgl. Pinner, 2003). Es besteht aus einer Kombination von ethischen und sozialen Kriterien, die für das Handeln von Investoren in diesem Sinne relevant sind und dadurch ethische Aspekte und persönliche Werte bei einer möglichen Investition in hohem Maße berücksichtigen (vgl. Nagel et al., 2008). Viele Investoren bevorzugen bei einer Investitionsentscheidung Unternehmen, die ihre persönlichen Normen und Werte reflektieren und unterstützen die Unternehmen, die ihnen adäquat und verantwortungsbewusst erscheinen. Die ethische Auffassung des Socially Responsible Investment beinhaltet, dass Investitionen ausschließlich dem sozialen, physischen und psychischen Wohl der Gesellschaft dienen sollen. Dadurch werden Investitionen, welche den persönlichen Normen und Werten missfallen und der Gesellschaft schaden, als nicht adäquat empfunden (vgl. Hamm, 2006).

Das Prinzip der Nachhaltigkeit korrespondiert stark mit dem Konzept des ethischen Investments, da der Fokus hierbei auf einer sozial förderlichen, langfristigen Investition liegt. Die als positiv und notwendig empfundenen Normen und Werte werden dadurch auch in Zukunft erhalten. Es gibt verschiedene SRI-Ansätze, welche sich geschichtlich entwickelt haben. Die Wurzeln von SRI befinden sich in der ethischen Geldanlage. In den siebziger Jahren des vergangenen Jahrhunderts bestanden Anleger aus dem kirchlichen Bereich darauf, aufgrund von ethischen Argumenten ihr Vermögen nicht in spezielle Aktien zu investieren. Dementsprechend entstanden die ersten ‚negativen Screenings', welche zum Beispiel Unternehmen der Rüstungs- oder Spirituosenindustrie betrafen. Aus einer Menge von entwickelten SRI-Ansätzen weisen die Ansätze Positivauswahl und Ausschlusskriterien die größte Häufigkeit auf, wobei die Positivauswahl sich in Best-In-Class und in den thematischen Ansatz differenzieren lässt. Das Ausschlusskriterium wird als das einfachste Verfahren bezeichnet, um ein SRI-Portfolio zu erstellen und wird größtenteils in den USA angewendet, wobei in Europa die Positivauswahl überwiegt (vgl. Fieseler, 2008).

Weiterführende Quellen

Hamm, B. (2006): Maßnahmen zur Stärkung von Sozial verantwortlichem Investieren (SRI) – Vorschläge für die deutsche Entwicklungszusammenarbeit, Diskussionspapier, Bonn: Deutsches Institut für Entwicklungspolitik.

Scharlau, J. (2009): Socially Responsible Investment, Schriften zum europäischen und internationalen Privat-, Bank- und Wirtschaftsrecht, Band 30, Berlin: De Gruyter.

Sozialkapital

Unter Sozialkapital wird (mit unterschiedlichen Schwerpunkten) die Gesamtheit an Bindungen (Beziehungsverhältnisse bzw. Netzwerke), das Maß an geteiltem Vertrauen, Normen und Werten sowie damit einhergehenden kognitiven Komponenten verstanden. Diese Gesamtheit an sozialen Größen bestimmt die Kooperations- und Koordinationsfähigkeit innerhalb (‚bonding') und zwischen (‚bridging') Gemeinschaften (vgl. OECD, 2001; Putnam, 1995; Coleman, 1990; Panther, 2002; Trentmann, 2004). Die Gesamtheit der betreffenden sozialen Größen, die auf einer Vielzahl von Ebenen operieren, wird hierbei als Kapital, d. h. als tatsächliche und potentielle Ressourcen, neben anderen Formen des Kapitals (z. B. Naturkapital, ökonomisches Kapital, Humankapital) angesehen. Letztlich könnte man das Maß an individuellem und kollektivem Sozialkapital als Maß an Gemeinschaftsfähigkeit bezeichnen, das in individuelles und kollektives

Handeln hineinreicht. Missverständlich werden die Sozialrücklagen bzw. Sozialrückstellungen, die ein Unternehmen für seine Mitarbeitet bildet (Sozialvermögen bzw. bilanziell ausgewiesenes Sozialkapital) gelegentlich auch als Sozialkapital bezeichnet.

Der seit den 1990er Jahren populär gewordene Begriff Sozialkapital ist historisch von einem äußerst heterogenen Begriffsverständnis seitens der wissenschaftlichen Disziplinen und individuellen Betrachtungsweisen der Forschenden geprägt. Der Begriff des Sozialkapitals wurde seit den 1980er-Jahren u. a. von *Pierre Bourdieu* (1983) geprägt. Auf einer breiteren Basis wurde der Begriff aber erst seit den 1990er Jahren – insbesondere durch die Arbeiten von *James Coleman* (1990), *Robert Putnam* (1993; 1995) und *Francis Fukuyama* (1995) – vor allem in den Sozial-, Politikwissenschaften und den Wirtschaftswissenschaften verwendet und weiter erforscht. Die zugrunde liegenden wissenschaftliche Begriffsverständnisse lässt sich grob in akteursorientierte (Mikro- und Meso-Ebene: Beziehungsnetzwerke) und systemorientierte Zugänge (Makroebene: Kultur) unterscheiden, wobei Grenzen aufgrund des Ineinandergreifens der Faktoren und der gegenseitigen Interdependenzen nicht klar gezogen werden können. Faktoren, die zum individuellen oder kollektiven Sozialkapital beitragen können, sind z. B. strukturelle (Beziehungen) und soziokulturelle Faktoren (Normen, Werte).

Aus wirtschaftswissenschaftlichen Arbeiten wird häufig Vertrauen als Schlüsselzugang zu Sozialkapital verstanden. Hierbei wird unter Vertrauen insbesondere die Erwartung von Kooperationspartnern verstanden, dass sich Andere nicht opportunistisch verhalten. Auf betrieblicher Ebene dominiert die (kontrovers diskutierte) Annahme, dass eine Erhöhung des Sozialkapitals (Normen kooperativen Verhaltens und dem daraus entspringenden Vertrauen) zur Senkung von Transaktionskosten beiträgt, die außerbetrieblich (z. B. mit Zulieferern, Behörden) aber auch innerbetrieblich (z. B. in der Teamarbeit) im Zuge von Kooperationshandlungen anfallen (vgl. Josten, 2005). Bei der wirtschaftlichen Betrachtung von Sozialkapital ist es allerdings wichtig, den Begriff Sozialkapital explizit von dem des Humankapitals abzugrenzen.

Weiterführende Quellen

Badura, B./Greiner, W./Rixgens, P./Ueberle, M./Behr, M. (2008): Sozialkapital – Grundlagen von Gesundheit und Unternehmenserfolg, Berlin: Springer.

Franzen, A./Freitag, M. (2007): Sozialkapital – Grundlagen und Anwendungen, Kölner Zeitschrift für Soziologie und Sozialpsychologie, Sonderheft 74, Wiesbaden: VS.

Sozialkompetenz

Der Begriff Sozialkompetenz ist nicht eindeutig definiert, welches auf die interdisziplinäre Verwendung des Begriffs zurückgeht. Allgemein gehaltene Deutungen des Begriffs verstehen unter Sozialkompetenz die Grundvoraussetzung für das Leben mit Anderen, unabhängig davon, um wen es sich dabei handelt (vgl. Faix/Laien, 1996). Etwas umgangssprachlicher kann Sozialkompetenz auch als ‚Schmierstoff menschlichen Miteinanders' umschrieben werden (vgl. Rost, 2002). Sozialkompetenz ist somit eng mit der Persönlichkeit und der Gesamtheit der Erfahrungen einer Person verbunden. Gerade die Sozialisation trägt entscheidend zum Erlernen der Sozialkompetenz bei (vgl. North/Reinhardt, 2005). Das bedeutet, dass Fähigkeiten wie Überzeugen, Führen, Beeinflussen, Steuern und Instrumentalisieren erlernt und innerhalb des gesellschaftlichen Miteinanders ‚ausprobiert' werden (vgl. Fischer/Wiswede, 2002).

Im Unternehmenskontext, bezieht sich Sozialkompetenz auf das Beherrschen der sozialen Beziehungen und Prozesse formeller und informeller Art (vgl. North/Reinhardt, 2005). Die wichtigsten Komponenten innerhalb eines Unternehmens sind Einsatzbereitschaft, Verantwortungsbewusstsein, Team-, Kommunikations-, Konflikt- und Kritikfähigkeit, Führungskompetenz sowie interkulturelle Kompetenz. Sozialkompetenz wird teilweise auch als Schlüsselqualifikation betrachtet (vgl. North/Reinhardt, 2005). Zur sozialen Kompetenz gehört nicht nur das Aufnehmen und situativ richtige Verarbeiten von verbalen Informationen, sondern auch das Bemerken und Verstehen nonverbaler Signale. Eine Beurteilung der Sozialkompetenz ist nicht ohne Weiteres möglich, denn diese Beurteilung kann meist nur indirekt durch beobachtbare Indikatoren festgemacht werden und ist daher immer subjektiv verfälscht. Die Förderung von Sozialkompetenz ist ein Hauptziel von diversen Instrumenten der gesellschaftlichen Verantwortung. Exemplarisch sei hier das Corporate Volunteering genannt, welches durch einen sektoralen Mitarbeiteraustausch die Sozialkompetenz der Mitarbeiter fördern soll.

Weiterführende Quellen

North, K./Reinhardt, K. (2005): Kompetenzmanagement in der Praxis – Mitarbeiterkompetenzen systematisch identifizieren, nutzen und entwickeln, Wiesbaden: Gabler.

Wellhöfer, P. R. (2004): Schlüsselqualifikation Sozialkompetenz, Stuttgart: Lucius & Lucius.

Sponsoring

Sponsoring bedeutet die geldliche, sachliche oder dienstleistungsbasierte Förderung von Individuen, Gruppen, Institutionen, Organisationen oder sonstigen Aktivitäten. Dabei impliziert jede Förderung immer einer Gegenleistung, die zur Verwirklichung eines positiven Reputation- bzw. Imageeffektes beitragen soll. Leistungen und Gegenleistungen werden in einem Sponsoringvertrag festgelegt. Hierbei handelt es sich beispielsweise um die Nennung des Sponsors in Publikationen, auf der Homepage oder auf Kleidungsstücken (vgl. Bender, 2007). Für Unternehmen ist das Sponsoring ein Bestandteil seiner Öffentlichkeitsarbeit und seiner Unternehmenspolitik.

Im Kontext des CSR-Gedankens ist in erster Linie der Erscheinungsform des Sozio- und Umweltsponsoring eine signifikante Bedeutung zuzuordnen. Unter Sozialsponsoring versteht man die Unterstützung von karitativen Einrichtungen, Verbänden und Non-Profit-Organisationen. Beispiele hierfür sind die Förderung von Aktionen in der Kinder- und Jugendarbeit, Gesundheitsprävention, Behindertenhilfe oder Unfallhilfsorganisation (vgl. Bender, 2007) Beim Umweltsponsoring stehen unterstützende Maßnahmen zur Bewahrung der Umwelt im Fokus. Sponsoring-Aktionen im Sozial- und Umweltbereich unterstreichen die gesellschaftliche Verantwortung des Unternehmens und beeinflussen die Wahrnehmung bei dessen Interessengruppen positiv. Das Sponsoring zählt weiterhin zu einem der wichtigsten Elemente des Corporate Citizenship. Hierbei handelt es sich um die gesellschaftliche Komponente des CSR, welche Unternehmen als guten, engagierten Bürger darstellt (vgl. Ahlert et al., 2007).

Weiterführende Quellen

Ahlert, D./Woisetschläger, D./Vogel, V. (2007): Exzellentes Sponsoring – Innovative Ansätze und Best Practices für das Markenmanagement, Wiesbaden: DUV.

Fabisch, N. (2008): Sponsoring, in: Habisch, A./Schmidpeter, R./Neureiter, M. (Hrsg.), Handbuch Corporate Citizenship. Corporate Social Responsibility für Manager, Berlin: Springer, S. 209–215.

Stakeholder

Der Begriff Stakeholder wird aus dem englischen Wort ‚Stake' abgeleitet, welcher so viel wie Anspruch bzw. Interesse bedeutet. Demnach werden als Stakeholder bestimmte Anspruchs- oder Interessengruppen von Unternehmen bezeichnet (vgl. Biesecker, 1998). Stakeholder können einzelne Akteure, Gruppierungen oder Organisationen sein, die die unternehmerischen Aktivitäten beeinflussen oder von ihnen beeinflusst werden. Jedes Unternehmen hat interne und externe Stakeholder (vgl. Europäische Kommission, 2001). Zu den internen Anspruchsgruppen eines Unternehmens zählen u. a. Mitarbeiter, Eigentümer und Führungskräfte. Bei den externen Stakeholdern wird zwischen marktlichen Anspruchsgruppen, wie Kunden oder Geschäftspartnern, und nicht-marktlichen, wie Aktivisten oder Medien, unterschieden (vgl. Czymmek, 2003). Die verschiedenen Stakeholder eines Unternehmens stellen jeweils in unterschiedlicher Weise, aus unterschiedlichen Gründen und in unterschiedlicher Stärke, Ansprüche an ein Unternehmen. Sie bilden somit das soziale Umfeld eines Unternehmens, in dem dieses handelt und mit dem es in Interaktion tritt (vgl. Mayerhofer et al., 2008).

Die Einbeziehung bzw. Vernachlässigung der Stakeholder und deren Erwartungen in die Unternehmensentscheidungen können den Unternehmenserfolg positiv bzw. negativ beeinflussen. Werden Erwartungen der Stakeholder, wie z. B. die Forderung nach fairen Arbeitsbedingungen, vernachlässigt, kann dies einige Risiken und Gefahren für das Unternehmen bewirken (vgl. Pommerening, 2005). Als Beispiele gelten u. a. Kundenboykotts, mangelnde Motivation seitens der Mitarbeiter, negative Berichterstattungen in den Medien sowie Misstrauen und Enttäuschungen seitens der Kunden oder Shareholder (vgl. Mayerhofer et al., 2008). Eine positive Beziehung zu allen relevanten Stakeholdern (durch Stakeholder Management) unterstützt hingegen das Unternehmen dabei, ein gutes Image aufzubauen und in Krisenzeiten mögliche Risiken gering zu halten. Das Ansehen eines Unternehmens hängt daher von der Fähigkeit ab, Werte für sich und seine Interessensgruppen zu schaffen und diese in der Öffentlichkeit zu repräsentieren (vgl. Mayerhofer et al., 2008)

Der langfristige Erfolg eines Unternehmens ist folglich davon abhängig, wie gut die Interessen der Unternehmen mit denen der Stakeholder ins Gleichgewicht gebracht werden (vgl. Schuppisser, 2002). Die Einführung von CSR hilft, dieses Gleichgewicht herzustellen. Werden entsprechende Maßnahmen und Strategien in Wechselwirkung mit den Stakeholdern eines Unternehmens in dessen Unternehmensaktivitäten integriert, so kann ein Unternehmen, beispielsweise durch die Übernahme sozialer Verantwortung, Glaubwürdigkeit und Vertrauen aufbauen und damit Kundenloyalität erzielen, Mitarbeiter motivieren und die Basis für Kooperationen mit der Politik schaffen (vgl. Mayerhofer et al., 2008). Unternehmen können also durch die Übernahme bestimmter gesellschaftlicher moralischer Erwartungen ihres sozialen Umfelds ihre Legitimität und damit auch ihre Reputation erhöhen.

Weiterführende Quellen

Freeman, R E. (1984): Strategic Management – A Stakeholder Approach, Boston: Pitman.

Walker, S. F./Marr, J. W. (2002): Erfolgsfaktor Stakeholder – Wie Mitarbeiter, Geschäftspartner und Öffentlichkeit zu dauerhaftem Unternehmenswachstum beitragen, Landsberg: Moderne Industrie.

Stakeholder Theorie

Stakeholder beschreiben allgemein alle Akteure, die Einfluss auf das Unternehmen ausüben bzw. mit dem Unternehmen in irgendeiner Art in Verbindung stehen. Die Stakeholder Theorie oder der Stakeholder Ansatz sagt aus, dass sich „das Management verpflichtet, die Interessen aller Anspruchsgruppen angemessen und fair zu berücksichtigen" (Wentges, 2002: 87). Entscheidend ist die Berücksichtigung aller Anspruchsgruppen und nicht die Reduzierung auf die Interessen der Anteilseigner, wie es beim Shareholder-Value Konzept geschieht (vgl. Hungenberg/Wulf, 2007). Es wird dabei zwischen der normativen und der instrumentellen Stakeholder Theorie unterschieden. Bei dem normativen Ansatz werden alle Stakeholder als gleichwertig betrachtet, was konsistent mit der ethischen Auffassung des CSR ist. Diese besagt, dass ein Unternehmen die moralische Verpflichtung besitzt über die ökonomischen und gesetzlichen Vorschriften hinaus zu handeln, ohne einen ökonomischen Vorteil zu erlangen (vgl. Rabe von Pappenheim, 2009). Der instrumentelle Ansatz beschreibt die Konzentration auf Stakeholder, die Einfluss auf den Profit des Unternehmens haben (vgl. Freeman, 1984). Dies wiederum entspricht der Ansicht, dass CSR bzw. gesellschaftliches Engagement „aus verschiedenen Gründen langfristig den Unternehmenserfolg" (Kleinfeldt et al., 2006: 87) fördert.

Um diese Wettbewerbsvorteile zu nutzen, wird den einzelnen Gruppen von Stakeholdern eine Bedeutungskennziffer zugewiesen, die jedoch nur durch eine Stakeholder Analyse fundiert werden kann. Bei der Stakeholder Analyse werden einzelne Stakeholdergruppen identifiziert und ihre Ansichten eruiert, um bei entsprechenden Problemfällen den Meinungen der Stakeholder Rechnung zu tragen (vgl. Zell, 2007).

Aufgrund der Einbeziehung der Corporate Social Responsibility in die Unternehmenspolitik wird der Ansatz der Stakeholder Theorie noch weiter gestärkt. Durch CSR geraten die Interessen spezieller Anspruchsgruppen, wie die der Angestellten eines Unternehmens und der Gesellschaft, aufgrund der selbstauferlegten zusätzlichen sozialen und ökologischen Verantwortung, verstärkt in den Fokus. Zudem kann die Wertigkeit der angesprochenen Anspruchsgruppen aus Unternehmenssicht zunehmen. Die gesellschaftliche Verantwortung, die aufgrund von CSR durch das Unternehmen übernommen wird, weist z.B. den Belangen der Arbeitnehmer (soziale Verantwortung) eine besondere Bedeutung zu. So sind gesundheitlich schädigende Arbeitsbedingungen (die allerdings den gesetzlichen Regeln entsprechen), zu niedrige Löhne oder fehlende soziale Absicherungen durch das Unternehmen zu beseitigen, um der sozialen Verantwortung nachzukommen. Auch die Interessen der Konsumenten spielen hinsichtlich des Umweltschutzes eine wichtige Rolle. Das steigende Bewusstsein für Umweltschutz und eine umweltschonende Produktion werden durch den Konsumenten bzw. durch die Gesellschaft zunehmend gefordert.

Weiterführende Quellen

Phillips, R. (2003): Stakeholder Theory and Organizational Ethics, San Francisco, CA: Berrett-Koehler.

Carroll, A.B./Buchholtz, A.K. (2008): Business & Society – Ethics and Stakeholder Management, Florence, KY: Cengage Learning.

Stakeholder Value (vs. Shareholder Value)

Der Begriff Stakeholder beschreibt Individuen oder Gruppen, die ein Interesse an den Zielen des Unternehmens haben, da die Unternehmenstätigkeit sich direkt oder indirekt auf sie auswirkt (vgl. Ivanišin, 2006). Darunter versteht man, „any group or individual who is affected by or can affect the achievement of an organization's objectives" (Freeman, 1984: 46). Ziel ist es, die verschiedenen Bedürfnisse der unterschiedlichen Anspruchsgruppen des Unternehmens in Einklang zu bringen. Als Stakeholder gelten dabei neben den Eigentümern, auch die Mitarbeiter, Kunden, Lieferanten, Kreditgeber, der Staat, die Öffentlichkeit und die Natur. Deren Interessen reichen von Sicherheits- und Verlässlichkeitsansprüchen bis hin zu Steuereinnahmen und Umweltschutz. Der Stakeholder Value ist dabei der Nutzen, der aus der Beziehung der betroffenen Stakeholder und Unternehmen entsteht.

Es existieren zwei Perspektiven des Begriffs Stakeholder Value, welche unterschieden werden müssen: Unter stakeholderorientiertem Unternehmenswert versteht man denjenigen Wert, den die Stakeholderbeziehung für einen spezifischen Stakeholder hat. Andererseits kann darunter auch der Wert der Stakeholderbeziehung für das Unternehmen selbst verstanden werden. Hier spricht man dann von einem unternehmensorientierten Stakeholderwert. Aus der Sicht der Unternehmen ist die unternehmensorientierte Deutung von wesentlichem Interesse. Ein Beispiel hierfür ist der Versuch, den Kundenwert zu berechnen.

Die Berechnung des Stakeholder Value unterliegt nicht einer allgemeingültigen Berechnungsweise und lässt sich aufgrund der Vielfalt der Stakeholderverhältnisse jedes Unternehmens auf unterschiedliche Arten ermitteln. Es handelt sich bei folgender Grafik um einen unternehmensorientierten Stakeholderwert. Da sich diese Art der Berechnung aus der Ermittlung des Shareholder Value ergibt, wird der Shareholder Value hier als eine Art Sonderfall des Stakeholder Value verstanden.

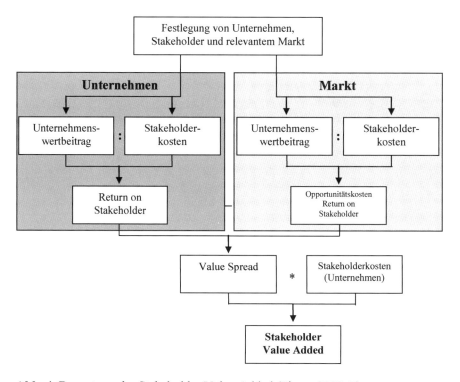

Abb. 4. Bewertung der Stakeholder Value Added (Figge, 2000: 7)

Obwohl man Shareholder- und Stakeholder-Value bis vor kurzem noch als Gegensätze verstand, so hat diesbezüglich in jüngster Zeit ein Umdenken eingesetzt. Ohne Stakeholder nämlich kann es keinen Shareholder-Value geben, denn zu den Stakeholdern gehören die Kapitalgeber und ohne Kapital können die Mitarbeiter weder einen Beitrag zum Unternehmenswert leisten, noch einen Ertrag erwirtschaften (vgl. Figge, 2002). Eine wertorientierte Unternehmenspolitik hat die Interessen von Shareholdern und Stakeholdern gleichermaßen zu berücksichtigen, findet aber ihren Ursprung im Shareholder-Value-Konzept (vgl. Dürr, 2002).

Weiterführende Quellen

Figge, F./Schaltegger, S. (2000): Was ist Stakeholder Value? Vom Schlagwort zur Messung, http://www.leuphana.de/csm/content/nama/downloads/download_publikationen/02–3downloadversion.pdf, Zugriff: 03.03.2010.

Figge, F. (2002): Stakeholder Value Matrix – Die Verbindung zwischen Shareholder Value und Stakeholder Value, Lüneburg: CSM.

Standards

Bei Standards handelt es sich um „allgemein anerkannte Verfahren, Praktiken und Spezifikationen" (Europäische Kommission, 2001: 30). Im Rahmen der Globalisierung treffen internationale Unternehmen in verschiedenen Ländern häufig auf unterschiedliche Arbeits- und Umweltschutzbedingungen. Sofern die gesetzlichen Bestimmungen der Länder und internationale Regelungen diesen Ungleichheiten nicht gerecht werden, können Standards als freiwillige Selbstverpflichtungen eines Unternehmens eingeführt werden (vgl. Dietzfelbinger, 2008).

Wichtige und allgemein anerkannte Standardisierungskonzepte mit Bezug zu Corporate Social Responsibility sind von der ‚International Organization for Standardization' (ISO), der ‚Global Reporting Initiative' (GRI), dem ‚Institute of Social and Ethical Accountability' sowie von der Non-Profit-Organisation ‚Social Accountability International' (SAI) entwickelt worden. Die ISO-Normen der 9000er- und 14000er-Familie sind zertifizierbare Standards der International Organization for Standardization (ISO), die die Themen Qualitätsmanagement und betriebliches Umweltmanagement behandeln (vgl. ISO, 2009). Zudem beabsichtigt die ISO im Jahr 2010 die ISO-Norm 26000 – einen internationalen Standard für Social Responsibility – herauszugeben. Sie stellt einen freiwilligen Leitfaden dar, der Unternehmen und Institutionen vorgibt, wie sie ihre gesellschaftliche Verantwortung wahrnehmen können. Diese Richtlinie ist jedoch kein Zertifizierungsstandard und unterscheidet sich somit von der ISO 9000er und 14000er-Familie (vgl. ISO, 2008). Die ‚Global Reporting Initiative' hat im Jahr 2006 einen Standard zur Nachhaltigkeitsberichterstattung über die ökonomischen, ökologischen und sozialen Aktivitäten eines Unternehmens veröffentlicht. Der GRI-Leitfaden enthält Prinzipien und Anleitungen zur Berichterstattung, um die unternehmerischen Leistungen den Stakeholdern gegenüber transparent und vergleichbar zu machen (vgl. Kuhlen, 2008). Die AA1000-Serie des ‚Institute of Social and Ethical Accountability' enthält Standards, die für eine verbesserte soziale und ethische Bilanzierung und Berichterstattung unter Berücksichtigung der Stakeholderinteressen eines Unternehmens oder einer Organisation entwickelt worden sind (vgl. AccountAbility, 2007). Des Weiteren hat die amerikanische Nichtregierungsorganisation ‚Social Accountability International' (SAI) den internationalen Standard Social Accountability 8000 (SA8000) für Menschenrechte und verbesserte Arbeitsbedingungen entworfen (vgl. SAI, 2008).

Anerkannte Standards gewinnen in der aktuellen CSR-Debatte immer mehr an Bedeutung. Zunehmend hinterfragen und bezweifeln Kritiker aus Nichtregierungsorganisationen, Gewerkschaften und Zivilgesellschaft die Glaubwürdigkeit getätigter CSR-Maßnahmen von Unternehmen. Zertifizierungen und Auditierungen von Standards stellen insofern für Unternehmen eine Absicherung nach innen und außen dar, als dass sie auf diese Weise der Kritik bezüglich der Glaubwürdigkeit ihres Engagements entgegenwirken. In diesem Zusammenhang kommt die generelle Frage auf, ob es überhaupt sinnvoll und möglich ist, CSR zu standardisieren. Ein Standard stellt prinzipiell eine Anleitung dar, die vorgibt, wie eine Aufgabe oder Arbeit richtig ausgeübt wird. Bevor ein allgemeingültiger Standard für CSR entwickelt wird, muss deshalb zunächst eine eindeutige Definition des CSR-Begriffes herausgearbeitet werden. Aufgrund der Vielseitigkeit des Themas ist dies jedoch nur begrenzt möglich. Allerdings beinhaltet der CSR-Begriff auch eindeutige Parameter, auf deren Basis dann ein Standard entwickelt werden kann (vgl. Neureiter/Palz, 2008). Bei dieser Debatte ist jedoch die Freiwilligkeit von CSR essentiell. CSR als freiwilliges strategisches Instrument kann innovatives und wettbewerbsorientiertes Handeln eines Unternehmens fördern. Eine Standardisierung von CSR im Sinne von einer zu regulierenden Pflicht würde letztlich dazu führen, dass aus CSR-Aktivitäten kein Vorteil mehr resultiert und diese deshalb auf ein Mindestmaß reduziert würden.

Da es sich bei CSR-Maßnahmen aber aktuell um freiwillige Selbstverpflichtungen eines Unternehmens handelt, ist es notwendig, deren Glaubwürdigkeit sicherzustellen und somit auch das Vertrauen der Stakeholder zu gewinnen. Dazu ist es erforderlich, dass die Interessengruppen das CSR-Engagement nachvollziehen und überprüfen können. In diesem Sinne stellen Standards für CSR keine verbindlichen Normen dar, sondern vielmehr Regeln, um den Anforderungen an Kommunikation und Transparenz gerecht zu werden (vgl. RNE, 2006).

Weiterführende Quellen

Neureiter, M./Palz, D. (2008): Zertifikate, Standards und Audits, in: Habisch, A./Neureiter, M./Schmidpeter, R. (Hrsg.), Handbuch Corporate Citizenship, Berlin: Springer, S. 447–463.

Thielemann, U./Ulrich, P. (2009): Standards guter Unternehmensführung – Zwölf internationale Initiativen und ihr normativer Orientierungsgehalt, Bern: Haupt.

Strategische Allianzen

Bei strategischen Allianzen handelt es sich im unternehmerischen Sinn um langfristig formalisierte Kooperationen von zwei oder mehreren Unternehmen, zur Stärkung der Wettbewerbsposition in einzelnen Geschäftsfeldern und zur Kompensierung der Schwächen durch Zusammenlegung der Stärken (vgl. Sydow, 1992). Hier kann bei einer Kooperation von mehreren Unternehmen auch von Netzwerken gesprochen werden. Die strategische Komponente geschieht mit der Einbettung der Kooperationsbeziehung in die gesamte strategische Planung eines Unternehmens (vgl. Bluszcz, 2007). Der Bedarf einer solchen Kooperation ergibt sich für Unternehmen, wenn dadurch ihre Existenz und ihr Erfolg dauerhaft gesichert werden kann. Eine strategische Allianz im Bereich gesellschaftlicher Verantwortung entsteht oftmals durch intersektorale Zusammenarbeit. Dabei muss das Verständnis über das gemeinsame Anliegen bezüglich der Gesellschaft kongruent sein. Die Zusammenarbeit bzw. Kooperation kommt nach einer temporären Annäherungsphase zu Stande (vgl. Bluszcz, 2007).

Bei den betrieblichen Entscheidungen, unter Berücksichtigung der nachhaltigen Entwicklung, werden Ressourcen- und Materialeffizienz zunehmend mehr Bedeutung beigemessen. Globalisierte Märkte und internationaler Wettbewerbsdruck, steigende Nachfrage nach begrenzten Ressourcen und die damit verbundenen Preisschwankungen sind Anzeichen für Unternehmen sich neu auszurichten, um langfristig auf dem Markt existieren zu können. Im Hinblick auf dieses Ziel kann durch Kooperationen eine schnellere und effektivere nachhaltige Entwicklung erreicht werden, da durch Synergie und Innovationseffekte die Ressourceneffizienz gesteigert werden kann. Daher sind heute die Bildung intersektoraler, strategischer und überregionaler Allianzen gefordert, um gemeinsame Lerneffekte branchenbezogen oder regional zu erreichen (vgl. Morschett, 2003). Durch die breite Verankerung stoßen strategische Allianzen auf große Akzeptanz und können so besonders nachhaltig zu einer Verbesserung der Lebens- und Wirtschaftsbedingungen beitragen.

Weiterführende Quellen

Bluszcz, O. (2007): Strategische Allianzen zwischen Profit- und Non-Profit-Organisationen, in: Hafner, S/Hartel, J./Bluszcz, O./Stark, W. (Hrsg.), Gesellschaftliche Verantwortung in Organisationen. Fallstudien unter organisationstheoretischen Perspektiven, München und Mering: Rainer Hampp, S. 107–117.

Altenburg, T./de Carlo, L./Demtschück, E./Hamm, B. (2004): Strategische Allianzen und Corporate Social Responsibility: Instrumente für die entwicklungspolitische Kooperation mit der Wirtschaft, Deutsches Institut für Entwicklungspolitik, http://www.die-gdi.de/CMS-Homepage/openwebcms3.nsf/%28ynDK_contentByKey%29/ENTR-7C3H9N/$FILE/Strategische%20Allianzen%20und%20Corporate%20Social%20Responsiblity.pdf, Zugriff: 03.03.2010.

Supply Chain

Die Supply Chain bzw. Wertschöpfungskette wurde von *Michael E. Porter* entwickelt. Durch die Wertschöpfungskette wird der Lebenszyklus eines Produktes von der Rohstoffgewinnung bis hin zum Vertrieb und dem anschließenden Kundenservice beschrieben. Dabei ergibt sich aus Unternehmenssicht eine Kette von gegebenenfalls mehreren Vorlieferanten und Vertrieben bzw. Kunden (vgl. Kuhn/Hellingrath, 2002). Durch das Supply Chain Management soll eine Verbesserung der Geschäftsbeziehungen sowie eine daraus resultierende Verbesserung der Effektivität und der Qualität der Zusammenarbeit, sowohl auf vor- als auch nachgelagerte Transaktionen, erzielt werden. Auf diese Weise lassen sich Problemfälle durch mangelnde Kommunikation, wie der Bullwhip-Effekt, der die zunehmenden Schwankungen der Bestellmengen und Bestände entlang der Logistikkette bei stetiger Entfernung vom Endkunden beschreibt, verhindern (vgl. Keller, 2004).

Durch die Einbindung von Corporate Social Responsibility in den Bereich der Supply Chain bzw. des Supply Chain Managements soll sichergestellt werden, dass nicht alleine eine ökonomische, kurzfristige Gewinnerzielungsabsicht vorliegt. Ziel ist des Weiteren die Schaffung fairer Beziehungen zu Geschäftspartnern, Zulieferern und Konsumenten und die Einhaltung von Umwelt- und Sozialstandards in der gesamten Supply Chain. So wird heutzutage beispielsweise erwartet, dass ein Unternehmen von keinem Lieferanten Rohstoffe bezieht, bei dem weder Kinderarbeit kategorisch ausgeschlossen wird oder Mindestlöhne in Entwicklungsländern nicht eingehalten werden. Ein weiteres Beispiel stellt die Vermarktung eines umweltschonenden Produktes dar. Ein Unternehmen möchte bei dem Vertrieb eines neuen Produktes darauf Wert legen, dass dieses durch einen möglichst umweltschonenden Herstellungsprozess auszeichnet ist, um das Produkt auf dieser Grundlage zu bewerben. Zu diesem Zweck ist für das Unternehmen die Sicherstellung von Umweltstandards in der gesamten Supply Chain wichtig. Falls auf die Einhaltung umweltgerechter Herstellung durch vorgelagerte Unternehmen verzichtet wurde, kann bei Entdeckung dieser Problematik durch diverse Stakeholder ein großer Imageschaden für das Unternehmen entstehen. Zudem ist die mögliche Entwicklung von Bindungswirkungen innerhalb der Unternehmen bzw. die Chance der Bildung von Allianzen positiv anzumerken (vgl. Stach/Stach, 2005). So ist es beispielsweise denkbar, dass sich mehrere Unternehmen gegen die Bekämpfung von Dumpinglöhnen zusammenschließen und sich gegenseitig unterstützen.

Weiterführende Quellen

Loew, T. (2006): CSR in der Supply Chain. Herausforderungen und Ansatzpunkt für Unternehmen, http://www.4sustainability.org/downloads/Loew_2006_CSR_in_der_Supply-Chain.pdf, Zugriff: 03.03.2010.

Kuhn, A./Hellingrath, B. (2002): Supply Chain Management: Optimierte Zusammenarbeit in der Wertschöpfungskette, Berlin: Springer.

Technikfolgenabschätzung

Die Technikfolgenabschätzung beschäftigt sich mit den Auswirkungen, die technologische Entwicklungen auf die soziale und natürliche Umwelt haben. Sie gliedert sich in die Teilbereiche ‚Technikfolgenforschung' und ‚Technikfolgenbewertung'. Die Technikfolgenforschung ermittelt die Nebenwirkungen, die durch die Nutzung einer Technologie entstehen können, während die Technikfolgenbewertung sich mit den Auswirkungen dieser auf die Umwelt beschäftigt. Die Bewertung der Folgen erfolgt dabei durch die Betroffenen oder deren Stellvertreter. Zur Ermittlung etwaiger Konsequenzen und Risiken von Technologien bedient sich die Technikfolgenabschätzung, welche als Teilgebiet der Techniksoziologie gilt, verschiedenster interdisziplinärer Fachdisziplinen und Methoden. Eine Analyse der Entwicklungsprozesse vergangener Technologien und gesellschaftlicher Veränderungen und die Befragung von Experten geben, neben der Durchsicht schon vorhandener Publikationen, einen ersten Hinweis darauf, welche Spezialgebiete näher untersucht werden müssen. Bei ausreichender Datenlage können über die Erstellung von Fallstudien oder der Simulation möglicher Szenarien in Computern denkbare zukünftige Verläufe vorgezeichnet werden (vgl. Grunwald, 2002).

Ein Beispiel für nicht intendierte Folgen von neuen Technologien ist der Luft- und Autoverkehr. Die Emissionen schädigen massiv die Umwelt und ziehen nicht absehbare ökologische Konsequenzen nach sich. Zusätzlich werden Lebensräume verschiedener Tierarten gefährdet oder zerstört, während gleichzeitig wegen der starken Lärmbelästigung Anwohner geschädigt werden, oder das Landschaftsbild durch Lärmschutzwände verändert wird. Besonders im Bereich der Innenstädte wird im Zuge des Straßenbaus, durch die Oberflächenversiegelung der Oberflächenabfluss von Niederschlägen beschleunigt, was zu einer Erhöhung des Hochwasserrisikos führt. Will man Folgen wie diese im Vorfeld abschätzen können, sei es um diese zu verhindern oder aber die mit ihnen einhergehenden Kosten zu internalisieren, kann die Technikfolgenabschätzung als Wissenschaft einen großen Beitrag leisten.

Der Bundestag hat daher zur Verbesserung der Informationsgrundlage im Forschungs- und Technologiesektor 1990 das ‚Büro für Technikfolgen-Abschätzung beim Deutschen Bundestag' eingerichtet (www.tab-beim-bundestag.de), das seitdem über hundert Berichte verfasst hat. Er folgt damit dem Vorbild des Europäischen Parlamentes, das schon gegen Ende der 1980er Jahre eine Beratungsinstitution, bestehend aus Mitgliedern verschiedener ständiger Ausschüsse des Parlaments, geschaffen hat. Dieses parlamentarische Gremium, das STOA-Panel (‚Scientific and Technological Options Assessment') beschäftigt sich mit den ökologischen, sozialen und ökonomischen Folgeerscheinungen der Wissenschafts- und Technikentwicklung (vgl. Grunwald, 2009).

Weiterführende Quellen

Grunwald, A. (2002): Technikfolgenabschätzung – eine Einführung, Berlin: Edition Sigma.

Mohr, H. (1998): Technikfolgenabschätzung in Theorie und Praxis, Berlin: Springer.

Think Tanks

Der Begriff Think Tank (deutsch: Denkfabrik) entstand in den USA während des Zweiten Weltkrieges. Während des Krieges dachten (‚think') Experten an abhörsicheren Orten (‚tanks') über militärische Strategien und Taktiken nach; in den späteren Jahrzehnten blieben diese Strategien nicht nur auf sicherheitspolitische Problemlösungen beschränkt (vgl. Thunert, 2003). Heute sind die Denkfabriken praxisorientierte Forschungsinstitute, die aus privater oder öffentlicher Hand finanziert werden und dem Dritten Sektor zuzuordnen sind. Sie sind vom System der politischen Entscheidungen nicht abhängig, versuchen allerdings Einfluss auf den Entscheidungsprozess auszuüben. Dabei liefern sie wissenschaftliche Lösungsansätze und Empfehlungen für praktische Probleme in nahezu allen Bereichen der Politik (vgl. Thunert, 2003).

Generell lassen sich Think Tanks in Deutschland in spezielle Typen kategorisieren (vgl. Speth, 2006). Diese sind akademische Beratungs- und Wirtschaftsforschungsinstitute, parteinahe Stiftungen, praxisorientierte Institute der Sozial-, Umwelt- und Technikforschung und Stiftungen, die über die Politikberatung hinaus auch Lösungsstrategien für gesellschaftliche Probleme liefern. Hinzuzuzählen sind noch advokatorische Think Tanks, die eine Anwaltschaft für gesellschaftliche Interessen übernehmen, sich zu konkreten politischen Ideen bekennen und sich selbst als Ideenmakler verstehen. Schließlich existieren noch zahlreiche privatwirtschaftliche Unternehmen, die sich auf Politikberatung verstehen und ähnliche Leistung wie Think Tanks anbieten.

Die Arbeit der Think Tanks umfasst dabei ganz unterschiedliche Themenbereiche aus Gesellschaft und Wissenschaft. Auch CSR ist inzwischen in den Mittelpunkt der Aufmerksamkeit gerückt. Das ‚Institut für ökologische Wirtschaftsforschung' (IÖW) konzentriert sich auf das nachhaltige Wirtschaften und vereint die Themen Ökologie und Ökonomie. So ist die nachhaltige Unternehmensführung ein zentraler Schwerpunkt des Instituts, das von der Hans-Böckler-Stiftung gefördert wird. Das ‚Öko-Institut e. V.' deckt in den Bereichen Forschung und Beratung viele verschiedene Themengebiete ab. Der Bereich ‚Nachhaltige Unternehmen' ist im Zeichen der Globalisierung immer wichtiger geworden und bedarf einer genaueren Betrachtung. Ebenfalls forscht die Bertelsmann Stiftung seit 2004 im Bereich der gesellschaftlichen Verantwortung von Unternehmen. Zusammen mit dem Auswärtigen Amt hat die Stiftung die Plattform ‚CSR WeltWeit – Deutsche Unternehmen – Global Engagiert' gegründet. Partner dieser

Plattform sind unter anderem das Bundesministerium für Arbeit und Soziales (BMAS), das Bundesministerium für Umwelt, Naturschutz und Reaktorsicherheit (BMU), die Bundesvereinigung der Deutschen Arbeitgeberverbände (BDA), der Bundesverband der Deutschen Industrie (BDI) und die Deutsche Industrie- und Handelskammer (DIHK) bzw. die Deutsche Auslandshandelskammern (AHK). Auch das Projekt ‚CSR regional' wurde von der Bertelsmann Stiftung ins Leben gerufen. Gemeinsam mit dem Pilotprojekt ‚Verantwortungspartner', werden Unternehmer unterstützt, die gesellschaftliche Verantwortung übernehmen. Als überregionales Projekt existiert zudem ‚CSR international'. Dies dient zur Sichtbarkeit und Förderung gesellschaftlichen Engagement von Unternehmen im Ausland. Die deutsche Dialogplattform ‚Econsense' versteht sich selbst als Think Tank im Bereich CSR und der nachhaltigen Entwicklung. Die Plattform hat den Anspruch aktiv an Entscheidungsprozessen mitzuwirken, Problemlösungen aus ökonomischer Perspektive zu kommunizieren und für Nachhaltigkeit und CSR im Bereich Wirtschaft zu werben.

Weiterführende Quellen

Thunert, M. (2003): Think Tanks in Deutschland – Berater der Politik?, in: Aus Politik und Zeitgeschichte, B 51/2003, S. 30–38.
www.bertelsmann-stiftung.de

Transparenz

Transparenz wird als eine Messlatte für die Zugänglichkeit zu unternehmerischen Informationen verstanden. Eine hohe Transparenz zeigt an, dass Stakeholder ausführlich, eindeutig, nachvollziehbar und über gesetzliche Anforderungen hinaus informiert werden. Die Transparenz spielt für die Gesellschaft eine große Rolle, damit ein Stakeholder erkennen kann, ob und in wie weit ein Unternehmen sich gesellschaftlich verantwortlich engagiert. Und auch für Unternehmen gewinnt eine ausgeprägte Transparenz immer mehr an Bedeutung, da die Öffentlichkeit, sowohl Kunden und Mitarbeiter, Verbände und Organisationen als auch der Staat, die Offenlegung von Informationen einfordert. Obwohl Unternehmenstransparenz nicht verpflichtend ist, könnte von einer solchen „Regelung im Sinne erhöhter Transparenz und Vergleichbarkeit auch ein positiver struktureller Effekt auf die gesamte Ökonomie ausstrahlen" (Ungericht/Raith/Korenjak, 2008: 207).

Gerade diese Institutionen, in besonderem Maße Medien, Nichtregierungsorganisationen aber auch die Politik sind wichtige Antriebskräfte für Transparenz in Unternehmen, da diese permanent der Meinung und Kritik der Öffentlichkeit ausgesetzt sind und sich für ihr Handeln verantworten müssen. Transparenz steht in engem Zusammenhang mit dem Vertrauen in ein Unternehmen. Besonders durch freiwillige Transparenz, die über das gesetzlich verankerte Mindestmaß hinausgeht und auf die Eigeninitiative des Unternehmens zurückzuführen ist, erscheint das Unternehmen glaubwürdiger (vgl. Klenk, 2009). Durch gesteigerte Transparenz können sich Betriebe auch vor dem weitverbreiteten Verdacht des ‚Greenwashing' schützen, da sie Schritte und Maßnahmen zur gesteigerten Unternehmensverantwortung offenlegen und sich an Richtlinien im Bereich CSR halten (vgl. Bussler, 2004).

Weiterführende Quellen

Klenk, V./Hanke, D. J. (2009): Corporate Transparency: Wie Unternehmen im Glashaus-Zeitalter Wettbewerbsvorteile erzielen, Frankfurt am Main: Frankfurter Allgemeine Buch.

www.germanwatch.org

Triple Bottom Line

Die Triple Bottom Line (deutsch: 3 Säulen-Modell) bezeichnet die Ausrichtung geschäftlicher Aktivitäten entlang der drei Säulen der Nachhaltigkeit: Ökologie, Ökonomie und Soziales. Zur Umsetzung der Triple Bottom Line bedarf es einer Abkehr von einem kurzfristigen Profitstreben; vielmehr soll neben monetären Erfolgen auch eine ökologische Balance und ein sozialer Fortschritt die Basis unternehmerischen Handelns sein (vgl. Kuhn, 2008). Die Triple Bottom Line dient jedoch lediglich als Rahmen für wirtschaftliches Handeln und ist keine gesetzliche Voraussetzung für Unternehmen. Eine gesetzliche Fixierung besteht lediglich bei der Erstellung von Berichten. So wurde 2003 von der EU-Kommission gesetzlich geregelt, dass börsennotierte Unternehmen in ihren Geschäftsberichten auch eine Triple Bottom Line veröffentlichen müssen (vgl. Clausen et al., 2006; Europäische Kommission, 2003). Weitaus wichtiger ist jedoch die freiwillige Verankerung von Werten und Prozessen innerhalb des Unternehmens, die dazu beitragen, die Ansprüche aller Stakeholder bezüglich der drei Dimensionen zu berücksichtigen (vgl. Thielemann, 2001).

Durch die Ausrichtung entlang der drei Säulen soll ein Umdenken der Unternehmen erfolgen, d. h. Unternehmen sollen ihre Wirtschaftstätigkeit nicht nur auf kurzfristige Gewinne ausrichten, sondern auf Basis der Nachhaltigkeit einen balancierten, langfristigen Fortschritt erzielen. Dabei werden im Gegensatz zu einer reinen Shareholder-Value-Orientierung additive Kapitalarten hinzugefügt. Allgemein lassen sich diese Arten nicht buchhalterisch festhalten, so dass eine Messung nur schwierig möglich ist. Zu diesen Formen gehört das Sozial- und Naturkapital. Unter Sozialkapital werden einerseits das Humankapital zugerechnet, andererseits Investments in das Sozialsystem. Eine weitere Kapitalart stellt das Naturkapital dar, welches insbesondere natürliche Rohstoffe, Ressourcenverbrauch, Abfälle und Emissionen beinhaltet. Dabei kann zwischen erneuerbaren und nicht erneuerbaren Ressourcen unterschieden werden. Sowohl Sozial- als auch Naturkapital müssen neben dem Finanzkapital in die Berechnung des Unternehmenserfolges einfließen, damit ein Unternehmen im Sinne des Triple Bottom Line-Konzeptes erfolgreich ist (vgl. Stampfl, 2003). Solch eine veränderte Sichtweise wirkt sich nicht zuletzt auf das Rechnungswesen aus, welches durch eine Einführung der Triple Bottom Line neue Kennzahlen benötigt. Allerdings existieren bisher nur wenige Kennzahlen, die diese dreidimensionale Unternehmensausrichtung einbeziehen. Ein Beispiel für eine solche Kennzahl ist der ‚Total Net Value Added' (TNVA) (vgl. Perspektive:blau, 2010).

Weiterführende Quellen

Kuhn, L. (2008): Was ist … Triple Bottom Line, in Harvard Business Manager Heft 1/2008, http://www.harvardbusinessmanager.de/heft/artikel/a-622721.html, Zugriff: 17.05.2009.

Thielemann, U. (2001): „Triple Bottom Line" – wirtschaftsethisch beleuchtet, http://www.iwe.unisg.ch/org/iwe/web.nsf/85174839e19c7d1ec125693800405cdf/ed3c9e694a7fae3fc1256ae8003345fe/$FILE/TripleBottomLine.pdf, Zugriff: 20.01.2010.

Umweltinvestitionen

Umweltinvestitionen sind ursprünglich Aufwendungen zur Beseitigung von Umweltschäden, stellen heute aber vermehrt Maßnahmen zur Erhaltung von Umweltgütern dar (vgl. Hardes et al., 2002). Umweltinvestitionen bewirken u. a. Energieeinsparung, rationelle Energieverwendung, Wärmerückgewinnung sowie Modernisierung von Heizanlagen und Sanierung von Gebäuden zur Verbesserung der Umwelt. Sie verbessern somit die Wärmedämmung und tragen zu energiesparenden und umweltschonenden Bauweisen bei (vgl. Held, 2009). Ersetzt man beispielsweise die Elektroboiler durch Wärmepumpsysteme, wird durch diese Maßnahme weniger und vor allem energieeffizienter und umweltschonender geheizt. Die Sanierung ist somit eine ressourcenschonende Investition. Ferner werden bestehende Arbeitsplätze in diesem Bereich nachhaltig gesichert oder neu geschaffen. Weitere Beispiele der Ressourcenschonung finden sich in der steigenden Anzahl an Solar- und Windenergieanlagen, welche aufgrund von hohen Preisen für Öl und Gas attraktiver geworden sind (vgl. von Gersdorff, 2008). Umweltinvestitionen beinhalten überdies Umweltschutzanlagen wie Müllentsorgungs-, Verbreitungsanlagen und Anlagen zur Herstellung oder zum Einsatz umweltverträglicher Produkte oder Ersatzstoffe. Anlagen zur Verminderung des Wasserverbrauchs und zur Sicherung von Recycling werden ebenfalls durch Umweltinvestitionen gewährleistet.

Unternehmen können grundsätzlich einen großen Teil zum Umweltschutz beitragen und haben Anspruch auf verschiedene Arten von Förderungen und Zuschüssen. Diese Förderungen gelten für jede Ersatzinvestition in Maschinen, die zu einer Ressourcen- und Energieeinsparung gegenüber der vorherigen Maschine führt. Neue Maschinen haben meist einen positiven Umwelteffekt, da sie Betriebs- und Rohstoffe einsparen und einen niedrigeren Wasserverbrauch aufweisen. Durch Investitions- und Kostenzuschüsse sowie Darlehen mit günstigen Zinsen lassen sich die Investitionskosten bis zu 75% einsparen (vgl. Parr et al., 2008). Der technische Fortschritt der Unternehmen und deren Innovationsfähigkeit haben zu einer erheblichen Reduzierung der Umweltbelastung beigetragen. Des Weiteren können Umweltinvestitionen auch rechtliche oder moralische Verpflichtungen für das bestehende Unternehmen durch Umweltschutzmaßnahmen beinhalten. Da die Wirtschaft nur von einer langfristigen Optimierung der Umwelt profitieren kann, z. B. durch Verminderung der Umweltkosten, sowie der Stimulator von Innovation und Schaffung von Arbeitsplätzen ist, ist die Nachhaltigkeit ein wichtiger Faktor, der durch Umweltinvestitionen unterstützt wird (vgl. Buck, 1993). Angesichts der steigenden Rohstoff- und Energiepreise erweisen sich Ökologiebewusstsein und Umweltinvestitionen durchaus als lohnend. So unterstützen Umweltinvestitionen Beschäftigungseffekte im Sinne von neuen Arbeitsplätzen im Umweltbereich und sorgen für einen dynamischen Effekt, da neue Technologien mehr Effizienz und somit Marktvorteile durch eine Pionierstellung gewährleisten können (vgl. Wördenweber/Wickord, 2008).

Weiterführende Quellen

Neumayer, E. (2001): Greening Trade and Investment – Environmental Protection Without Protectionism, London: Earthscan.

Parr, C./Wandt, M. D. G./Elze, Th. (2008): Förderung von Umweltinvestitionen, http://www.wabeco.de/pdf/17_Art_Umweltschutzinvestitionen.pdf, Zugriff: 03.08.2009.

Umweltökonomie

Umweltökonomie ermöglicht die Einordnung von Umweltbelangen in den Kontext der Ökonomie und beschäftigt sich, als Teilgebiet der Wirtschaftswissenschaft, mit den Wechselwirkungen zwischen Wirtschaft und natürlicher Umwelt und den hieraus resultierenden ökologischen Konsequenzen. Wirtschaftliche Umwelteinwirkungen stellen dabei Berührungspunkte zwischen dem ökologischen und dem ökonomischen System dar und sind Untersuchungsgegenstand der Umweltökonomie (vgl. Osterkamp/Schneider, 1982).

Auf der betriebswissenschaftlichen Ebene untersucht die Umweltökonomie die Beziehungen des Unternehmens zum Ökosystem sowie die Auswirkungen der Umwelt und Umweltpolitik auf den Betrieb. Thematisiert werden Handlungsalternativen, die es dem Betrieb gestatten, auf die umweltbezogene Anforderungen des Marktes, des Staates und der Gesellschaft zu reagieren und mit der eigenen ökonomische Zielsetzungen der Gewinnmaximierung und Existenzsicherung zu vereinbaren (vgl. Wicke, 1992). Neben der Frage, wie die Erfüllung gesetzlicher Auflagen oder die Einhaltung eigener Umweltziele möglichst kosteneffizient bewältigt werden kann, untersucht die betriebliche Umweltökonomie auch inwieweit unternehmerischer Umweltschutz gezielt als Wettbewerbsvorteil genutzt werden kann (vgl. Wagner, 1995).

Die soziale und moralische Verpflichtung eines verstärkten Umweltschutzes seitens der Wirtschaft lässt sich auf die durch Unternehmenstätigkeiten verursachte Umweltschädigung und der daraus resultierenden gesundheitlichen Gefährdung der Gesamtbevölkerung zurückführen. Die Aktualität dieser Verpflichtung ergibt sich insbesondere vor dem Hintergrund der absehbaren Vernichtung des tropischen Regenwaldes oder aber der heraufziehenden Klimakatastrophe infolge eines künstlich herbeigeführten Treibhauseffektes (vgl. Wicke, 1992). Es liegt daher im Aufgabenbereich der Wirtschaft mit Hilfe geeigneter Umweltschutzmaßnahmen ökologische Belastungen zu minimieren und einen Beitrag zu leisten, damit zukünftigen Generationen eine lebenswerte Umwelt erhalten bleibt. Im Falle der kostenintensiven Bereitstellung freiwilliger Umweltmaßnahmen steht das betriebswirtschaftliche Interesse an Gewinnmaximierung und Existenzsicherung nicht zwangsläufig im Widerstreit mit dem gesamtgesellschaftlichen Umweltschutzinteresse. Unternehmen können ihr gesellschaftliches Engagement strategisch nutzen, wodurch soziale und unternehmensbezogene Interessen vereint werden (vgl. Europäische Kommission, 2001). Der wirtschaftliche Gewinn aus Engagement im Umweltschutz ergibt sich dabei aus einer verbesserten Reputation, Kosteneinsparungen durch effizientere Technik und einer Vermeidung von Strafzahlungen. Die Furcht vor Imageschädigung und Boykottmaßnahmen der Kunden kann dazu führen, dass Unternehmen sich freiwillig kostspieligen Umweltschutzanforderungen unterwerfen (vgl. Wicke, 1992). Privathaushalte setzten im Zuge ihres wachsenden Umweltbewusstseins verstärkt auf möglichst umweltfreundliche Produkte und Dienstleistungen. Unternehmen, die diesem Trend nicht durch ein entsprechendes Angebot an umweltverträglichen Produkten nachkommen, müssen mit erheblichen ökonomischen Nachteilen und Absatzrückgängen rechnen (vgl. Wicke, 1992). Ökologische Schäden verursachen zudem hohe monetäre Kosten und stellen für Unternehmen unkalkulierbare Risiken dar. Daher ist neben der moralischen Verpflichtung eine intakte Umwelt zu erhalten, gegenwärtig auch die wirtschaftliche Notwendigkeit des Umweltschutzes unbestritten (vgl. Wicke, 1992).

Weiterführende Quellen

Weimann, J. (1995): Umweltökonomik – Eine theorieorientierte Einführung, Berlin: Springer.

Wicke, L. (1989): Umweltökonomie: eine praxisorientierte Einführung, München: Vahlen.

Umweltschutz

Der Begriff Umweltschutz meint allgemein zunächst die Reduktion tatsächlicher und potentieller Gefahren für die natürliche Umwelt (vgl. Meuser, 1995). Auf Unternehmen bezogen versteht man darunter u. a. den Emissions- und Lärmschutz, Gewässerschutz, Strahlenschutz, Abfallbeseitigung, kontrollierten Einsatz von Dünge- und Pflanzenschutzmitteln sowie die Landschaftspflege. Zur Zeit der industriellen Revolution war der Umweltschutz für die meisten Menschen noch ein Fremdwort. Inzwischen ist das

Bewusstsein für die Umwelt sowohl bei den Bürgern als auch in Politik und Wirtschaft gestiegen. Umweltschutz ist nicht mehr nur ein nationales Thema, sondern ist zu einem globalen Thema geworden.

Im Sinne von Corporate Social Responsibility stellt die ökologische Komponente der Nachhaltigkeit einen Teil der Triple Bottom Line dar. Die Übereinkünfte über die Maßnahmen zum Umweltschutz können in Verhaltenskodizes festgehalten werden. Durch gezielten Umweltschutz können moralische Werte vermittelt und damit u. a. Kunden geworben oder langfristig gehalten werden. Das Umweltmanagement eines Betriebs spielt bei der Kaufentscheidung der Kunden eine wesentliche Rolle (vgl. Kuhlen, 2005).

Gesetze zum Umweltschutz sind auf den ersten Blick für die Unternehmen vor allem aus ökonomischer Sicht immer nachteilig, da sie mit einem Mehraufwand und auch mit finanziellen Belastungen verbunden sind. Langfristig allerdings erzeugen sie technologische Innovationen, die wiederum Kostenersparnisse für die Unternehmen bedeuten. Insbesondere zwei Formen solcher Innovationen existieren. Die einen zielen darauf ab, die Ressourcenproduktivität zu erhöhen und die Ursache von Umweltbelastungen zu beseitigen. Die anderen sind durch neuartige Technologien gekennzeichnet, die es schaffen, die umweltbelastenden Ressourcen in etwas ‚Wertvolles' umzuwandeln. So profitieren Unternehmen langfristig von den Investitionen in den Umweltschutz, wenn diese Innovationen wiederum die Produktionskosten senken oder den Wert des Produktes erhöhen (vgl. Kuhlen, 2005). Schätzungen beziffern die Senkung der Gesamtkosten durch integrierte Umweltschutzmaßnahmen auf zwei Prozent. Dieses entspricht der Senkung der Hälfte der Energiekosten der deutschen Industrie im Branchendurchschnitt (vgl. BMU, 2009a). Ein positives Beispiel für Produktionskosten senkenden Umweltschutz liefert die Blumenindustrie in den Niederlanden. Sie wurde gesetzlich gezwungen die chemische Behandlung von Blumen drastisch zu reduzieren. Es wurde ein innovatives System entwickelt in dem Wasser, Dünger und Pflanzenschutzmittel in einem geschlossenen System zirkulieren und somit wieder verwendet werden. In der Folge wurden die Produktionskosten reduziert und die Produktqualität sowie die Wettbewerbsfähigkeit erhöht.

Weiterführende Quellen

Breidenbach, R. (2002): Umweltschutz in der betrieblichen Praxis – Erfolgsfaktoren zukunftsorientierten Umweltmanagements – Ökologie – Gesellschaft – Ökonomie, Wiesbaden: Gabler.

Schmidt, M./Schwegler, R. (2003): Umweltschutz und strategisches Handeln – Ansätze zur Integration in das betriebliche Management, Wiesbaden: Gabler.

Umweltverträglichkeitsprüfung

Der Begriff der Umweltverträglichkeit wird im Gesetz über die Umweltverträglichkeitsprüfung (UVPG) geregelt. Das Gesetz wurde vom Umweltbundesamt im Jahre 1990 erarbeitet und in den Jahren 2001 und 2005 umfassend geändert. Mit diesem Gesetz wird der Einfluss von Arbeitsabläufen, privater und öffentlicher Natur, auf die Umwelt überprüft (vgl. Bundesministerium der Justiz, 2009b). Zudem dient es der Entscheidungsfindung über die Zulässigkeit des Planens eines unternehmerischen Umweltvorhabens. Vor der staatlichen Genehmigung ist zu prognostizieren beziehungsweise vorherzusagen, welche Einflüsse oder Auswirkungen das Vorhaben auf die Umwelt hat. Unter Umwelt sind Menschen, Tiere, Pflanzen, Boden, Wasser, Luft, Klima und Landschaft sowie Kultur- oder sonstige Sachgüter zu verstehen (vgl. Jahnel, 2007). Das Gesetz wird in sechs Teile gegliedert. Die Umweltverträglichkeitsprüfung ist im 2. Teil des Gesetzes zu finden, welche in zwei Abschnitte unterteilt wird. Im ersten Abschnitt werden in den §§ 3–4 UVPG die Voraussetzungen für eine Umweltverträglichkeitsprüfung geregelt und im zweiten Abschnitt die Verfahrensschritte der Umweltverträglichkeitsprüfung aufgeführt.

Um die Voraussetzungen einer Umweltverträglichkeitsprüfung zu erfüllen, gilt es zunächst zu überprüfen, ob das Vorhaben des Trägers der Durchführung einer Umweltverträglichkeitsprüfung bedarf. Die zugehörigen UVP-pflichtigen Vorhaben sind aus der Anlage 1 des Gesetzes zu entnehmen, welche zudem auch die Grenzwerte nach Art, Größe und Leistung der jeweiligen Vorhaben enthält, die zu einer Umweltverträglichkeitsprüfung verpflichten. Die Prüfung im Einzelfall ergibt sich zusätzlich aus der Anlage 1, falls die dort aufgelisteten Kriterien mit dem Vorhaben des Trägers übereinstimmen. Einer Prüfung im Einzelfall bedarf es, wenn aus den in der Anlage 2 Nr. 2 aufgeführten Schutzkriterien beträchtliche negative Umweltauswirkungen zu erwarten sind (§ 3c UVPG). Die Maßgabe der Prüfung nach Landesrecht, Änderungen und Erweiterungen sowie die Entwicklungs- und Erprobungsvorhaben UVP-pflichtiger Konzepte sind vom Träger zu prüfen und zu beachten. Das Gesetz der Umweltverträglichkeitsprüfung findet erst dann Anwendung, falls Rechtsvorschriften des Bundes oder der Länder die Prüfung der Umweltverträglichkeit nicht näher bestimmen oder in ihren Anforderungen diesem Gesetz nicht entsprechen (§ 4 UVPG). Die Verfahrensschritte sind dem 2. Abschnitt des UVPG §§ 5 ff. zu entnehmen und vom Träger zu prüfen sowie zu beachten (vgl. Bundesministerium der Justiz, 2009b). Dieses wichtige Instrumentarium dient als Vorkopplung einer antizipativen Analyse, um frühzeitig eventuelle mögliche negative Auswirkungen der Projekte auf die Umwelt zu identifizieren und zu erkennen.

Der Ursprung der UVP-Richtlinie liegt im Jahr 1985 und dient zudem als Grundlage für die Umweltverträglichkeitsprüfung im europäischen Gemeinschaftsrecht. Geändert wurde diese Richtlinie 1997 und 2003. Dabei ist diese Richtlinie von jedem europäischen Staat zu berücksichtigen und zu beachten. Wie bei den Verfahrensschritten bereits angedeutet wurde, müssen die dort aufgeführten Verfahrensschemata von jedem Unternehmen in der europäischen Gemeinschaft durchgeführt werden. Die betroffenen Projekte sind hierbei im Gesetz der Umweltverträglichkeitsprüfung aufgelistet und diesem zu entnehmen (vgl. BMU, 2009a).

Weiterführende Quellen

Bundesministerium der Justiz (2009b): Gesetz über die Umweltverträglichkeitsprüfung (UVPG), http://bundesrecht.juris.de/bundesrecht/uvpg/gesamt.pdf, Zugriff: 21.01.2010.

Peters, H.-J./Balla, St. (2006): UVPG – Gesetz über die Umweltverträglichkeitsprüfung – Handkommentar, Baden-Baden: Nomos.

Unternehmenswerte (Business Values)

Unternehmenswerte (englisch: Business Values) sind normative Ideen, Orientierungen und Verhaltensweisen, die von Organisationen als wichtig und erstrebenswert angesehen werden (vgl. Beck/Vochezer, 2006). Diese Werte sind ein strategisch wichtiges Instrument der Führung. Die Erzeugung von Authentizität, also einem Vorleben der Werte durch die Führungsebene, ist neben der Kommunikation der Werte bei der langfristigen Integration in Unternehmen das wichtigste Kriterium. Dies bedeutet auch, dass Werte für jede Ebene des Unternehmens in gleicher Weise gültig sein müssen. Wenn ein Unternehmen die Werte aktiv gestaltet und in die Unternehmensprozesse integriert, kann man von Wertemanagement bzw. werteorientierter Unternehmensführung sprechen (vgl. Beck/Vochezer, 2006). Als strategischer Bestandteil eines Unternehmens können Unternehmenswerte einen positiven Einfluss auf das gesamte Unternehmen haben, allerdings müssen sie konsequent über einen längeren Zeitraum bestehen bleiben.

Die ‚Wertekommission' definiert sechs Kernwerte, auf deren Basis Unternehmen wirtschaften sollen: Nachhaltigkeit, Integrität, Vertrauen, Verantwortung, Mut und Respekt (vgl. Wertekommission, 2009). Diese Werte bilden die grundlegenden Ideologien eines Unternehmens. Die Kernwerte fassen viele andere, noch differenziertere Werte zusammen, ohne dabei deren Aussagefähigkeit zu verlieren und sind untereinander vernetzt. Neben den bereits genannten Kernwerten, kann auch Gewinnorientierung in einem Unternehmen als Wert angesehen und umgesetzt werden, auch wenn es sich hierbei nicht direkt um einen ideologischen Wert handelt, sondern eher um die Grundlage eines jeden Unternehmens.

Im Sinne der gesellschaftlichen Verantwortung von Unternehmen profitieren sowohl die Mitarbeiter als auch das Unternehmen von der konsequenten Umsetzung der Unternehmenswerte. Ein Unternehmen, welches auf einer wertorientierten Grundlage arbeitet, fördert beispielsweise die Loyalität, Motivation und Bindung der Mitarbeiter. Ohne loyale und leistungsbereite Mitarbeiter mit hohen Qualifikationen und Wissen über die Prozesse im Unternehmen verändert sich der Wert des Unternehmens (Problem der Fluktuation von Mitarbeitern). Die Wertschöpfung aus den Unternehmenswerten kann nur dann funktionieren, wenn Unternehmenswerte als Leitbild unternehmerischen Handelns jedem Mitarbeiter klar und bewusst sind.

Weiterführende Quellen

Beck, S./Vochezer, R. (2006): Was sind Unternehmenswerte „wert"? – Ansätze des Wertemanagements und Beitrag von Werten zum Unternehmenserfolg, in: Beck, S./Vochezer, R.: Entwicklungsperspektiven der Unternehmensführung und ihrer Berichterstattung: Festschrift für Helmut Kuhnle anlässlich seiner Emeritierung, Wiesbaden: Gabler, S. 3–13.
www.wertekommission.de

Wertorientierte Unternehmensführung

Gegenwärtig setzt sich bei immer mehr Unternehmen die Erkenntnis durch, dass neben den ‚harten' monetären Werten, auch die ‚weichen' Werte (z. B. die offene Kommunikation) einen ‚wert'-vollen Beitrag zum Unternehmenserfolg leisten. Wertorientierte Unternehmensführung ist durch die bewusste Aufnahme, Gestaltung und Integration von Werten in Unternehmen gekennzeichnet. Um die Werte im Unternehmen zu etablieren, stellt das Unternehmensleitbild einen sinnvollen Rahmen dar, damit neben den klar definierten Verhaltens- und Führungsgrundsätzen auch Selbstverpflichtungen und ethische Leitwerte festgehalten werden können.

Der Erfolg des Wertemanagements hängt im starken Maße davon ab, ob die Unternehmensleitbilder tatsächlich integriert und von der Unternehmensführung vorgelebt werden. Unternehmenswerte müssen beständig und somit auf eine nachhaltige Unternehmensperspektive ausgerichtet sein. Um die notwendige Vertrauensbasis in Bezug auf die Wertorientierung des Unternehmens aufzubauen, ist neben der Beständigkeit, auch ein hohes Maß an Integrität erforderlich. Wertorientierte Unternehmensführung stellt die Basis für die Kerngeschäfte dar, und prägt durch die Wertehaltung sämtliche Handlungen des Unternehmens.

Weiterhin beinhaltet die wertorientierte Unternehmensführung wichtige Wirkungsfaktoren, wie Glaubwürdigkeit, Kundenbindung und Mitarbeitermotivation. Wenn ein Unternehmen beispielsweise durch sein Wertemanagement die Basis für eine langfristige, vertrauensvolle Zusammenarbeit legt, und somit einen Wettbewerbsvorteil erlangt, ist es dem Unternehmen gelungen, entsprechendes Vertrauenskapital zu bilden. Diese auf Dauer angelegte vertrauensvolle Zusammenarbeit und das daraus resultierende Vertrauenskapital wird zwar nicht auf der Passivseite der Bilanz aufgeführt, trägt aber in hohem Maße zur langfristigen Gewinnerwirtschaftung des Unternehmens bei (vgl. Beck/Vochezer, 2006). Dadurch können Unternehmen gleichzeitig einen Beitrag zum Erreichen sozialer und ökologischer Ziele leisten, ohne das Ziel der Wertsteigerung für das Unternehmen zu vernachlässigen. Voraussetzung hierfür ist die Einbettung der gesellschaftlichen Verantwortung in die Unternehmensstrategie und den damit verbundenen Unternehmensaktivitäten (vgl. Rösch, 2007).

Damit die im Unternehmen propagierten Werte nicht nur Absichtserklärungen darstellen, ist die Messung und Bewertung der Werte unerlässlich. Dafür sollte das Unternehmen auf ein Wertecontrolling zurückgreifen, mit dessen Hilfe die Wirksamkeit der Werte gemessen werden kann. Solch ein qualifiziertes Messinstrument muss hohen Anforderungen genügen und kann z. B. die tatsächliche Umsetzung der Unternehmenswerte durch die Unternehmensstrategie evaluieren (vgl. Beck/Vochezer, 2006).

Weiterführende Quellen

Rösch, F. (2007): Workbook Nachhaltige und wertorientierte Unternehmensführung, Wie exzellente Unternehmen ihre Zukunft sichern, Ulm: TQU.

Ulmer, M./Juchli, P. (2006): Wertorientierte Unternehmensführung – Management im Spannungsfeld von Kapitalmarkt und Gesellschaft, Bern: Haupt.

Wertschöpfung

Wertschöpfung beschreibt den Wert der produzierten Produkte und Dienstleistungen unter Zuhilfenahme von Vorleistungen. Die Wertschöpfung stellt somit ein Maß der Leistung eines Unternehmens bzw. eines Wirtschaftszweiges dar. Die Wertschöpfung eines Unternehmens ergibt sich aus der Differenz zwischen den durch das Unternehmen produzierten Endprodukten und den Vorleistungen aus anderen Branchen (Lieferanten von Rohstoffen und Betriebsmitteln) (vgl. Kiener et al., 2006).

Bedingt durch die Einbindung von Corporate Social Responsibility in die Wertschöpfungskette kann die Summe der Vorleistungen ansteigen. So sind Rohstoffe von Lieferanten mit sozialen Standards, wie etwa Krankenversicherung oder Rentenabgaben, mit höherem finanziellem Aufwand verbunden als Rohstoffe von Lieferanten ohne soziale Standards (z.B. Vermeidung von Kinderarbeit und Niedriglöhnen). Auch die Einhaltung von Umweltstandards, beispielsweise durch eine ordnungsgemäße Müllentsorgung oder dem Einhalten von Emissionsbeschränkungen, fallen durch steigende Vorleistungen ins Gewicht. Jedoch bietet gesellschaftliche Verantwortung viele Potentiale zur Image- bzw. Reputationssteigerung sowie zur Gewinnerhöhung des Unternehmens (vgl. Münstermann, 2007). Durch aktive Bewerbung der Durchführung von CSR-Maßnahmen, kann das hergestellte Produkt in der Konsumentenwahrnehmung an Wertigkeit zunehmen und der Kunde ist bereit, einen höheren Preis für die Ware zu investieren. Im Zuge des immer stärker werdenden Bewusstseins der Konsumenten für Umweltschutz sowie soziale Normen sind unter CSR-Normen hergestellte Produkte einer großen Kundennachfrage ausgesetzt.

Weiterführende Quellen

Rabe von Pappenheim, J. (2009): Das Prinzip Verantwortung – Die 9 Bausteine nachhaltiger Unternehmensführung, Wiesbaden: Gabler.

Rose, I. (2008): Wertemanagement im Unternehmen – Nachhaltige Wertschöpfung und Chancen durch Kooperation, Saarbrücken: VDM.

Wettbewerbsfähigkeit

Wettbewerbsfähigkeit benennt die Eigenschaft eines Unternehmens, in einer Marktwirtschaft mit Konkurrenz durch seine spezifischen Wettbewerbsparameter bestehen zu können. Auf Märkten mit zwei oder mehr Anbietern oder Nachfragern, die sich antagonistisch verhalten, entsteht Wettbewerb, bei dem ein höherer Zielerreichungsgrad eines Marktteilnehmers einen geringeren Zielerreichungsgrad des Wettbewerbers bedingt (vgl. Varian, 2004).

Auch Aktivitäten im Bereich Corporate Social Responsibility können langfristig eine starke Position im Wettbewerb unterstützen. Erzeugt werden kann eine Win-Win-Situation des Wirtschaftens, d. h. eine Implementierung von sozialen, ökologischen und ethischen Aspekten kann die Wettbewerbsfähigkeit steigern. Unterstützt wird diese Überzeugung durch das Verständnis von CSR als „jenes strategisches wirtschaftliches Handeln, welches zu einer nachhaltigen Entwicklung, zur sozialen Kohäsion, und zum Schutz der Umwelt sowie zu einer besseren Wettbewerbsfähigkeit beiträgt" (Habisch et al., 2007: 493). Die CSR-Aktivitäten, die über die Bedingungen rechtlicher Compliance hinausgehen, erscheinen, im Zuge der Sichtbarkeit der Grenzen der ökologischen Belastbarkeit und der gestiegenen Bedeutung von Stakeholder-Gruppierungen, sinnvoll. So können sich gerade Investitionen, die gesellschaftlichen Anliegen zu Gute kommen, positiv auf die Unterstützung des Unternehmens durch Stakeholder auswirken. Da CSR-Aktivitäten, die nur ergänzend zum Management des Kerngeschäfts eines Unternehmens geplant sind, in konjunkturell schwachen Phasen oft vernachlässigt werden (vgl. Schaltegger/Müller, 2007), ist die Verbindung von CSR zu den Haupttätigkeiten des Unternehmens unerlässlich. Nur dann bewirken CSR-Konzepte und -aktivitäten eine positive Meinungsbildung in Bezug auf Identität und Authentizität des Unternehmens und können die Wettbewerbsfähigkeit vor dem Hintergrund einer umweltbewussten Gesellschaft und dynamischer Märkte erhalten und steigern. Investitionen im Bereich CSR sollten daher nicht nur extrinsisch motiviert sein, sondern auch auf den Erhalt der eigenen Wertschöpfungsfähigkeit abzielen, indem z. B. der Mitarbeiterproduktivität durch den Erhalt und die Stabilisierung von sozialer Gerechtigkeit Rechnung getragen wird.

Weiterführende Quellen

European Union (2008): Overview of the links between Corporate Social Responsibility and Competitiveness, European Competitiveness Report 2008, http://www.verantwortliche-unternehmensfuehrung.de/am_download.php?assetId=114783, Zugriff: 03.03.2010.

Maaß, F. (2007): CSR and Competitiveness – European SMEs' Good Practice – National Report Germany, http://www.kmuforschung.ac.at/de/Projekte/CSR/Report%20Germany.pdf, Zugriff: 03.03.2010.

Whistleblowing

Whistleblower sind Menschen mit Zivilcourage, die aus Gewissensgründen Hinweise über Machenschaften von Regierungen, Verwaltungen oder Unternehmen preisgeben, um gesellschaftliche und soziale Missstände zu beheben und einen weiterführenden Schaden zu verhindern. Sie gelten als Frühwarnsystem der Gesellschaft (vgl. Vennemann, 2008). Eine deutsche Übersetzung des Begriffes Whistleblower würde den Ausdruck ‚jemanden verpfeifen' nahe legen, der, im allgemeinen Sprachgebrauch eher negativ konnotiert, jedoch in diesem Gebrauch positiv zu sehen ist, da es um das ‚Verpfeifen' von Ungerechtigkeiten und Korruption geht. Das Verhalten der Whistleblower zeichnet sich durch Selbstlosigkeit und Risikobereitschaft aus, da oftmals die eigene Existenz bedroht ist. So können der Arbeitsplatz sowie das Ansehen der Person stark gefährdet sein, da das Verhalten oft als Verrat eingestuft wird und als illoyal gilt (vgl. Postol et al., 2006). Zur Sicherung des sozialen Friedens werden Schutzgesetze für Whistleblower konzipiert, welche jedoch oftmals nicht ausreichend sind. Whistleblower sind auf persönlichen Datenschutz und Anonymität angewiesen (vgl. Briegel, 2009).

Es gibt vier Kriterien für Whistleblowing (vgl. HRM, 2010). Das erste Kriterium umfasst die ‚brisante Enthüllung' nicht tolerierbarer Gefahren, Risiken und Fehlentwicklungen sowie Korruption und Verstöße gegen internationale soziale und ökologische Abkommen. Das zweite Kriterium beinhaltet die ‚selbstlosen Motive' mit denen der Whistleblower agiert. Die Handlung des Whistleblowers wird nicht aus Egoismus vollzogen, sondern aus Besorgnis über soziales und ökologisches Fehlverhalten. Charakteristisch für das Verhalten des Whistleblowers ist die Tatsache, dass er zunächst ‚Alarm schlägt' (drittes Kriterium) und Missstände an seinem Arbeitsplatz offen legt und anspricht. Im Falle einer unangemessenen Reaktion auf Seiten der Firma wendet er sich an die Öffentlichkeit. Die ‚Bedrohung der eigenen Existenz' umfasst das vierte Kriterium. Der Whistleblower geht ein hohes Risiko ein, indem er seinen Job und damit seine Existenz riskiert.

Für Unternehmen ist es von großer Bedeutung, adäquat mit Regelverstößen im eigenen Unternehmen sowie mit externen und internen Hinweisen auf z. B. Korruption, Betrug und Bestechung umzugehen.

Weiterführende Quellen

Briegel, T. (2009): Einrichtung und Ausgestaltung unternehmensinterner Whistleblowing-Systeme, Schriftreihe der HHL – Leipzig Graduate School of Management, Wiesbaden: Gabler.

Leisinger, K. M. (2003): Whistleblowing und Corporate Reputation Management, München und Mehring: Rainer Hampp.

Wirtschafts- und Unternehmensethik

Eine eindeutige definitorische Abgrenzung zwischen Wirtschafts- und Unternehmensethik existiert bislang nicht. Allgemein anerkannt ist die Unterscheidung zwischen der Gesamtheit aller wirtschaftlichen Akteure als Adressaten moralischer Erwartungen und Forderungen in der Wirtschaftsethik, und den Unternehmen bzw. an Manager und Führungspersonen als Adressaten der Erwartungen und Forderungen in der Unternehmensethik (vgl. Homann/Blome-Drees, 1992). Speziell auf das Modell der ‚Ordnungsethik' von *Karl Homann*, die ‚Integrative Ethik' von *Peter Ulrich* und die ‚Governanceethik' von *Josef Wieland* wird im Folgenden eingegangen.

Die Basis der Ordnungsethik liegt in der Annahme begründet, dass individuelles moralisches Verhalten im Markt nicht honoriert wird und sogar zu Wettbewerbsnachteilen durch höhere Kosten führen kann. Folglich können Appelle an das Individuum nur begrenzten Erfolg haben, da Unternehmen den Gesetzen des Marktes unterliegen und sich eine langfristige Existenz der Unternehmen nur durch die Erzielung von Gewinnen realisieren lässt. Diese Gewinne dienen wiederum als Anreize für Investition und Innovation und garantieren dadurch Angebotsverbesserung und Funktionsfähigkeit der Marktwirtschaft. *Homann* unterscheidet zwischen der Rahmenordnung und den Handlungen innerhalb der Rahmenordnung – den Spielregeln und Spielzügen. Da jedes Wirtschaftssubjekt innerhalb der Rahmenordnung seine Handlungen legitim im Sinne des ‚homo oeconomicus' bei optimaler Ressourcennutzung gewinnmaximal wählt, um weiterhin im Markt bestehen zu können, muss die Rahmenordnung (Verfassung, Gesetze, Standards, etc.) dauerhafte Regeln für das Handeln von Unternehmen aufstellen und Verletzungen sanktionieren. Somit wird der systematische Ort der Moral von den Vertretern der Ordnungsethik in der Rahmenordnung gesehen (vgl. Homann/Blome-Drees, 1992). Moralisch bedenkliche Zustände sind also nicht den Marktakteuren anzulasten, sondern der Politik und der Wirtschaft, da diese Lücken in der Rahmenordnung gelassen haben. Eine vollkommene Rahmenordnung kann jedoch niemals existieren, somit fällt bei Regelungslücken die Legitimationsverantwortung wirtschaftlichen Handelns wieder in den Bereich der Unternehmensethik zurück. Kritisch bleibt beim Konzept der Ordnungsethik anzumerken, dass ein äußerst pessimistisches Menschenbild dem Konzept zugrunde gelegt wird, eine internationale Wirtschaftsethik aufgrund der unterschiedlichen nationalen Regelungen nahezu auszuschließen ist und die Moral lediglich auf der Implementierungsebene, nicht jedoch auf der normativen Ebene diskutiert wird.

Peter Ulrich setzt bei seinem Modell einer humanistischen Vernunftethik im Sinne des ‚zôon politikón' Moralität als Teil der menschlichen Natur (‚conditio humana') voraus. Zusätzlich betrachtet er das Modell des gewinnmaximierenden ‚homo oeconomicus' kritisch und verweist auf das „humane Streben nach einem erfüllten Leben" (Ulrich, 2001: 207). Mit der Kritik am Axiom des gewinnmaximierenden Individuums widerspricht er gleichzeitig Homann, der als einzigen Ort der Moral die Rahmenordnung sieht. Stattdessen geht *Ulrich* von einem Primat der Ethik aus. Jede Art von unternehmerischer Handlung wird unter einen Legitimitätsvorbehalt gestellt. Dieser besagt, dass ein Gewinnstreben immer unter einer moralischen Reflexion geschehen muss und die Legitimität vor dem wirtschaftlichen Erfolg kommt. Die Integrative Wirtschaftsethik umfasst zwei Grundaufgaben als Reflexionsgegenstand. Zum einen wird als Aufgabe die „Kritik der ökonomischen Rationalität im Sinne der reinen Ökonomik" (Ulrich, 2001: 117) gesehen (Ökonomismuskritik), zum anderen wird die Klärung einer diskursethisch basierten regulativen Idee der ökonomischen Vernunft mit dem Ziel der Erweiterung der ökonomischen zu einer sozialökonomischen Rationalitätsidee als Aufgabe der Wirtschaftsethik gesehen. Als grundsätzlich zu definierende Aufgabe gilt es den prinzipiellen Ort der Moral zu finden, in der die regulative Idee sozialökonomischer Rationalität umgesetzt werden kann. Zu diesen Orten der Moral gehören die kritische Öffentlichkeit, die staatliche Rahmenordnung des Marktes, die Unternehmung und der Wirtschaftsbürger (vgl. Ulrich, 2001). Kritikpunkte des Konzeptes der Integrativen Wirtschaftsethik liegen primär im zu optimistischen Menschenbild des Modells und dem Fehlen von Instanzen zur Durchsetzung von Rechten begründet. Ebenfalls ist die reale Umsetzung eines systematischen Diskurses zur Findung eines kulturübergreifenden, postkonventionellen Moralprinzips als fragwürdig anzusehen.

Das Erfordernis einer Governanceethik resultiert aus den durch die Globalisierung verursachten Steuerungsdefiziten nationalstaatlicher Rahmenordnungen. Governance wird bezeichnet als „eine Steuerungsstruktur oder eine Steuerungsmatrix zur Abwicklung wirtschaftlicher und gesellschaftlicher Transaktionen" (Wieland, 1999: 7). Explizit wird auf die Governanceform der Unternehmung eingegangen. Die Strukturen der Governance sind formale (z. B. Aufbauorganisation) und informale Ordnungen (z. B. unternehmenskulturelle Elemente), die weiterhin zwischen globalen (Rahmenordnungen, Unternehmensverfassung, Verhaltensstandards, etc.) und lokalen Governancestrukturen (Organisationsstrukturen, moralische Werte, etc.) unterschieden werden können. Die Architektur der Governanceethik baut auf der Unterscheidung zwischen Prozess und Form einer Organisation auf. Zur infiniten Betrachtung muss die Form der Organisation ‚Unternehmung' als Betrachtungsgegenstand gewählt werden, die einen Ausschluss von Menschen, Individuen oder Personen gewährleistet. Die Notwendigkeit erschließt sich aus der folgenden Überlegung. „Der systematische Ort der Management-Tugenden ist der Prozeß der Unternehmung, der systematische Ort der Governanceethik ist die Form der Unternehmung" (Wieland, 1999: 50). Ziel einer jeden Unternehmung aus organisationsökonomischer Sicht ist die Realisierung einer höchstmöglichen Kooperationsrente (und nicht eine monetäre Gewinnerzielungsabsicht), die nur durch die Akkumulation verschiedener individueller Ressourcen erreicht werden kann. Aufgrund der eigeninteressierten Motive der Akteure binden diese sich an einen konstitutionellen, wenn auch unvollständigen Vertrag (Unternehmensverfassung). Dieses Netzwerk von Verträgen führt zu einer Beschränkung der Handlungsmöglichkeiten und damit einer Einschränkung eines möglichen opportunen Verhaltens der Akteure aufgrund fehlender Kooperationsbereitschaft oder -fähigkeit. Folglich muss ein über ökonomische Anreize hinausgehendes Anreizsystem geschaffen werden, das opportunes Verhalten verhindert, da eine erfolgreiche Kooperation sowohl die Ressourcen- als auch Verhaltensebene einschließt. Gegenstandsbereich der Governanceethik „sind die moralischen Ressourcen, die Handlungsbeschränkungen aus organisationalen Regeln und Werten sowie deren Kommunikation in und mittels von Kooperationsprojekten" (Wieland, 1999: 67). Diese Strukturen werden bezüglich des Einflusses auf das Handeln der Akteure in einer Organisation, zwischen Organisationen und zwischen Gesellschaft und Organisation analysiert. Folglich kommt der Governanceethik eine komparative Funktion zu. Sie vergleicht alternative Governancestrukturen zur Steuerung wirtschaftlicher Transaktionen unter dem Blickwinkel welche Regeln, Werte, Anreize sie beschreiben und damit einem entsprechenden Handeln eine höhere Rente zusprechen. Aus diesen Erkenntnissen soll die Entwicklung und Implementierung von sogenannten Ethikmanagementsystemen erfolgen, die die Möglichkeit der Kooperationsgewinne aufgrund des Bindungscharakters steigern sollen (vgl. Wieland, 1999). Kritisch bleibt diesem Konzept der Anreizsetzung die Instrumentalisierung der Ethik anzumerken, die jedoch oftmals keinen Schutz gegenüber Opportunismus individueller Akteure bietet.

Weiterführende Quellen

Homann, K./Blome-Drees, F. (1992): Wirtschafts- und Unternehmensethik, Göttingen: Vandenhoeck & Ruprecht.

Ulrich, P. (2001): Integrative Wirtschaftsethik: Grundlagen einer lebensdienlichen Ökonomie, Bern: Haupt.

Wieland, J. (1999): Die Ethik der Governance, Marburg: Metropolis.

World Business Council for SD

Das ‚World Business Council for Sustainable Development' (WBCSD) ist ein Zusammenschluss verschiedener international tätiger, marktführender Unternehmen. Vorrangiges Ziel dieser Organisation, die sich mit dem Thema ‚Wirtschaft und nachhaltige Entwicklung' beschäftigt, ist es, einen positiven Beitrag zur nachhaltigen Entwicklung zu leisten, ohne dabei die wirtschaftliche Rentabilität zu vernachlässigen. Die Mitglieder verpflichten sich dazu, den Rat sowohl personell, als auch mit Erfahrung und Wissen zu unterstützen. Eine Besonderheit stellt dabei die persönliche Verpflichtung der Vorstandsvorsitzenden der partizipierenden Unternehmen dar, sich als Ratsmitglieder an den Aktivitäten des Weltwirtschaftsrats zu beteiligen. Dadurch haben die Entscheidungen des Rates direkten Einfluss auf die jeweiligen Mitgliedsunternehmen. Entstanden ist das WBCSD im Jahre 1995 als Zusammenschluss zweier Interessengemeinschaften; dem anlässlich des Weltgipfels 1992 in Rio gegründeten ‚Business Council for Sustainable Development' und dem ‚World Industry Council'. Seitdem ist die Anzahl der teilnehmenden Unternehmen auf 200 angewachsen, was angesichts der Größe der Unternehmen und der Tatsache, dass eine Mitgliedschaft eine vorherige Einladung durch den Rat voraussetzt, eine beachtliche Größe darstellt (vgl. WBCSD, 2009; Schmidheiny, 2002).

Eines der definierten Ziele des WBCSD ist es, die weltweite Marktführerschaft in den Bereichen ‚Umwelt' und ‚nachhaltige Entwicklung' zu erlangen. Weiterhin sollen globale politische Institutionen dazu bewegt werden, Rahmenbedingungen zu schaffen, die es ermöglichen, effektiv Einfluss auf eine globale nachhaltige Entwicklung zu nehmen. Auch die Entwicklung und Verbreitung des Geschäftsmodells der nachhaltigen Entwicklung zählt ebenso zu den Zielen des WBCSD, wie die Verdeutlichung des Mehrwerts von Lösungen aus diesem Bereich.

Weiterführende Quellen

www.wbcsd.org

Zivilgesellschaft

Die Zivilgesellschaft, oder auch der Dritte Sektor, sind seit den achtziger Jahren des vergangenen Jahrhunderts in den Blickwinkel der Gesellschaftswissenschaften geraten und doch ist eine einheitliche Definition schwierig, da selbst in der wissenschaftlichen Diskussion keine allgemein anerkannte Begriffsklärung vorherrscht. Dennoch lässt sich die Zivilgesellschaft zumindest so charakterisieren, dass sie sich abtrennt von den Sektoren Staat und Wirtschaft – somit einen Dritten Sektor bildet – und die Gesamtheit von Bürgern und Nichtregierungsorganisationen (NGOs) zusammenfasst. Ziel ist eine Kultur sozialen Handelns, das auf eigenen Interessen und Erfahrungen beruht und sich „[...] gleichzeitig auf allgemeinere Dinge bezieht, auf das allgemeine Wohl, so unterschiedlich die einzelnen Akteure dies auch definieren mögen" (Kocka, 2004: 4). Als Beispiele sind hier politische, kulturelle und soziale Stiftungen ebenso zu nennen, wie die zahllosen karitativen Einrichtungen, die sich für Wohlfahrt, Jugendliche und Senioren engagieren (vgl. Höffe, 2004). Innerhalb dieser Organisationen sind Bürger aktiv, die sich nicht (nur) für private Interessen einsetzen und auch kein öffentliches Amt anstreben. Ihr Anliegen gilt einem öffentlichen Interesse und dies führt zu einer „partiellen Politisierung der angeblich entpolitisierten Gesellschaft und spiegelbildlich dazu eine partielle Entstaatlichung der Verantwortung fürs Gemeinwohl" (Höffe, 2004: 91). Die Bürger übernehmen so eine Eigenverantwortung, die ansonsten in staatlichen Händen liegen würde.

Zum Begriff Zivilgesellschaft kann daher auch der Aspekt des ‚nichtstaatlichen Handelns' besonders hervorgehoben werden. Damit würden auch Unternehmen als nichtstaatliche Akteure unter den Begriff der Zivilgesellschaft fallen. Innerhalb der Zivilgesellschaft unterscheidet man dann zwischen Non-Profit und Profit Organisationen und grenzt so gemeinnützige Vereine von Unternehmen ab (vgl. Halfmann, 2008). Die Zusammenarbeit zwischen Non-Profit- und Profit-Organisationen kann von wechselseitigem Nutzen sein: Durch die Zusammenarbeit können Non-Profit-Einrichtungen umfassendes Managementwissen nutzen und auf bestehende Logistik oder Infrastrukturen zurückgreifen. Für Unternehmen ergibt sich durch die Zusammenarbeit nicht nur eine verbesserte Reputation bei Mitarbeitern und Kunden, sondern über die Kontakte zu Stakeholder-Gruppen ein Zugang zu deren Expertenwissen und möglicherweise zu neuen Kundengruppen.

Weiterführende Quellen

Adloff, F. (2005): Zivilgesellschaft Theorie und politische Praxis, Frankfurt am Main: Campus.

Halfmann, A. (2008): Unternehmen als Teil der Zivilgesellschaft: Wie das Miteinander von Profit und Non-Profit gelingen kann und woran es manchmal scheitert, in: Schmidt, M./Beschorner, T. (Hrsg.), Corporate Social Responsibility and Corporate Citizenship, München und Mering: Rainer Hampp, S. 87–96.

Quellenverzeichnis zu Teil 2

AccountAbility (2007): AA 1000 Series of Standards, www.accountability21.net/aa1000series, Zugriff: 05.03.2009.

AccountAbility (2008): AA1000 Prüfungsstandard 2008, http://www.accountability21.net/uploadedFiles/Conference/AA1000AS%20 (2008)_German.pdf, Zugriff: 29.01.2010.

Adam, St. M. (2008): Die Sozialfirma – wirtschaftlich arbeiten und sozial handeln – Beiträge zu einer sozial wirtschaftlichen Innovation, Bern/Stuttgart/Wien: Haupt.

Adloff, F. (2005): Zivilgesellschaft Theorie und politische Praxis, Frankfurt am Main: Campus.

Ahlert, D./Woisetschläger, D./Vogel, V. (2007): Exzellentes Sponsoring – Innovative Ansätze und Best Practices für das Markenmanagement, Wiesbaden: DUV.

von Ahsen, A. (2006): Integriertes Qualitäts- und Umweltmanagement – Mehrdimensionale Modellierung und Anwendung in der deutschen Automobilindustrie, Wiesbaden: Gabler.

Albach, H. (2006): Unternehmensethik und globale Märkte, Special Issue 1/2006, Wiesbaden: Gabler.

Altenburg, T./de Carlo, L./Demtschück, E./Hamm, B. (2004): Strategische Allianzen und Corporate Social Responsibility: Instrumente für die entwicklungspolitische Kooperation mit der Wirtschaft, Deutsches Institut für Entwicklungspolitik, http://www.die-gdi.de/CMS-Homepage/openwebcms3.nsf/%28ynDK_contentByKey%29/ENTR-7C3H9N/$FILE/Strategische%20Allianzen%20und%20Corporate%20Social%20Responsiblity.pdf, Zugriff: 03.03.2010.

Altenschmidt, K./Miller, J./Stark, W. (2009): Raus aus dem Elfenbeinturm? Entwicklungen im Service Learning und bürgerschaftlichem Engagement an deutschen Hochschulen, Weinheim/Basel: Beltz.

Arenhövel, M. (2000): Zivilgesellschaft. Bürgergesellschaft, in: Wochenschau II, Nr. 2, März/April 2000, S. 55–64.

Arbeitskreis Armutsbekämpfung durch Hilfe zur Selbsthilfe (AKA) (2003): Die Kluft überwinden: Wege aus der Armut, http://www.bne-portal.de/coremedia/generator/unesco/de/Downloads/Lehr_und_Lernmaterialien/Jahresthema_20 Geld/Wege_20aus_20der_20Armut.pdf, Zugriff: 21.01.10.

Arnold, D. (2008): Handbuch Logistik, Berlin: Springer.

Ashoka (2007): Everyone a changemaker – Social Entrepreneurs und die Macht der Menschen, die Welt zu verbessern, http://germany.ashoka.org/sites/germany.ashoka.org/files/Broschuere_Ashoka.pdf, Zugriff: 10.03.2009.

Astin, A./Schroeder, C. (2003): What matters to Alexander Astin? A conversation with higher education's senior scholar, About Campus, 8 (5), London/New York: Wiley, S. 11–18.

Backhaus-Maul, H. (2004): Corporate Citizenship im deutschen Sozialstaat, in: Aus Politik und Zeitgeschichte (Hrsg.), Beilage zur Wochenzeitung Das Parlament, B14/2004, S. 23–30.

Backhaus-Maul, H./Biedermann, Ch./Nährlich, St./Polterauer, J. (2008): Corporate Citizenship in Deutschland – Bilanz und Perspektiven, Wiesbaden: VS.

Badelt, Ch. (2007): Handbuch der Nonprofit Organisation – Strukturen und Management, Stuttgart: Schäffer-Poeschel.

Badura, B./Greiner, W./Rixgens, P./Ueberle, M./Behr, M. (2008): Sozialkapital – Grundlagen von Gesundheit und Unternehmenserfolg, Berlin: Springer.

Baker, M. (2006): So what's the business case for corporate social responsibility?, http://www.mallenbaker.net/csr/page.php?Story_ID=1724, Zugriff: 20.10.2010.

Baker, M. (2002): But is there a social case for CSR? Business Respect, Nr. 43, http://www.mallenbaker.net/csr/CSRfiles/page.php?Story_ID=695, Zugriff: 03.03.2010.

Balderjahn, I. (2003): Nachhaltiges Marketing-Management, Stuttgart: Lucius & Lucius.

Bamberger, I./Wrona, T. (2004): Strategische Unternehmensführung. Strategien – Systeme – Prozesse, München: Vahlen.

Bauerdick, J. (2001): Human-Resource-Ansatz, in: Arnold, R./Nolda, S./Nuissl, E. (Hrsg.), Wörterbuch Erwachsenenpädagogik, Bad Heilbrunn: Klinkhardt, S. 149–151.

Baumgärtner, F./Eßer, T./Scharping, R. (2009): Public Private Partnership in Deutschland – Das Handbuch – Mit einem Register aller relevanten PPP-Projekte, Frankfurt am Main: Frankfurter Allgemeine Buch.

Baumgartner, R. J./Biedermann, H./Ebner, D. (2007): Unternehmenspraxis und Nachhaltigkeit – Herausforderungen, Konzepte und Erfahrungen, München und Mering: Rainer Hampp.

Beck, S./Vochezer, R. (2006): Was sind Unternehmenswerte „wert"? – Ansätze des Wertemanagements und Beitrag von Werten zum Unternehmenserfolg, in: Banzhaf, J./Wiedmann, S. (Hrsg.), Entwicklungsperspektiven der Unternehmensführung und ihrer Berichterstattung: Festschrift für Helmut Kuhnle anlässlich seiner Emeritierung, Wiesbaden: Gabler, S. 3–13.

Becker, E./Jahn, T. (2006): Soziale Ökologie – Grundzüge einer Wissenschaft von den gesellschaftlichen Naturverhältnissen, Frankfurt am Main/New York: Campus.

Beckmann, M. (2007): Corporate Social Responsibility und Corporate Citizenship – Eine empirische Bestandsaufnahme der aktuellen Diskussion über die gesellschaftliche Verantwortung von Unternehmen, http://wcms-neu1.urz.uni-halle.de/download.php?down=2159&elem=1056504, Zugriff: 18.02.2009.

Behrens, M. (2005): Globalisierung als politische Herausforderung – Global Governance zwischen Utopie und Realität, Wiesbaden: VS.

Beimann, B./Bonini, S./Emerson, J./Nicholls, J./Olsen, S./Robertson, St./Scholten, P. (2005): Eine Basismethodik für Social Return On Investment, http://www.sroi.nl/upload/UserFiles/File/07–01–18%20Methodiek%28DE%29.pdf, Zugriff: 04.03.2010.

Bender, S. (2007): Corporate social responsibility als strategisches Instrument der Unternehmenskommunikation zur Stärkung der Unternehmensreputation – Über die Verknüpfung von wirtschaftlichen Eigeninteressen und sozialem Nutzen, Dissertation Universität Duisburg-Essen.

Benz, A. (2004): Governance – Regieren in komplexen Regelsystemen, Wiesbaden: VS.

Bertelsmann Stiftung (2005): Die gesellschaftliche Verantwortung von Unternehmen – Dokumentation der Ergebnisse einer Unternehmensbefragung der Bertelsmann Stiftung, http://www.bertelsmann-stiftung.de/cps/rde/xbcr/SID-42E2D49B-4334B66D/bst/Unternehmensbefragung_CSR_200705.pdf, Zugriff: 10.03.2009.

Biedermann, Ch. (2008): Corporate Citizenship in der Unternehmenskommunikation, in: Backhaus-Maul, H./Biedermann, Ch./Nährlich, St./Polterauer, J. (Hrsg.), Corporate Citizenship in Deutschland, Wiesbaden: VS, S. 353–370.

Bieletzke, S. (1998): Simulation und Ökobilanz, Entwicklung eines Modells zur Analyse ökonomischer und ökologischer Wirkungen, Wiesbaden: DUV.

Biesecker, A. (1998): Shareholder, Stakeholder and Beyond – Auf dem Weg zu einer vorsorgenden Wirtschaftsweise, in: Biesecker, A./Elsner, W./Grenzdörffer, K. (Hrsg.), Nr. 26 der Bremer Diskussionspapiere zur Institutionellen Ökonomie und Sozial-Ökonomie, Bremen: Universität Bremen.

Bisgaard, T. (2009): CSI. Corporate Social Innovation Companies' participation in solving global challenges, http://www.foranet.dk/upload/csi_report.pdf, Zugriff: 10.04.2010.

Blom, H./Meier, H. (2004): Interkulturelles Management – Interkulturelle Kommunikation. Internationales Personalmanagement. Diversity-Ansätze im Unternehmen, Herne und Berlin: NWB.

Bluszcz, O. (2007): Strategische Allianzen zwischen Profit- und Non-Profit-Organisationen, in: Hafner, S/Hartel, J./Bluszcz, O./Stark, W. (Hrsg.), Gesellschaftliche Verantwortung in Organisationen. Fallstudien unter organisationstheoretischen Perspektiven, München und Mering: Rainer Hampp, S. 107–117.

Bluszcz, O./Jughardt, A. (2007): Informations- und Unterstützungssystem für Corporate Citizenship – Eine Software-Applikation zur Corporate Citizenship Beratung, in: Hafner, S./Hartel, J./Bluszcz, O./Stark, W. (Hrsg.), Gesellschaftliche Verantwortung in Organisationen – Fallstudien unter organisationstheoretischen Perspektiven, München und Mering: Rainer Hampp, S. 257–266.

Bluszcz, O. (2007): Strategische Allianzen zwischen Profit- und Non-Profit-Organisationen, in: Hafner, S/Hartel, J./Bluszcz, O./Stark, W. (Hrsg.), Gesellschaftliche Verantwortung in Organisationen. Fallstudien unter organisationstheoretischen Perspektiven, München und Mering: Rainer Hampp, S. 107–117.

Boms, A. (2008): Unternehmensverantwortung und Nachhaltigkeit – Umsetzung durch das Sustainability Performance Measurement, Lohmar: EUL.

Bornstein, D. (2006): Die Welt verändern – Social Entrepreneurs und die Kraft neuer Ideen, Stuttgart: Klett-Cotta.

Bourdieu, P. (1983): Ökonomisches Kapital – Kulturelles Kapital – Soziales Kapital, in: Kreckel, R. (Hrsg.), Soziale Ungleichheiten, Soziale Welt, Göttingen: Schwartz, S. 183–198.

Bowen, H. R. (1953): Social Responsibilities of the Businessman, New York: Harper & Brothers.

Brand, U. (2000): Global Governance – Alternative zur neoliberalen Globalisierung?, Münster: Westfälisches Dampfboot.

Brandenburg, U./Nieder, P./Susen, B. (2000): Leistung fordern – Gesundheit fördern, in: Brandenburg, U./Nieder, P./Susen, B. (Hrsg.), Gesundheitsmanagement im Unternehmen – Grundlagen, Konzepte und Evaluation, Weinheim: Juventa, S. 9–20.

Braungart, M./McDonough, W. (2005): Einfach intelligent produzieren – Cradle to Cradle: Die Natur zeigt, wie wir Dinge besser machen können – Gebrauchsanweisungen für das 21. Jahrhundert, Berlin: BvT.

Breidenbach, R. (2002): Umweltschutz in der betrieblichen Praxis – Erfolgsfaktoren zukunftsorientierten Umweltmanagements – Ökologie – Gesellschaft – Ökonomie, Wiesbaden: Gabler.

Briegel, T. (2009): Einrichtung und Ausgestaltung unternehmensinterner Whistleblowing-Systeme, Schriftreihe der HHL – Leipzig Graduate School of Management, Wiesbaden: Gabler.

Brohm, A. (2002): Holistische Unternehmensmodelle in der Schaden- und Unfallversicherung: Konstruktion, Analyse, Bewertung und Einsatz im operativen Risiko-Controlling und Risiko-Management, Karlsruhe: Versicherungswirtschaft.

Brozus, L./Take, I./Wolf, K. D. (2003): Vergesellschaftung des Regierens? – Der Wandel nationaler und internationaler politischer Steuerung unter dem Leitbild der nachhaltigen Entwicklung, Opladen: Leske und Buderich.

Bruhn, M. (2003): Qualitätsmanagement, Berlin: Springer.

Brunold, A. (2004): Globales Lernen und Lokale Agenda 21 – Aspekte kommunaler Bildungsprozesse in der „Einen Welt", Wiesbaden: VS.

Buck, K. (1993): Ökologische Beschäftigungspolitik – Rahmen und Ansätze zur Schaffung umweltverträglicher Arbeitsplätze, Taunusstein: Eberhard Blottner.

Bundesanstalt für Arbeitsschutz und Arbeitsmedizin (2009): Aufgaben der BAuA http://www.baua.de/de/Ueber-die-BAuA/Aufgaben-und-Organisation/Aufgaben__der__BAuA.html?__nnn=true&__nnn=true, Zugriff: 12.03.2009.

Bundesministerium der Justiz (1996): Gesetz über die Durchführung von Maßnahmen des Arbeitsschutzes zur Verbesserung der Sicherheit und des Gesundheitsschutzes der Beschäftigten bei der Arbeit (Arbeitsschutzgesetz – ArbSchG), http://www.gesetze-im-internet.de/bundesrecht/arbschg/gesamt.pdf, Zugriff: 08.12.2009.

Bundesministerium der Justiz (2006): Allgemeines Gleichbehandlungsgesetz (AGG), www.gesetze-im-internet.de/bundesrecht/agg/gesamt.pdf, Zugriff: 24.03.2009.

Bundesministerium der Justiz (2009a): Grundgesetz für die Bundesrepublik Deutschland, http://www.gesetze-im-internet.de/bundesrecht/gg/gesamt.pdf, Zugriff: 19.01.2010.

Bundesministerium der Justiz (2009b): Gesetz über die Umweltverträglichkeitsprüfung (UVPG), http://bundesrecht.juris.de/bundesrecht/uvpg/gesamt.pdf, Zugriff: 21.01.2010.

Bundesministerium für Umwelt, Naturschutz und Reaktorsicherheit (BMU) (2008): Nachhaltigkeit im Dialog, http://www.bmu.de/nachhaltige_entwicklung/nachhaltigkeit_im_dialog/doc/38943.php, Zugriff: 23.01.2010.

Bundesministerium für Umwelt, Naturschutz und Reaktorsicherheit (BMU) (2009a): Umweltschutz – ein wichtiger Wirtschaftsfaktor, http://www.bmu.de/wirtschaft_und_umwelt/doc/5618.php, Zugriff: 11.03.2009.

Bundesministerium für Umwelt, Naturschutz und Reaktorsicherheit (BMU) (2009b): Kurzinfo Umweltverträglichkeitsprüfung UVP/SUP, http://www.bmu.de/umweltvertraeglichkeitspruefung/kurzinfo/doc/print/6361.php, Zugriff: 31.08.2009.

Bundesministerium für Umwelt, Naturschutz und Reaktorsicherheit (BMU) (2009c): EU-Nachhaltigkeitsstrategie, http://www.bmu.de/europa_und_umwelt/eu-nachhaltigkeitsstrategie/doc/6733.php, Zugriff: 19.01.2010.

Bundesministerium für wirtschaftliche Zusammenarbeit und Entwicklung (BMZ) (2002): Von Rio nach Johannesburg – Ausgewählte Handlungsfelder der deutschen Entwicklungspolitik seit der Konferenz von Rio de Janeiro (UNCED) 1992 – eine Bestandsaufnahme, Bonn: BMZ.

Bundesministerium für wirtschaftliche Zusammenarbeit und Entwicklung (BMZ) (2003): Aktionsprogramm 2015: Armut bekämpfen. Gemeinsam handeln. Der Beitrag der Bundesregierung zur weltweiten Halbierung extremer Armut, http://www.bmz.de/de/service/infothek/buerger/themen/armut.pdf, Zugriff: 10.03.09.

Bundesministerium für wirtschaftliche Zusammenarbeit und Entwicklung (BMZ) (2004): Global Compact – Ein weltumspannender Pakt – VN-Initiative zu verantwortungsvoller Unternehmensführung, http://www.gtz.de/de/dokumente/de-factsheet-global-compact.pdf, Zugriff: 19.01.10.

Bundesministerium für wirtschaftliche Zusammenarbeit und Entwicklung (BMZ) (2008): Auf dem Weg in die Eine Welt – Weißbuch zur Entwicklungspolitik, 13. Entwicklungspolitischer Bericht der Bundesregierung, Berlin, http://www.uni-bonn.de/~uholtz/lehrmaterial/bmz_weissbuch.pdf, Zugriff: 20.01.2010.

Bundeszentrale für politische Bildung (bpb) (2004): Menschenrechte: Dokumentation und Deklaration, Bonn: Bundeszentrale für Politische Bildung.

Bussler, C. (2004): Ethische Standards als Dialoggrundlage zur Bewältigung globaler Probleme, in: Fonari, A. (Hrsg.), Menschenrechts-, Arbeits- und Umweltstandards bei multinationalen Unternehmen, München: Germanwatch Regionalgruppe Münchner Raum und Europäische Akademie Bayern e. V., S. 187–196.

Carroll, A. B. (1991): The Pyramid of CSR: Toward the Moral Management of Organizational Stakeholders, in: Business Horizons, Vol. 34, Issue 4, S. 39–48.

Carroll, A. B./Buchholtz, A. K. (2008): Business & Society – Ethics and Stakeholder Management, Florence, KY: Cengage Learning.

Cartlidge, D. P. (2004): Procurement of built, Oxford: Butterworth-Heinemann.

Chesbrough, H. (2003): Open innovation: The new imperative for creating and profiting from technology, Boston: Harvard Business School Press.

Clausen, J./Loew, Th./Kahlenborn, W. (2006): Lagebericht zur Lageberichtserstattung – Eine Analyse der Verwendung nicht-finanzieller Indikatoren, http://www.ranking-nachhaltigkeitsberichte.de/pdf/BMU_2006_Lagebericht_zur_Lageberichterstattung.pdf, Umweltbundesamt (Hrsg.), Zugriff: 20.01.2010.

Claves, H (2007): Altruismus versus Eigennutz: Corporate Foundations als Mittel der PR?, http://csr-news.net/main/2007/11/15/altruismus-versus-eigennutz-corporate-foundations-als-mittel-der-pr/, Zugriff: 14.03.2009.

Club of Rome (2009): The Story of the Club of Rome, http://www.clubofrome.org/eng/about/4/, Zugriff: 22.02.2009.

Coleman, J. (1990): Foundations of Social Theory, Cambridge (Mass.)/London: The Belknap Press of Harvard University Press.

Crane, A./McWilliams, A./Matten, D./Moon, J./Siegel, D. S. (2008): The Oxford Handbook of Corporate Social Responsibility, Oxford: Oxford University Press.

Curbach, J. (2003): Global Governance und NGOs – Transnationale Zivilgesellschaft in internationalen Politiknetzwerken, Opladen: Leske und Budrich.

Czymmek, F. (2003): Ökoeffizienz und unternehmerische Stakeholder, Köln: EUL.

Dausend, J. (2008): Unternehmenskultur und Corporate Responsibility, Hamburg: Igel.

Deuringer, C. (2000): Organisation und Change Management. Ein ganzheitlicher Strukturansatz zur Förderung organisatorischer Flexibilität, Wiesbaden: Gabler.

Debiel, T. (2008): A Silent Farewell? State Fragility as Challenge to the Good Governance Approach, in: Schmitt-Beck, R./Debiel, T./Korte, K.-R. (Hrsg.), Governance and Legitimacy in a Globalized World, Baden-Baden: Nomos, S. 172–185.

Deutscher Bundestag (2009): Unterrichtung durch den Parlamentarischen Beirat für nachhaltige Entwicklung – Bericht des Parlamentarischen Beirats für nachhaltige Entwicklung, Drucksache 16/12560, http://dipbt.bundestag.de/dip21/btd/16/125/1612560.pdf, Zugriff: 20.01.2010.

Die Gruppe von Lissabon (1997): Die Grenzen des Wettbewerbs – Die Globalisierung der Wirtschaft und die Zukunft der Menschheit, München: Luchterhand.

Dietzfelbinger, D. (2008): Praxisleitfaden Unternehmensethik – Kennzahlen, Instrumente, Handlungsempfehlungen, Wiesbaden: Gabler.

DIN EN ISO 9001 (2000): Deutsches Institut für Normung e. V., Qualitätsmanagementsysteme – Anforderungen, Berlin: Beuth.

Dolzer, R./Herdegen, M./Vogel, B. (2007): Good Governance: gute Regierungsführung im 21. Jahrhundert, Herausgegeben im Auftrag der Konrad-Adenauer-Stiftung, Freiburg/Basel/Wien: Herder.

Dolzer, R. (2007): Good Governance Genese des Begriffs, konzeptionelle Grundüberlegungen und Stand der Forschung, in: Dolzer, R./Herdegen, M./Vogel, B. (Hrsg.), Good Governance: gute Regierungsführung im 21. Jahrhundert, Herausgegeben im Auftrag der Konrad-Adenauer-Stiftung, Freiburg/Basel/Wien: Herder, S. 13–23.

Doppler, K./Fuhrmann, H./Lebbe-Waschke, B./Voigt, B. (2002): Unternehmenswandel gegen Widerstände: Change Management mit den Menschen, Frankfurt am Main: Campus.

Doppler, K./Lauterburg, C. (2008): Change Management. Den Unternehmenswandel gestalten, Frankfurt am Main: Campus.

Dorn, D. (2006): Umweltmanagementsysteme – DIN EN ISO 14001 – Die Änderungen, Deutsches Institut für Normung e. V. (Hrsg.), Berlin: Beuth.

Dow, K./Downing, T. E. (2007): Weltatlas des Klimawandels: Karten und Fakten zur globalen Erwärmung, Hamburg: EVA.

Dreher, M. (2006): Mikrokredite – Kleines Geld, große Wirkung, http://www.spiegel.de/wirtschaft/0,1518,428291,00.html, Zugriff: 25.07.2006.

Dresewski, F. (2004): Corporate Citizenship. Ein Leitfaden für das soziale Engagement mittelständischer Unternehmen. Berlin: UPJ e. V.

Drucker, P. (1985): Innovationsmanagement für Wirtschaft und Politik, Düsseldorf: Econ.

Dürr, G./May, E. (2002): Shareholder Value versus Stakeholder Value: Ist Shareholder Value ein Auslaufmodell?, http://www.winklers.de/zeitschriften/fluegelstift/pdf/2_02_1.pdf, Zugriff: 10.01.2010.

Dyllick, T. (2003): Was ist CSR? Erklärung und Definition, in: B.A.U.M. Jahrbuch, Hamburg: Henkel-Kommunikation, S. 46–48.

Eigen, P. (2003): Das Netz der Korruption – Wie eine weltweite Bewegung gegen Bestechung kämpft, Frankfurt am Main: Campus.

Ekardt, F. (2005): Das Prinzip Nachhaltigkeit – Generationengerechtigkeit und globale Gerechtigkeit, München: Beck.

Embacher S./Lang, S. (2008): Lern- und Arbeitsbuch Bürgergesellschaft – Eine Einführung in zentrale bürgergesellschaftliche Gegenwarts- und Zukunftsfragen mit einem Beitrag von Roland Roth, Bonn: Dietz.

Engelfried, J. (2004): Nachhaltiges Umweltmanagement, München: Oldenbourg.

EPEA (2009): Cradle to Cradle, Internationale Umweltforschung GmbH, http://www.epea.com/deutsch/cradle/konzept.htm, Zugriff: 22.12.2009.

Enthaler, J./Funk, M./Gesmann-Nuissl, D. (2002): Umweltauditgesetz EMAS-Verordnung – Darstellung der Rechtsgrundlagen und Anleitung zur Durchführung eines Umwelt-Audits, Berlin: ESV.

Europäische Kommission (2001): Grünbuch: Europäische Rahmenbedingungen für die soziale Verantwortung der Unternehmen, http://eur-lex.europa.eu/LexUriServ/site/de/com/2001/com2001_0366de01.pdf, Zugriff: 07.01.2009.

Europäische Kommission (2002): Mitteilung der Kommission betreffend die soziale Verantwortung der Unternehmen: ein Unternehmensbeitrag zur nachhaltigen Entwicklung, KOM(2002) 347, http://eur-lex.europa.eu/LexUriServ/site/de/com/2002/com2002_0347de01.pdf. Zugriff: 22.11.2009.

Europäische Kommission (2003): Richtlinie 2003/51/EG des Europäischen Parlaments und des Rates, 18.06.2003, http://eur-lex.europa.eu/LexUriServ/LexUriServ.do?uri=OJ:L:2003:178:0016:0022:DE:PDF, Zugriff: 20.01.2010.

Europäische Kommission (2006): Mitteilung der Kommission an das europäische Parlament, den Rat und den europäischen Wirtschafts- und Sozialausschuss. Umsetzung der Partnerschaft für Wachstum und Beschäftigung: Europa soll auf dem Gebiet der sozialen Verantwortung der Unternehmen führend werden, KOM(2006) 136, http://eur-lex.europa.eu/LexUriServ/LexUriServ.do?uri=COM:2006:0136:FIN:DE:PDF, Zugriff: 22.11.2009.

Europäisches Parlament (2007): CSR: Freiwillige Selbstverpflichtung der Wirtschaft und ihre Grenzen, http://www.europarl.europa.eu/sides/getDoc.do?pubRef=-//EP//TEXT+IM-PRESS+20070314STO04227+0+DOC+XML+V0//DE, Zugriff: 03.03.2010.

European Commission (2008): EMAS Factsheet – EMAS and ISO/EN ISO 14001. Differences and complementarities, http://ec.europa.eu/environment/emas/pdf/factsheet/fs_iso_en.pdf, 3. Edition, Zugriff: 10.01.2009.

European Union (2008): Overview of the links between Corporate Social Responsibility and Competitiveness, European Competitiveness Report 2008, http://www.verantwortliche-unternehmensfuehrung.de/am_download.php?assetId=114783, Zugriff: 03.03.2010.

European Multistakeholder Forum on CSR (2004): Final results & recommendations, http://ec.europa.eu/enterprise/policies/sustainable-business/files/csr/documents/29062004/emsf_final_report_en.pdf, Zugriff: 19.01.2010.

Fabisch, N. (2008): Sponsoring, in: Habisch, A./Schmidpeter, R./Neureiter, M. (Hrsg.), Handbuch Corporate Citizenship. Corporate Social Responsibility für Manager, Berlin: Springer, S. 209–215.

Faix, W. G./Laier, A. (1996): Soziale Kompetenz: Wettbewerbsfaktor der Zukunft, Wiesbaden: Gabler.

Faltin, G. (2008): Social Entrepreneurship – Definitionen, Inhalte, Perspektiven, in: Braun G./French, M. (Hrsg.), Social Entrepreneurship – Unternehmerische Ideen für eine bessere Gesellschaft, Rostock: HIE-RO, S. 25–46.

Fieseler, C. (2008): Die Kommunikation von Nachhaltigkeit, Gesellschaftliche Verantwortung als Inhalt der Kapitalmarktkommunikation, Wiesbaden: VS.

Figge, F./Schaltegger, S. (2000): Was ist Stakeholder Value? Vom Schlagwort zur Messung, http://www.leuphana.de/csm/content/nama/downloads/download_publikationen/02–3downloadversion.pdf, Zugriff: 03.03.2010.

Figge, F. (2002): Stakeholder Value Matrix – Die Verbindung zwischen Shareholder Value und Stakeholder Value, Lüneburg: CSM.

FINE (2009): Eine Grundsatz-Charta für den fairen Handel, http://www.forum-fairer-handel.de/webelements/filepool/site/Publikationen/Charter%20of%20Fair%20Trade%20Principles_dt.Version.pdf, Zugriff: 11.01.2009.

Finke, M. (2008): Die Ökobilanz – eine Komponente der Nachhaltigkeitsbewertung, Naturwissenschaftliche Rundschau 61(1), S. 21–26.

Fischer, L./Wiswede, G. (2002): Grundlagen der Sozialpsychologie, München/Wien: Oldenbourg.

Fisk, P. (2010): People, Planet, Profit – How to Embrace Sustainability for Innovation and Business Growth, London: Kogan Page.

Fitschen U. (2006): Umweltmanagement ausgewählter Großveranstaltungen – Effektiver Umweltschutz oder Greenwashing?, http://www.leuphana.de/umanagement/csm/content/nama/downloads/download_publikationen/55–9downloadversion.pdf, Zugriff: 17.03.2009.

Franssen, B./Scholten, P. (2008): Handbuch für Sozialunternehmertum, Assen: Koninklijke Van Gorcum.

Frantz, C./Martens, K. (2006): Nichtregierungsorganisationen (NGOs), Wiesbaden: VS.

Franzen, A./Freitag, M. (2007): Sozialkapital – Grundlagen und Anwendungen, Kölner Zeitschrift für Soziologie und Sozialpsychologie, Sonderheft 74, Wiesbaden: VS.

Freeman, R. E. (1984): Strategic Management – A Stakeholder Approach, Boston: Pitman.

French, M. (2008): Social Entrepreneurship – Unternehmerische Ideen für eine bessere Gesellschaft in: Braun G./French, M. (Hrsg.), Social Entrepreneurship – Unternehmerische Ideen für eine bessere Gesellschaft, Rostock: HIE-RO, S. 15–24.

Friedman, M. (1970): The Social Responsibility of Business is to Increase its Profits, in: New York Times Magazine, 13.09.1970, New York.

Fritzsche, K. P. (2005): Menschenrechte, Paderborn: Schöningh.

Fukuyama, F. (1995): Trust – The Social Virtues and the Creation of Prosperity, New York: The Free Press.

Fukuyama, F. (2006): America at the Crossroads. Democracy, Power, And The Neoconservative Legacy, New Haven: Yale University Press.

Ganse, J./Gasser, V./Jasch, A. (1997): Öko-Audit – Umweltzertifizierung. Basis einer neuen Unternehmenskultur, München: Gerling-Akademie.

Gareis, S./Varwick, J. (2003): Die Vereinten Nationen – Aufgaben, Instrumente und Reformen, Bonn: Bundeszentrale für politische Bildung.

Gazdar, K./Habisch, A./Kirchhoff, K. R./Vaseghi, S. (2006): Erfolgsfaktor Verantwortung – Corporate Social Responsibility professionell managen, Berlin: Springer.

Gazdar, K. (2008): Reporting, in: Habisch, A./Schmidpeter, R./Neureiter, M. (Hrsg.), Handbuch Corporate Citizenship. Corporate Social Responsibility für Manager, Berlin: Springer, S. 191–197.

von Gerdorff, A. (2008): Umwelt-Investitionen, Berliner Morgenpost, 10.06.2008, http://www.morgenpost.de/incoming/article273200/Umwelt_Investitionen.html, Zugriff:: 18.05.2009.

Gerybadze, A. (2005): Modularisierung und Bedingungen der Appropriierbarkeit von Wissen, in: Zentes, J./Swoboda, B./Morschett, D. (Hrsg.), Kooperationen, Allianzen und Netzwerke – Grundlagen, Ansätze und Perspektiven, Wiesbaden: Gabler, S. 451–455.

Gerum, E. (2007): Das deutsche Corporate Governance-System – Eine empirische Untersuchung, Stuttgart: Schäffer-Poeschel.

Gess, Ch. (2003): Kritik der Humankapitaltheorie unter spezieller Berücksichtigung des soziologischen Ansatzes von Pierre Bourdieu, http://www.kritiknetz.de/kritik_der_humankapitaltheorie.pdf, Zugriff: 10.04.2010.

Global Compact Büro, Vereinte Nationen (2005): Global Compact Broschüre, New York, http://www.unglobalcompact.org/docs/languages/german/de-gc-flyer-05.pdf, Zugriff: 19.01.10.

Global Reporting Initiative (2002): Sustainable Reporting Guideline 2002 – Deutsche Übersetzung, http://www.globalreporting.org/NR/rdonlyres/B75A56EB-24D9–43FC-B5F7–153687759627/0/2002_Guidelines_DUE.pdf, Zugriff: 19.01.2010.

Global Marshall Plan Initiative (2009): Was ist der Global Marshall Plan?, http://www.globalmarshallplan.org/what/five_minutes/index_ger.html, Zugriff: 06.09.2009.

Gore, A. (2007a): Eine unbequeme Wahrheit, Klimawechsel geht uns alle an, München: cbj.

Gore, A. (2007b): Wege zum Gleichgewicht – Ein Marshallplan für die Erde, Frankfurt a. M.: Fischer Taschenbuch.

Graf Strachwitz, R./Reimer, S. (2008): Stiftungen, in: Habisch, A./Schmidpeter, R./Neureiter, M. (Hrsg.), Handbuch Corporate Citizenship – Corporate Social Responsibility für Manager, Berlin: Springer, S. 217–230.

Grunwald, A. (2002): Technikfolgenabschätzung – eine Einführung, Berlin: Edition Sigma.

Grunwald, A./Kopfmüller J. (2006): Nachhaltigkeit, Frankfurt am Main: Campus.

Grunwald, A. (2009): Technikfolgenabschätzung als wissenschaftliche Politikberatung am Deutschen Bundestag, in: Denkströme – Journal der Sächsischen Akademie der Wissenschaften (Hrsg.), Heft 2, http://www.denkstroeme.de/pdf/denkstroeme-heft2_64–82_grunwald, S. 64–82.

Guinée, J. B. (2002): Handbook on Life Cycle Assessment, Berlin: Springer.

Günther, E. (2008): Ökologieorientiertes Management, Stuttgart: Lucius & Lucius.

Habisch, A. (2003): Corporate Citizenship, Gesellschaftliches Engagement von Unternehmen in Deutschland, Berlin: Springer.

Habisch, A./Neureiter, M./Schmidpeter, R. (2007): Handbuch Corporate Citizenship – Corporate Social Responsibility für Manager, Berlin: Springer.

Habisch, A./Schmidpeter, R (2008): Potenziale, Nutzenfelder, Legitimität, in: Habisch, A./Schmidpeter, R./Neureiter, M. (Hrsg.), Handbuch Corporate Citizenship – Corporate Social Responsibility für Manager, Berlin: Springer, S. 57–70.

Häberli, R./Gessler, R./Grossenbacher-Mansuy, W./Lehmann Pollheimer, D. (2002): Vision Lebensqualität: Nachhaltige Entwicklung – ökologisch notwendig, wirtschaftlich klug, gesellschaftlich möglich, Synthesebericht des Schwerpunktprogramms Umwelt Schweiz, Zürich: VDF.

Hafner, S. J./Hartel, J./Bluszcz, O./Stark, W. (2007): Gesellschaftliche Verantwortung in Organisationen, München und Mehring: Rainer Hampp.

Hahn, T./Kreuzer, S./Schenk, S./Schneider-Ludorff, G. (2008): Geben und gestalten – Brauchen wir eine neue Kultur der Gabe?, Berlin: LIT.

Hahn, R. (2009): Multinationale Unternehmen und die „Base of the Pyramid" – Neue Perspektiven von Corporate Citizenship und nachhaltiger Entwicklung, Wiesbaden: Gabler.

Halfmann, A. (2008): Unternehmen als Teil der Zivilgesellschaft: Wie das Miteinander von Profit und Non-Profit gelingen kann und woran es manchmal scheitert, in: Schmidt, M./Beschorner, T. (Hrsg.), Corporate Social Responsibility and Corporate Citizenship, München und Mehring: Rainer Hampp, S. 87–96.

Haller, S. (2005): Dienstleistungsmanagement, Wiesbaden: Gabler.

Hamm, B. (2006): Maßnahmen zur Stärkung von Sozial verantwortlichem Investieren (SRI) – Vorschläge für die deutsche Entwicklungszusammenarbeit, Diskussionspapier, Bonn: Deutsches Institut für Entwicklungspolitik.

Hansmann, K.-W. (2006): Industrielles Management, München: Oldenbourg.

Hardes, H.-D./Schmitz, F./Uhly, A. (2002): Grundzüge der Volkswirtschaftslehre, München: Oldenbourg.

Hart, St. (2005): Capitalism at the Crossroads – The Unlimited Business Opportunities in Solving the World's Most Difficult Problems, Upper Saddle River, NJ: Wharton School.

von Hauff, M./Kleine, A. (2009): Nachhaltige Entwicklung – Grundlagen und Umsetzung, München: Oldenbourg.

Hauff, V. (1987): Unsere gemeinsame Zukunft. Der Brundtland-Bericht der Weltkommission für Umwelt und Entwicklung, Greven: Eggenkamp.

Heidbrink, L./Hirsch A. (2008): Verantwortung als marktwirtschaftliches Prinzip: Zum Verhältnis von Moral und Ökonomie, Frankfurt/New York: Campus.

Heiserich, O.-E. (2002): Logistik – Eine praxisorientierte Einführung, Wiesbaden: Gabler.

Held, G. (2009): Der „grüne New Deal" ist eine teure Illusion, Welt online Debatte, 09.01.2009, http://debatte.welt.de/kommentare/106592/der+gruene+new+deal+ ist+eine+teure+illusion, Zugriff: 14.03.2009.

Heller, B. (1998): Grundfragen philosophischer Ethik. Grundkurs Ethik, München: Bayrischer Schulbuch.

Hering, E./Steparsch, W./Linder, M. (1997): Zertifizierung nach DIN EN ISO 9000, Berlin: Springer.

Herriger, N. (2002): Empowerment in der sozialen Arbeit – Eine Einführung, Stuttgart: Kohlhammer.

Heuberger, F. W. (2007): Corporate Citizenship – Gesellschaftliches Engagement von Unternehmen in Deutschland und im transatlantischen Vergleich, Berlin: CCCD.

Heydenreich, C. (2005): Die OECD-Leitsätze für multinationale Unternehmen – Ein wirksames Instrument zur Unternehmensregulierung?, in: Bussler, Ch./Fonari, A. (Hrsg.), Sozial- und Umweltstandards in Unternehmen – Chancen und Grenzen, München: Eine Welt Netzwerk Bayern und Germanwatch, http://www.germanwatch.org/tw/kw-mue05.pdf, S.15–28, Zugriff: 10.01.2010.

Hiß, S. (2006): Warum übernehmen Unternehmen gesellschaftliche Verantwortung? Ein soziologischer Erklärungsversuch, Frankfurt/New York: Campus.

Höffe O. (2004): Wirtschaftsbürger, Staatsbürger, Weltbürger, Politische Ethik im Zeitalter der Globalisierung, München: Beck.

Höffe, O. (2008): Lexikon der Ethik, München: Beck.

Hoffjan, A. (2009): Internationales Controlling, Stuttgart: Schäffer-Poeschel.

Höher, F./Weißbach, B. (2004): Wanderung zwischen den Kulturen – Zur Gestaltung von Diversity in mittelständischen Unternehmen, in: Bohlander, H./Büscher, M. (Hrsg.), Werte im Unternehmensalltag erkennen und gestalten, München und Mehring: Rainer Hampp, S. 211–228.

Hösle, V. (1997): Moral und Politik – Grundlagen einer politischen Ethik für das 21. Jahrhundert, München: Beck.

Hohn, S. (2008): Marketing-Management für den öffentlichen Sektor, Wiesbaden: Gabler.

Homann, K./Blome-Drees, F. (1992): Wirtschafts- und Unternehmensethik, Göttingen: Vandenhoeck & Ruprecht.

Horak, Ch. (2004): Das Leitbild – Wozu benötige ich ein Leitbild?, http://www.sozial-wirtschaft.at/_TCgi_Images/sozialwirtschaft/20040804142401_Leitbild_HORAK_vierseiten_1.pdf, Zugriff: 31.03.2009.

Howitt, R. (2006): Bericht über die soziale Verantwortung von Unternehmen: eine neue Partnerschaft (2006/2133(INI)), Ausschuss für Beschäftigung und soziale Angelegenheiten, Europäisches Parlament, http://www.europarl.europa.eu/sides/getDoc.do?pubRef=-//EP//NONSGML+REPORT+A6-2006-0471+0+DOC+PDF+V0//DE, Zugriff: 07.03.2009.

Huber, F./Regier, St./Rinino, M. (2008): Cause-Related-Marketing-Kampagnen erfolgreich konzipieren – Eine empirische Studie, Wiesbaden: Gabler.

Hungenberg, H./Wulf, T. (2007): Grundlagen der Unternehmensführung, Berlin: Springer.

Human Resource Management (HRM) (2010): Whistleblower, http://www.hrm.de/SITEFORUM?&t=/Default/gateway&i=1169747321057&application=story&active=no&ParentID=1169812876510&StoryID=1220178755935&xref=, Zugriff: 20.02.2010.

Huppertz, A. (2007): Cause-related Marketing: Auswirkungen und Einflussfaktoren, Saarbrücken: VDM.

Idowu, S. O./Filho, W. L. (2008): Global Practices of Corporate Social Responsibility, Berlin: Springer.

Internationale Arbeitsorganisation (IAO) (1998): Erklärung der IAO über grundlegende Prinzipien und Rechte bei der Arbeit und ihre Folgemassnahmen, Genf 18.06.1998, http://www.ilo.org/public/german/region/eurpro/bonn/download/ilo-erklaerung.pdf, Zugriff: 27.01.2010.

International Labour Organization (ILO) (1960): Übereinkommen 111 – Übereinkommen über die Diskriminierung in Beschäftigung und Beruf, 1958, http://www.ilo.org/ilolex/german/docs/gc111.htm, Zugriff: 10.03.2009.

International Labour Organization (ILO) (2000): Übereinkommen 182 – Übereinkommen über das Verbot und unverzügliche Maßnahmen zur Beseitigung der schlimmsten Formen der Kinderarbeit, 1999, http://www.ilo.org/ilolex/german/docs/gc182.htm, Zugriff: 08.12.2009.

International Labour Organization (ILO) (2003): Verfassung der internationalen Arbeitsorganisation und Geschäftsordnung der internationalen Arbeitskonferenz, Internationales Arbeitsamt Genf (Hrsg.), http://www.ilo.org/public/german/region/eurpro/bonn/download/iloverfassungde.03.pdf, Zugriff: 27.01.2010.

International Labour Organization (ILO) (2009): ILO Kernarbeitsnormen, http://www.ilo.org/public/german/region/eurpro/bonn/kernarbeitsnormen/index.htm, Zugriff: 17.01.2010.

International Organization for Standardization (ISO) (2008): ISO and social responsibility, http://www.iso.org/iso/socialresponsibility.pdf, Zugriff: 13.01.2010.

International Organization for Standardization (ISO) (2009): ISO 9000 and ISO 14000, http://www.iso.org/iso/iso_catalogue/management_standards/iso_9000_iso_14000.htm, Zugriff: 13.01.2010.

Ivanišin, M. (2006): Regionalentwicklung im Spannungsfeld von Nachhaltigkeit und Identität, Wiesbaden: DUV.

Jaeger, B. (2004): Humankapital und Unternehmenskultur – Ordnungspolitik für Unternehmen, Wiesbaden: Gabler.

Jäger, J. (2007): Was verträgt unsere Erde noch? – Wege in die Nachhaltigkeit, Frankfurt am Main: Fischer.

Jahnel, D. (2007): Umweltverträglichkeitsprüfung, in: Bachmann, S./Baumgartner, G./Feik, R./Giese K. J./Jahnel, D./Lienbacher, G. (Hrsg.), Besonderes Verwaltungsrecht, Berlin: Springer, S. 285–291.

Jancik, J. M. (2002): Betriebliches Gesundheitsmanagement – Produktivität fördern, Mitarbeiter binden, Kosten senken, Wiesbaden: Gabler.

Jonker, J./Cornelis de Witte, M. (2006): Management Models for Corporate Social Responsibility, Berlin: Springer.

Jordan, F. (2008): Corporate Social Responsibility – Schmückendes Beiwerk oder Business Case?, IBL-JOURNAL 2008/14, http://www.law-and-business.de/www_law-and-business_de/content/e7/e149/e1075/datei1076/FriedrichJordan,CSR,IBL2008_14_ger.pdf, Zugriff: 20.01.2010.

Josten, S. D. (2005): Ungleichheit, staatliche Umverteilung und gesamtwirtschaftliches Wachstum, Berlin: Berliner Wiss.-Verl.

Kamiske, G. F. (2008): Managementsysteme – Begutachtung, Auditierung und Zertifizierung, Düsseldorf: Symposion.

Kamminga, M. (2005): The Evolving Status of NGOs under International Law: A Threat to the Inter-State System?, in: Alston, Ph. (Hrsg.), Non-State Actors and Human Rights. Oxford: OUP, S. 93–111.

Kaplinsky, R./Morris, M. (2008): Value chain analysis: a tool for enhancing export supply policies, in: International Journal of Technological Learning (Hrsg.), Innovation and Development, Vol. 1, No. 3, S. 283–308.

Kastenholz, H. G./Erdmann, K.-H./Wolff, M. (1996): Nachhaltige Entwicklung, Zukunftschancen für Mensch und Umwelt, Berlin: Springer.

Keller, S. (2004): Die Reduzierung des Bullwhip-Effektes – Eine quantitative Analyse aus betriebswirtschaftlicher Perspektive, Wiesbaden: Gabler.

Kesselring, A./Leitner, M. (2008): Soziale Innovation in Unternehmen, http://www.zsi.at/attach/1Soziale_Innovation_in_Unternehmen_ENDBERICHT.pdf, Zugriff: 10.01.2009.

Keuper, F./Groten, H. (2007): Nachhaltiges Change Management: Interdisziplinäre Fallbeispiele und Perspektiven, Wiesbaden: Gabler.

Kiener, S./Maier-Scheubeck, N./Obermaier, R./Weiß, M. (2006): Produktions-Management, München: Oldenbourg.

Kirstein, S. (2008): Unternehmensreputation – Corporate Social Responsibility als strategische Option für deutsche Automobilhersteller, Wiesbaden: Gabler.

Kleinfeldt, R./Plamper, H./Huber, A. (2006): Regional Governance – Steuerung, Koordination und Kommunikation in regionalen Netzwerken als neue Formen des Regierens, Göttingen: V&R Unipress.

Klenk, V./Hanke, D. J. (2009): Corporate Transparency: Wie Unternehmen im Glashaus-Zeitalter Wettbewerbsvorteile erzielen, Frankfurt am Main: Frankfurter Allgemeine Buch.

Klöpffer, W. (2005): Life Cycle Assessment in the Mirror of Int J LCA: Past, Present, Future, in: International Journal of Life Cycle Assessment (Hrsg.), Vol. 10, Nr. 6, S. 379–380.

Knell, S. (2008): Intergenerationelle Gerechtigkeit und Nachhaltigkeit. Expertengutachten zur Gesetzesinitiative „Generationengerechtigkeit". Antworten auf die Fragen des Parlamentarischen Beirats für nachhaltige Entwicklung, http://philsem.unibas.ch/fileadmin/philsem/user_upload/redaktion/PDFs/MitarbeiterInnen/Knell/Anh__rung_Bundestag-Word_97.pdf, Zugriff: 11.01.2009.

Koall, I./Bruchhagen, V. (2004): Produktive Gestaltung von Wertevielfalt – Zum wertvollen Umgang mit Unterschieden im Managing Gender & Diversity, in: Bohlander, H./Büscher, M. (Hrsg.), Werte im Unternehmensalltag erkennen und gestalten, München und Mering: Rainer Hampp, S. 179–209.

Koch, H. (2008): Wirtschaft zivilisieren – Wenn Unternehmen freiwillig soziale und ökologische Verantwortung übernehmen, kann das einen bindenden rechtlichen Rahmen nicht ersetzen, in: Schmidt, M./Beschorner, T. (Hrsg.), Corporate Social Responsibility und Corporate Citizenship, München und Mehring: Rainer Hampp.

Kocka, J. (2004): Die Rolle der Stiftungen in der Bürgergesellschaft der Zukunft, in: Aus Politik und Zeitgeschichte (Hrsg.), B 14/2004, S. 3–7.

Koenig, M. (2005): Menschenrechte, Frankfurt am Main: Campus.

Kreikebaum, H. (1996): Grundlagen der Unternehmensethik, Stuttgart: Schäffer-Poeschel.

Kreikebaum, H./Behnam, M./Gilbert, D. U. (2001): Management ethischer Konflikte in international tätigen Unternehmen, Wiesbaden: Gabler.

Kreikebaum, M. (2009): Ansätze des Service Learning an deutschen Hochschulen, in: Altenschmidt, K./Miller, J./Stark, W. (Hrsg.), Raus aus dem Elfenbeinturm. Entwicklungen in Service Learning und bürgerschaftlichem Engagement an deutschen Hochschulen, Weinheim/Basel: Beltz, S. 40–46.

Krell, G./Riedmüller, B./Sieben, B./Yinz, D. (2007): Einleitung – Diversity Studies als integrierende Forschungsrichtung, in: Krell, G./Riedmüller, B./Sieben, B./Yinz, D. (Hrsg.), Diversity Studies. Grundlagen und disziplinäre Ansätze, Frankfurt am Main: Campus.

Krell, G. (2008): Chancengleichheit durch Personalpolitik – Gleichstellung von Frauen und Männern in Unternehmen und Verwaltung – Rechtliche Regelungen – Problemanalysen – Lösungen, Wiesbaden: Gabler.

Kromer, S. (2005): Produktorientiertes Qualitätsmanagement des Einzelhandels, Wiesbaden: DUV.

Kuhlen, B. (2005): Corporate Social Responsibility (CSR). Die ethische Verantwortung von Unternehmen für Ökologie, Ökonomie und Soziales, Baden-Baden: Deutscher Wissenschaftsverlag.

Kuhlen, B. (2008): Corporate Social Responsibility und Sustainable Development: Zur branchenspezifischen Verantwortung der Kernindustrie und internationaler Kernenergieversorgungsunternehmen, Saarbrücken: VDM.

Kuhn, A./Hellingrath, B. (2002): Supply Chain Management: Optimierte Zusammenarbeit in der Wertschöpfungskette, Berlin: Springer.

Kuhn, D./Sommer, D. (2004): Betriebliche Gesundheitsförderung – Ausgangspunkte – Widerstände – Wirkungen, Wiesbaden: Gabler.

Kuhn, L. (2008): Was ist … Triple Bottom Line, in: Harvard Business Manager (Hrsg.), Heft 1/2008, http://www.harvardbusinessmanager.de/heft/artikel/a-622721.html, Zugriff: 17.05.2009.

Kupper, P. (2003): Weltuntergangs-Vision aus dem Computer. Zur Geschichte der Studie „Die Grenzen des Wachstums" von 1972, in: Hohensee, J.; Uekötter, F. (Hrsg.), Wird Kassandra heiser? Beiträge zu einer Geschichte der falschen Öko-Alarme, Stuttgart: Franz Steiner, S. 99–111.

Kytle, B./Ruggie, J. G. (2005): Corporate Social Responsibility as Risk Management – A Model for Multinationals, Working Paper No. 10., Cambridge: Harvard University.

Ladd, J. (1970): Morality and the Ideal of Rationality in Formal Organizations, The Monist, S. 488–511.

Lang, F. (1996): ISO 9000, Düsseldorf/München: Metropolitan.

Lang, R./Dresewski, F. (2006): Konzepte für Nutzen und Wirkungen. Kooperationen zwischen Unternehmen und sozialen Organisationen, in: Blätter der Wohlfahrtspflege (Hrsg.), 153. Jg. , Nr. 4, S. 129–132.

Lang, R./Dresewski, F. (2008): Zur Entwicklung des Social Case zwischen Unternehmen und Nonprofit-Organisationen, in: Backhaus-Maul, H./Biedermann, Ch./Nährlich, St./Polterauer, J. (Hrsg.), Corporate Citizenship in Deutschland, Wiesbaden: VS, S. 401–422.

Lang, C./Springer, S./Beucker, S. (2004): Life Cycle e-Valuation Produkt, Service, System, http://www.pius-info.de/dokumente/docdir/iao/proj_in_untern/pdf/ Fraunh_0105_Life_Cycle_e-Valuati.pdf, Zugriff: 18.01.2010.

Lauxmann, F. (2002): Wonach sollen wir uns richten? Ethische Grundmodelle von den zehn Geboten bis zum Projekt Weltethos, Stuttgart/Zürich: Kreuz.

Leisinger, K. M. (2003): Whistleblowing und Corporate Reputation Management, München und Mehring: Rainer Hampp.

Lenz, A./Stark, W. (2002): Empowerment – Neue Perspektiven für psychosoziale Praxis und Organisation, Tübingen: Dgvt.

Leyendecker, H. (2003): Die Korruptionsfalle, Wie unser Land im Filz versinkt, Reinbek bei Hamburg: Rowohlt.

Löbel, J./Schröger, H.-A./Clohsen, H. (2005): Nachhaltige Managementsysteme – Sustainable Development durch ganzheitliche Führungs- und Organisationssysteme – Vorgehensmodell und Prüflisten, Berlin: Erich Schmidt.

Loew, T./Ankele, K./Braun, S./Clausen, J. (2004): Bedeutung der internationalen CSR-Diskussion für Nachhaltigkeit und die sich daraus ergebenden Anforderungen an Unternehmen mit Fokus Berichterstattung, Endbericht an das Bundesministerium für Umwelt, Naturschutz und Reaktorsicherheit, Münster/Berlin, http://www.4sustainability.org/downloads/Loew-etal-2004-CSR-Studie-Kurzfassung-d.pdf (Kurzfassung), Zugriff: 22.01.2010.

Loew, T. (2006): CSR in der Supply Chain. Herausforderungen und Ansatzpunkt für Unternehmen, http://www.4sustainability.org/downloads/Loew_2006_CSR_ in_der_Supply-Chain.pdf, Zugriff: 03.03.2010.

Loidl-Keil, R./Laskowski, W. (2010): Soziale Investitionsrechnung, http://www.sroi.de/html/soziale_investitionsrechnung.html, Zugriff: 26.02.2010.

Maaß, F./Clemens, R. (2002): Corporate Citizenship, Das Unternehmen als ‚guter Bürger', Schriften zur Mittelstandsforschung Nr. 94 NF des Instituts für Mittelstandsforschung, Bonn/Wiesbaden: Gabler.

Maaß, F. (2007): CSR and Competitiveness – European SMEs' Good Practice – National Report Germany, http://www.kmuforschung.ac.at/de/Projekte/CSR/Report%20Germany.pdf, Zugriff: 03.03.2010.

Marschall, B./Brandenburg, U. (2000): Gesundheitsmanagement bei Volkswagen, in: Brandenburg, U./Nieder, P./Susen, B. (Hrsg.), Gesundheitsmanagement im Unternehmen: Grundlagen, Konzepte und Evaluation, Weinheim: Juventa, S. 257–272.

Mayerhofer, W./Grusch, L./Mertzbach, M. (2008): Corporate Social Responsibility. Einfluss auf die Einstellung zu Unternehmen und Marken, Wien: Facultas Universitätsverlag.

Maxeiner, D./Miersch, M. (2000): Lexikon der Öko-Irrtümer: Fakten statt Umweltmythen, München/Zürich: Piper.

MBDC (2009): Eco-Effectiveness – Nature's Design Patterns, http://mbdc.com/c2c_ee.htm, Zugriff: 16.08.2009.

Meadows, D./Meadows, D. H./Zahn, E./Milling, P. (1972): Die Grenzen des Wachstums – Bericht des Club of Rome zur Lage der Menschheit, Stuttgart: Deutsche Verlags-Anstalt.

Meadows, D. H./Meadows, D. L./Randers, R./Behrens III, W. W. (1972): Limits to Growth, New York: Universe Books.

Mecking, C. (2010): Corporate Giving: Unternehmensspenden, Sponsoring und insbesondere Unternehemsstiftungen, in: Backhaus-Maul, H./Biedermann, Ch./Nährlich, St./Polterauer, J. (Hrsg.), Corporate Citizenship in Deutschland, Wiesbaden: VS, S. 371–387.

Meinholz, H. (1997): EG-Öko-Audit-Verordnung vs. ISO 14001, in: Umweltwissenschaften und Schadstoffforschung, Zeitschrift für Umweltchemie und Ökotoxikologie (Hrsg.), Nr. 4, S. 225–227.

Merchel, J. (2004): Qualitätsmanagement in der sozialen Arbeit, Weinheim: Juventa.

Meuser, T. (1995): Umweltschutz und Unternehmensführung – Ein Konzept aktiver Integration, Wiesbaden: DUV.

Missbach, A. (2007): Eine kurze Geschichte von Corporate Social Responsibility (CSR), http://www.evb.ch/cm_data/Ein_kurze_Geschichte_von_CSR.pdf, Zugriff: 08.03.2009.

Mohr, H. (1998): Technikfolgenabschätzung in Theorie und Praxis, Berlin: Springer.

Moon, J. (2005): Portrait of Philanthropy. The Capacity for Individual Giving in Howard County, San Francisco, http://www.columbiafoundation.org/Uploads/41/Philanthropy.pdf, Zugriff: 15.01.2010.

Morschett D. (2003): Formen von Kooperationen, Allianzen und Netzwerken, in: Zentes, J./Swoboda, B./Morschett, D. (Hrsg.), Kooperationen, Allianzen und Netzwerke, Wiesbaden: Gabler, S. 387–413.

Müller, U. (2007): Greenwash in Zeiten des Klimawandels – Wie Unternehmen ihr Image grün färben, http://www.lobbycontrol.de/download/greenwash-studie.pdf, Zugriff: 04.03.2009.

Müller-Christ, G. (2001a): Nachhaltiges Ressourcenmanagement, Eine wirtschaftsökologische Fundierung, Marburg: Metropolis.

Müller-Christ, G. (2001b): Umweltmanagement. Umweltschutz und nachhaltige Entwicklung, München: Vahlen.

Müller, E./Osing, S. (2000): Gesundheitsmanagement aus Sicht der Arbeitsgeber, in: Brandenburg, U./Nieder, P./Susen, B. (Hrsg.), Gesundheitsmanagement im Unternehmen: Grundlagen, Konzepte und Evaluation, Weinheim: Juventa, S. 85–94.

Mullerat, R. (2005): Corporate social responsibility – The corporate governance of the 21st century, Den Haag: Kluwer Law International.

Münstermann, M. (2007): Corporate Social Responsibility: Ausgestaltung und Steuerung von CSR-Aktivitäten, Wiesbaden: Gabler.

Mürle, H. (1998): Global Governance, Literaturbericht und Forschungsfragen, Duisburg: INEF Report.

Mutz, G. (2008): Corporate Volunteering I, in: Habisch, A./Neureiter, M./Schmidpeter, R. (Hrsg.), Handbuch Corporate Citizenship: Corporate Social Responsibility für Manager, Berlin: Springer, S. 241–249.

Nagel, R./Ruter, R. X./Sahr, K./Pohl, N./Moron, S. (2008): Kapitalanlageentscheidung und Socially Responsible Investment in der Praxis – Eine Befragung von Kreditinstituten für das Kundensegment der institutionellen Investoren, http://wirtschaft.fh-duesseldorf.de/fileadmin/personen/professoren/nagel/Publikationen/SRI_Studie_Nagel_EY_200809.pdf, Zugriff: 19.01.2010.

Nährlich, S. (1998): Was sind die und was bleibt von den Besonderheiten der Nonprofit-Organisationen? Eine Betrachtung aus Sicht der Neuen Institutionenökonomie, in: Arbeitskreis Nonprofit-Organisationen (Hrsg.), Nonprofit-Organisationen im Wandel, Das Ende der Besonderheiten oder Besonderheiten ohne Ende?, Frankfurt am Main: Eigenverlag des Deutschen Vereins für öffentliche und private Vorsorge, S. 225–250.

Nährlich, S. (2008): Euphorie des Aufbruchs und Suche nach gesellschaftlicher Wirkung, in: Aus Politik und Zeitgeschichte (Hrsg.), APuZ 31/2008, Bundeszentrale für politische Bildung, http://www.bpb.de/popup/popup_druckversion.html?guid=14R9V3&page=3, Zugriff: 22.01.2010.

Nanda, V. P. (2006): The „Good Governance" Concept Revisited, in: The ANNALS of the American Academy of Political and Social Science (Hrsg.), Vol. 603, S. 269–283.

Nentwig, W. (2005): Humanökologie. Fakten – Argumente – Ausblicke, Berlin: Springer.

Neumayer, E. (2001): Greening Trade and Investment – Environmental Protection Without Protectionism, London: Earthscan.

Neureiter, M./Palz, D. (2008): Zertifikate, Standards und Audits, in: Habisch, A./Neureiter, M./Schmidpeter, R. (Hrsg.), Handbuch Corporate Citizenship, Berlin: Springer, S. 447–463.

Newman, M. C./Strojan, C. L. (1998): Risk Assessment – Logic and Measurement, Chelsea, MI: Ann Arbor.

Nikles, B. W./Roll, S./Spürck, D./Umbach, K. (2005): Jugendschutzrecht – Kommentar zum Jugendschutzgesetz (JuSchG) und zum Jugendmedienschutz-Staatsvertrag (JMStV) mit Erläuterungen zur Systematik und Praxis des Jugendschutzes, 2. Auflage, Berlin: Luchterhand.

Nilges, Th. (2005): Zunehmende Verschuldung durch Mikrokredite – Auswertung eines Experimentes in Südindien, Duisburger Arbeitspapiere Ostasienwirtschaften, No.63/2005, http://www.uni-due.de/in-east/fileadmin/publications/gruen/paper63.pdf, Zugriff: 19.01.2010.

Noe, R. A./Hollenbeck, J. R./Gerhart, B./Wright, P. M. (2007): Fundamentals of Human Resource Management, International Edition, London: McGraw-Hill.

Nohlen, D. (2003): Kleines Lexikon der Politik, München: Beck.

North, K./Reinhardt, K. (2005): Kompetenzmanagement in der Praxis – Mitarbeiterkompetenzen systematisch identifizieren, nutzen und entwickeln, Wiesbaden: Gabler.

Odoj, G. (2008): Public Private Partnership 2, in: Habisch, A./Neureiter, M./Schmidpeter, R. (Hrsg.), Handbuch Corporate Citizenship, Berlin: Springer.

Oechsler, W. A. (2006): Personal und Arbeit – Grundlagen des Human-Resource-Management und der Arbeitgeber-Arbeitnehmer-Beziehungen, München: Oldenbourg.

Organisation for Economic Co-operation and Development (OECD) (2001): The Well-Being of nations: The Role of Human and Social Capital, Paris: OECD Centre for Educational Research and Innovation.

Organisation für wirtschaftliche Zusammenarbeit und Entwicklung (OECD) (2000): Die OECD-Leitsätze für multinationale Unternehmen – Neufassung 2000, http://www.oecd.org./dataoecd/56/40/1922480.pdf, Zugriff: 17.01.2010.

Osterkamp, R./Schneider, W. (1982): Zur Umweltökonomik: Einführung und Überblick, in: Möller, H./Osterkamp, R./Schneider, W. (Hrsg.), Umweltökonomik: Beiträge zur Theorie und Politik, Königstein: Verlagsgruppe Athenäum, Hain, Scriptor, Hanstein, S. 5–29.

Panther, S. (2002): Sozialkapital – Entwicklung und Anatomie eines interdisziplinären Konzepts, in: Ötsch, W./Panther, S. (Hrsg.), Ökonomik und Sozialwissenschaft, Marburg: Metropolis, S. 155–178.

von Pappenheim, J. R. (2008): Das Prinzip Verantwortung: Die 9 Bausteine nachhaltiger Unternehmensführung, Wiesbaden: Gabler.

Parr, C./Wandt, M. D. G./Elze, Th. (2008): Förderung von Umweltinvestitionen, http://www.wabeco.de/pdf/17_Art_Umweltschutzinvestitionen.pdf, Zugriff: 03.08.2009.

Pauly, L. (2006): Das neue Miteinander: Public Private Partnership für Deutschland, Hamburg: Hoffmann und Campe.

Perspektive:blau (2010): Triple Bottom Line Reporting – Eine neue Definition des Unternehmenserfolgs, http://www.perspektive-blau.de/artikel/0304c/0304c.htm, Zugriff: 10.03.2010.

Peters, H.-J./Balla, St. (2006): UVPG – Gesetz über die Umweltverträglichkeitsprüfung – Handkommentar, Baden-Baden: Nomos.

Phillips, R. (2003): Stakeholder Theory and Organizational Ethics, San Francisco, CA: Berrett-Koehler.

Pieper, A. (1985): Ethik und Moral. Eine Einführung in die praktische Philosophie, München: Beck.

Pinner, W. (2003): Ethische Investments – Rendite mit „sauberen" Fonds, Wiesbaden: Gabler.

Polterauer, J. (2008): Stand der Forschung über Corporate Citizenship, in: Aus Politik und Zeitgeschichte – Beilage zur Wochenzeitung Das Parlament (Hrsg.), 31/2008, http://www.bpb.de/files/M5B1J7.pdf, S. 32–38.

Pols, H. (2007): Die PPP-Initiative der Bundesregierung und Aufgaben der PPP Task Force im Föderalen PPP-Kompetenznetzwerk, in: Hoffer, H./Piontkowski, K. (Hrsg.), PPP: Öffentlich-private Partnerschaften: Erfolgsmodelle auch für den sozialen Sektor, Frankfurt an der Oder: Lambertus, S. 30–37.

Pommerening, T. (2005): Gesellschaftliche Verantwortung von Unternehmen – Eine Abgrenzung der Konzepte Corporate Social Responsibility und Corporate Citizenship, http://freenet-homepage.de/worldone/Download/Pommerening-2005.pdf, Zugriff: 10.01.2010.

Porter, M. E./Reinhardt, F. L. (2007): Wettbewerbsfaktor Umweltschutz – Klimawandel I: Viele Manager betreiben Umweltschutz nur halbherzig und aus Imagegründen, in: Harvard Business Manager (Hrsg.), 12/07, Hamburg: Manager-Magazin-Verl.-Ges, S. 8–13.

Postol, T. A./Pusztai, A./Deiseroth, D. (2006): Whistleblower in Gentechnik und Rüstungsforschung, Preisverleihung 2005, Berlin: BWV.

Prahalad, C. K. (2005): The Fortune at the Bottom of the Pyramid: Eradicating Poverty Through Profit, Upper Saddle River: Wharton School Publishing.

Prösler, M. (2003): Umweltinformation für Produkte und Dienstleistungen: Anforderungen – Instrumente – Beispiele, Bundesministerium für Umwelt, Naturschutz und Reaktorsicherheit/Bundesverband der Deutschen Industrie e. V./Umweltbundesamt (Hrsg.), http://www.positivlist.com/download/ISO-14025.pdf, Zugriff: 24.03.2009.

Putnam, R. D. (1993): Making democracy work: civic traditions in Modern Italy, Princeton: Princeton University Press.

Putnam, R. D. (1995): Bowling Alone: America's Declining Social Capital, in: Journal of Democracy (Hrsg.), 6. Jg., Nr. 1, S. 65–78.

Putzhammer, H. (2002): Die Rolle der Mitbestimmung für eine kontinuierliche Unternehmenswertsteigerung, in: Nippa, M./Petzold, K./Kürsten, W. (Hrsg.), Corporate Governance – Herausforderungen und Lösungsansätze, Heidelberg: Physica, S. 75–82.

Rabe von Pappenheim, J. (2009): Das Prinzip Verantwortung – Die 9 Bausteine nachhaltiger Unternehmensführung, Wiesbaden: Gabler.

Rahmstorf, S./Schellnhuber, H. J. (2006): Der Klimawandel – Diagnose, Prognose, Therapie, München: Beck.

Rappaport, J./Swift, C. F./Hess, R. (1984): Studies in Empowerment: Steps Toward Understanding and Action, New York: Haworth Press.

Rat für Nachhaltige Entwicklung (RNE) (2006): Unternehmerische Verantwortung in einer globalisierten Welt – Ein deutsches Profil der Corporate Social Responsibility, http://www.nachhaltigkeitsrat.de/uploads/media/Broschuere_CSR-Empfehlungen_01.pdf, Zugriff: 09.04.2009.

Rat für Nachhaltige Entwicklung (RNE) (2010): Der Rat für Nachhaltige Entwicklung, http://www.nachhaltigkeitsrat.de/uploads/media/RNE-Fact-Sheet.pdf, Zugriff: 22.01.2010.

Reder, M. (2006): Global Governance, Darmstadt: Wissenschaftliche Buchgesellschaft.

Renn, O./Deuschle, J./Jäger, W./Weimer-Jehle, W. (2007): Leitbild Nachhaltigkeit – Eine normativ-funktionale Konzeption und ihre Umsetzung, Wiesbaden: VS

Ringstetter, M./Kaiser S. (2008): Humanressourcen-Management, München: Oldenbourg.

Rösch, F. (2007): Workbook Nachhaltige und wertorientierte Unternehmensführung, Wie exzellente Unternehmen ihre Zukunft sichern, Ulm: TQU.

Romeike, F. (2004): Lexikon Risiko-Management – 1000 Begriffe rund um das Risikomanagement – nachschlagen, verstehen, anwenden, New York: Wiley.

Rose, I. (2008): Wertemanagement im Unternehmen – Nachhaltige Wertschöpfung und Chancen durch Kooperation, Saarbrücken: VDM.

Rote, Ch. (2009): Arbeitsschutz von A-Z, München: Haufe.

Rost, K./Bedey, B. (2002): Sozialkompetenz, Entwirren des Begriffsdschungels, Hamburg: Diplomica.

Roth, J. (1995): Der Sumpf – Korruption in Deutschland, München: Piper.

Rother, T. (2006): Die Krupps. Durch fünf Generationen Stahl, Frankfurt am Main: Bastei Lübbe.

Rothery, B. (1994): Der Leitfaden zur ISO 9000 – mit QM-Musterhandbuch und Erläuterungen, München/Wien: Carl Hanser.

Rühl, M./Hoffmann, J. (2001): Chancengleichheit managen – Basis moderner Personalpolitik, Wiesbaden: Gabler.

Schaltegger, S./Sturm, A. (1995): Öko-Effizienz durch Öko-Controlling – Zur praktischen Umsetzung von EMAS und ISO 14001, Stuttgart: Schäffer-Poeschel.

Schaltegger, S. (1996): Life Cycle Assessment (LCA) – Quo vadis?, Basel/Boston/Berlin: Birkhäuser.

Schaltegger, S./Wagner, M. (2006): Managing the Business Case for Sustainability – The Integration of Social, Environmental and Economic Performance, Sheffield: Greenleaf.

Schaltegger, S./Herzig, Ch./Kleiber, O./Klinke, Th./Müller, J. (2007): Nachhaltigkeitsmanagement in Unternehmen – Von der Idee zur Praxis: Managementansätze zur Umsetzung von Corporate Social Responsibility und Corporate Sustainability, Bundesministerium für Umwelt, Naturschutz und Reaktorsicherheit (BMU)/Econsense/Centre for Sustainability Managment (Hrsg.), http://www.econsense.de/_PUBLIKATIONEN/_ECONSENSE_PUBLIK/images/econsense_BMU_CSM_Nachhaltigkeitsmanagement_in_Unternehmen.pdf, Zugriff: 22.05.2009.

Schaltegger, S./Müller, M. (2007): CSR zwischen unternehmerischer Vergangenheitsbewältigung und Zukunftsgestaltung in: Schaltegger, S./Müller, M. (Hrsg.), Corporate Social Responsibility: Trend oder Modeerscheinung?, München: oekom.

Scharlau, J. (2009): Socially Responsible Investment, Schriften zum europäischen und internationalen Privat-, Bank- und Wirtschaftsrecht, Band 30, Berlin: De Gruyter.

Schildt, J. (2007): Das NGO-Handbuch – Non Governmental Organisations, Hamburg: Greenpeace Media.

Schimmelpfeng, L./Machmer, D. (1996): Öko-Audit und Öko-Controlling, Taunusstein: Blottner.

Schmackpfeffer, R./D'Ambra, L. (2008): Für eine weiße Weste – Internationaler Standard für Social Responsibility auf dem Weg, in: QZ (Hrsg.), 01/2008, S. 27–29.

Schmidheiny, S. (1992): Kurswechsel – Globale Unternehmerische Perspektive für Entwicklung und Umwelt, München: Artemis und Winkler.

Schmidheiny, S./Holliday, C. O./Hollidsy Jr., Ch. O. (2002): Walking the Talk: The Business Case for Sustainable Development, Sheffield: Greenleaf.

Schmidt, M./Schwegler, R. (2003): Umweltschutz und strategegisches Handeln – Ansätze zur Integration in das betriebliche Management, Wiesbaden: Gabler.

Schmidt-Bleek, F. (2000): Das Mips-Konzept – Weniger Naturverbrauch – mehr Lebensqualität durch Faktor 10, München: Knaur.

Scholten, P. J./Nicholls, S./Olsen, S./Galimidi, B. (2006): SROI – A Guide to Social Return on Investment, Amsterdam: Lenthe.

Schrader, U. (2003): Corporate Citizenship. Die Unternehmung als guter Bürger?, Berlin: Logos.

Schranz, M. (2007): Wirtschaft zwischen Profit und Moral – Die gesellschaftliche Verantwortung von Unternehmen im Rahmen der öffentlichen Kommunikation, Wiesbaden: VS.

Schreck, P. (2009): The Business Case for Corporate Social Responsibility – Understanding and Measuring Economic Impacts of Corporate Social Performance, Heidelberg: Physica.

Schubert, R./Littmann-Wernli, S./Tingler, P. (2002): Corporate Volunteering: Unternehmen entdecken die Freiwilligenarbeit, Bern: Haupt.

Schubert, K./Klein, M. (2006): Das Politiklexikon, Bonn: Dietz.

Schubert, R./Littmann-Wernli, S./Tingler, P. (2002): Corporate Volunteering, Unternehmen entdecken die Freiwilligenarbeit, Bern/Stuttgart/Wien: Paul Haupt.

Schuppisser, S. W. (2002): Stakeholder Management. Beziehungen zwischen Unternehmungen und nicht-marktlichen Stakeholder-Organisationen – Entwicklungen und Einflussfaktoren, Bern: Paul Haupt.

Schwalbach, J./Schwerk, A. (2007): Corporate Governance und die gesellschaftliche Verantwortung von Unternehmen, in: Habisch, A./Neureiter, M./Schmidpeter, R. (Hrsg.), Handbuch Corporate Citizenship: Corporate Social Responsibility für Manager, Berlin: Springer, S. 71–85.

Schwalbach, J. (2008): Corporate Social Responsibility, Wiesbaden: Gabler.

Schwarz, J. (1999): Leichter lernen: Ethik. München: Omnibus

Seele, P. (2007): Is Blue the new Green? Colors of the Earth in Corporate PR and Advertisement to communicate Ethical Commitment and Responsibility, Working Paper des CRR, Heft 3, 2007/1, http://www.responsibility-research.de/resources/CRR+WP+03+seele+blue+green.pdf, Zugriff: 20.02.2010.

Seele, P./Heidbrink, L. (2008): Greenwash, Bluewash und die Frage nach der weißen Weste – Begriffsklärung zum Verhältnis von CSR, PR und Unternehmenswerten, in: FORUM Wirtschaftsethik (Hrsg.), 16. Jg., Nr. 3/2008, http://www.dnwe.de/tl_files/ForumWE/2008/forum_2008_3.pdf, S. 54–56, Zugriff: 20.01.2010.

Seiler-Hausmann, J. D./Liedtke, C. (2001): 10 Jahre Ökoeffizienz: Von Rio de Janeiro nach Johannesburg, in: von Weizsäcker, E. U./Stigson, B./Seiler-Hausmann, J. D. (Hrsg.), Von Ökoeffizienz zu nachhaltiger Entwicklung in Unternehmen, Wuppertal: Institut für Klima, Umwelt, Energie, S. 23–39.

Sheng, Y. K./Carrillo-Rodriquez, J./Eun-Young, L./Perez-Ludena, M./Mukherjee, A. (2007): Access to Basic Services for the Poor – The Importance of good governance, Asia-Pacific MDG Study Series, http://www.unescap.org/pdd/publications/MDG-access2basic-service/MDG-access-to-basic-services.pdf, United Nations Economic and Social Commission for Asia and the Pacific (ESCAP), United Nations Development Programme (UNDP), Asian Development Bank (ADB) (Hrsg.), New York: United Nations.

Sietz, M./Sonnenberg, M./Wrenger, B. (2008): Nachhaltigkeit, Frankfurt am Main: Harri Deutsch.

Simanis, E./Hart, S. L. (2008): The Base of the Pyramid Protocol: Toward Next Generation BoP Strategy, NY: Center for Sustainable Global Enterprise.

Simmons, M. R. (2000): Revisiting The Limits to Growth – Could The Club of Rome Have Been Correct, After All? An Energy White Paper, http://www.greatchange.org/ov-simmons,club_of_rome_revisted.pdf, Zugriff: 19.01.2010.

Simon, E.-M. (2006): Investieren in Chancen, Zeit online, http://www.zeit.de/online/2006/51/Investieren-fuer-Frauen, Zugriff: 21.12.2006.

Simonis, U. E. (2003): Öko-Lexikon, München: Beck.

Sliwka, A./Frank, S. (2004): Service Learning – Verantwortung lernen in Schule und Gemeinde, Weinheim/Basel: Beltz.

Social Accountability International (SAI) (2008): Social Accountability 8000, http://www.sa-intl.org/_data/n_0001/resources/live/2008StdEnglishFinal.pdf, Zugriff: 13.03.2009.

Speth, R. (2006): Advokatorische Think Tanks und die Politisierung des Marktplatzes der Ideen, Arbeitskreis Bürgergesellschaft und Aktivierender Staat, http://library.fes.de/pdf-files/kug/03818.pdf, Bonn: Friedrich-Ebert-Stiftung, Zugriff: 05.09.2009.

Stahlmann, V./Clausen, J. (2000): Umweltleistung von Unternehmen: Von der Öko-Effizienz zur Öko-Effektivität, Wiesbaden: Gabler.

Stach, A./Stach, Th. (2005): Wie Deutschlands umsatzstärkste Unternehmen ihre gesellschaftlich-soziale Verantwortung gestalten und kommunizieren, http://www.stachs.de/c/CSR_studie.pdf, Zugriff: 26.04.2009.

Stampfl, N. S. (2003): Triple Bottom Line Reporting – Eine neue Definition des Unternehmenserfolges, http://www.perspektive-blau.de/artikel/0304c/0304c.htm, Zugriff: 05.10.2009.

Stark, W. (2007): Innovation durch Verantwortung? – Innovationspotentiale durch Konzepte gesellschaftlicher Verantwortung, in: Hafner, S. J./Hartel, J./Bluszcz, O./Stark, W. (Hrsg.), Gesellschaftliche Verantwortung in Organisationen – Fallstudien unter organisationstheoretischen Perspektiven, München und Mering: Rainer Hampp, S. 237–244.

Stark, W./Miller, J./Dickschus, C./Altenschmidt, K./Dunder, O. (2007): Service Learning – Leitfaden für Lehrende, www.uni-aktiv.org/fileadmin/uniaktiv/ 080302_leitfaden_service_learning_01.pdf, Zugriff: 19.01.2010.

Stiglitz, J./Charlton, A. (2006): Fair Trade. Agenda für einen gerechten Welthandel, Hamburg: Murmann.

Stöver, B. (2007): Der Kalte Krieg, Geschichte eines radikalen Zeitalters 1947–1991, München: Beck.

Süß, S./Kleiner, M. (2006): Diversity Management: Verbreitung in der deutschen Unternehmenspraxis und Erklärungen aus neoinstitutionalistischer Perspektive, in: Krell, G./Wächter, H. (Hrsg.), Diversity Management, Impulse aus der Personalforschung, München und Mehring: Rainer Hampp, S. 58–59.

Sydow, J. (1992): Strategische Allianzen, Wiesbaden: Gabler.

Take, I. (2002): NGOs im Wandel: Von der Graswurzel auf das diplomatische Parkett, Wiesbaden: Westdeutscher.

Tanaka, S. (2007): Klimawandel, Hildesheim: Gerstenberg.

Thielemann, U. (2001): „Triple Bottom Line" – wirtschaftsethisch beleuchtet, http://www.iwe.unisg.ch/org/iwe/web.nsf/85174839e19c7d1ec125693800405c df/ed3c9e694a7fae3fc1256ae8003345fe/$FILE/TripleBottomLine.pdf, Zugriff: 20.01.2010.

Thielemann, U./Ulrich, P. (2009): Standards guter Unternehmensführung – Zwölf internationale Initiativen und ihr normativer Orientierungsgehalt, Bern: Haupt.

Thunert, M. (2003): Think Tanks in Deutschland – Berater der Politik?, in: Aus Politik und Zeitgeschichte (Hrsg.), B 51/2003, S.30–38.

Timischil, W. (2007): Qualitätssicherung – Statistische Methoden, München: Carl Hanser.

Töpfer, A. (2004): Six Sigma: Konzeption und Erfolgsbeispiele für praktizierte Null-Fehler-Qualität, Berlin: Springer.

Tremmel, J. (2003): Generationengerechtigkeit – Versuch einer Definition, in: Stiftung für die Rechte zukünftiger Generationen (Hrsg.), Handbuch Generationengerechtigkeit, 2. Auflage. München: oekom, S. 27–80.

Trentmann, C. (2004): METE TET ANSANM – Steckt die Köpfe zusammen! Sozialkapital in ländlichen Basisorganisationen Haitis, Potenzial zur Minderung der Armut?, Dissertation, Justus-Liebig-Universität Gießen, http://geb.uni-giessen.de/geb/volltexte/2004/1572/pdf/TrentmannClaudia-2004–02–27.pdf, Zugriff: 21.11.2009.

Ulmer, M./Juchli, P. (2006): Wertorientierte Unternehmensführung – Management im Spannungsfeld von Kapitalmarkt und Gesellschaft, Bern: Haupt.

Ulrich, P. (2001): Integrative Wirtschaftsethik: Grundlagen einer lebensdienlichen Ökonomie, Bern: Haupt.

Umweltgutachterausschuss (2009): EMAS – Das glaubwürdige Umweltmanagementsystem, Informationen über das europäische Umweltmanagementsystem, April 2009, http://www.uga.de/fileadmin/user_upload/06_service/PDF-Dateien/UGA_Infoblatt-EMAS.pdf, Zugriff: 15.01.2010

Ungericht, B./Raith, D./Korenjak, T.(2008): Corporate Social Responsibility oder gesellschaftliche Unternehmensverantwortung. Kritische Reflexionen, empirische Befunde und politische Empfehlungen, Wien: Lit.

UNICEF (2008): Kinderarbeit. Grenzenlose Ausbeutung, http://www.unicef.de/fileadmin/content_media/Aktionen/Stoppt_Ausbeutung_Weihnachten_2008/PDF/I_0096_Kinderarbeit_2008–11.pdf, Zugriff: 23.01.2009.

Union of International Association (UIA) (o. J.): Criteria for types A-D, http://www.uia.be/node/163553, Zugriff: 30.01.2010.

United Nations (1987): Report of the World Commission on Environment and Development, General Assembly Resolution 42/187, 11. Dezember 1987, http://www.un-documents.net/a42r187.htm, Zugriff: 03.03.2010.

United Nations (1989): Convention on the Rights of the Child, http://www2.ohchr.org/english/law/crc.htm, Zugriff: 08.12.2009.

United Nations (1992a): Agenda 21 – Konferenz der Vereinten Nationen für Umwelt und Entwicklung, http://www.un.org/Depts/german/conf/agenda21/agenda_21.pdf, Zugriff: 08.12.2009.

United Nations (1992b): Rio-Erklärung über Umwelt und Entwicklung: http://www.un.org/Depts/german/conf/agenda21/rio.pdf, Zugriff: 17.04.2009.

United Nations (1992c): Rahmenübereinkommen der vereinten Nationen über Klimaänderungen, http://unfccc.int/resource/docs/convkp/convger.pdf, Zugriff: 18.04.2009.

United Nations (1996): Consultative relationship between the United Nations and non-governmental organizations, Resolution 1996/31, http://www.un.org/documents/ecosoc/res/1996/eres1996–31.htm, Zugriff: 20.01.2010.

United Nations (2000): Substantive Issues arising in the Implementation of the International Covenant on Economic, Social and Cultural Rights: Day of General Discussion organized in Cooperation with the World Intellectual Property Organization (WIPO), http://www.unhchr.ch/tbs/doc.nsf/(Symbol)/6b748989d76d2bb8c125699700500e17?Opendocument, Zugriff: 15.01.2010.

Varian, H. R. (2004): Grundzüge der Mikroökonomik, München: Oldenbourg.

Vennemann, M. (2008): Fürchte Dich nicht, Petrus Romanus – Teil 2 – Anmerkungen, Erklärungen, Literatur, Morrisville, NC: Lulu Enterprises.

Verbeck, A. (1998): TQM versus QM: Eine Einführung in die Thematik des Qualtitätsmanagements für den Praktiker, Zürich: VDF.

Vieser, M. (2009): Der Lumpensammler, in: Der Tagesspiegel (Hrsg.), http://www.tagesspiegel.de/wirtschaft/Recycling-Lumpensammler;art271,2892482, Zugriff: 20.01.2010.

Vogel, D. (2005): The Market for Virtue – The Potentials and Limits of Corporate Social Responsibility, Washington, DC: Brookings Institution Press.

Wagner, G. R. (1995): Konzeptionen betriebswirtschaftlicher Umweltökonomie, in: Junkernheinrich, M./Klemmer, P./Wagner, G. R. (Hrsg.), Handbuch zur Umweltökonomie, Berlin: Analytica, S. 84–88.

Wagner, D./Voigt, B.-F. (2007): Diversity-Management als Leitbild von Personalpolitik, Wiesbaden: DUV.

Waibel, P. (2006): G3: neue Richtlinien der GRI für Nachhaltigkeitsberichterstattung – eine Übersicht, ÖBU – Schweizerische Vereinigung für ökologisch bewusste Unternehmensführung (Hrsg.), http://www.oebu.ch/oebu/downloads/g3_0612.pdf, Zugriff: 19.03.2009.

Wallau, F. (2001): Kreislaufwirtschaftssystem Altauto, Eine empirische Analyse der Akteure und Märkte der Altautoverwertung in Deutschland, Wiesbaden: DUV.

Walker, S. F./Marr, J. W. (2002): Erfolgsfaktor Stakeholder – Wie Mitarbeiter, Geschäftspartner und Öffentlichkeit zu dauerhaftem Unternehmenswachstum beitragen, Landsberg: Moderne Industrie.

Wattendorff, F./Wienemann, E. (2004): Betriebliches Gesundheitsmanagement, in: Gesundheit mit System. Unimagazin, Zeitschriften der Universität Hannover (Hrsg.), Heft 3/4, S. 28–31.

Weimann, J. (1995): Umweltökonomik – Eine theorieorientierte Einführung, Berlin: Springer.

von Weizsäcker, E. U./Lovins, A. B./Hunter Lovins, L. (1997): Faktor vier – Doppelter Wohlstand – halbierter Verbrauch, München: Knaur.

von Weizsäcker, E. U./Seiler-Hausmann, J.-D. (1999): Ökoeffizienz – Management der Zukunft, Basel/Boston/Berlin: Birkhäuser.

von Weizsäcker, E. U./Stigson, B. (2001): Vorwort und Danksagung, in: von Weizsäcker, E. U./Stigson, B./Seiler-Hausmann, J. D. (Hrsg.), Von Ökoeffizienz zu nachhaltiger Entwicklung in Unternehmen, Wuppertal Spezial 18, Wuppertal: Wuppertal Institut, S. 7–10.

Wellhöfer, P. R. (2004): Schlüsselqualifikation Sozialkompetenz, Stuttgart: Lucius & Lucius.

Wentges, P. (2002): Corporate Governance und Stakeholder-Ansatz – Implikation für die betriebliche Finanzwirtschaft, Wiesbaden: DUV.

Werner, H. (2008): Supply Chain Management: Grundlagen, Strategien, Instrumente und Controlling, Wiesbaden: Gabler.

Wertekommission (2009): Sechs Kernwerte, Initiative Werte bewusste Führung, http://www.wertekommission.de/wofuer-wir-stehen/sechskernwerte/, Zugriff: 14.03.2009.

Wicke, L. (1989): Umweltökonomie: eine praxisorientierte Einführung, München: Vahlen.

Wicke, L. (1992): Betriebliche Umweltökonomie: eine praxisorientierte Einführung, München: Vahlen.

Wieland, J. (1999): Die Ethik der Governance, Marburg: Metropolis.

Wigand, K./Haase-Theobald, C./Heuel, M./Stolte, St. (2009): Stiftungen in der Praxis – Recht, Steuern, Beratung, Wiesbaden: Gabler.

Wilke, H. (2006): Global Governance, Bielefeld: Transcript.

Windmüller, S. (2004): Die Kehrseite der Dinge – Müll, Abfall, Wegwerfen als kulturwissenschaftliches Problem, Münster: LIT.

Winistörfer, H. (2008): ISO 26000 Social Responsibility – Nützliches Hilfsmittel oder zusätzliche Belastung?, in: Management und Qualität (Hrsg.), 12/2008, S. 17–20.

Winkler, A. (2008): Gemeinsamkeiten und Unterschiede zwischen Social Entrepreneurs und Business Entrepreneurs in: Braun G./French, M. (Hrsg.), Social Entrepreneurship – Unternehmerische Ideen für eine bessere Gesellschaft, Rostock: HIE-RO, S. 95–119.

Wissenschaftlicher Beirat der Bundesregierung Globale Umweltveränderungen (2005): Welt im Wandel – Armutsbekämpfung durch Umweltpolitik, Berlin: Springer.

Witt, P. (2002): Grundprobleme der Corporate Governance und international unterschiedliche Lösungsansätze, in: Nippa, M./Petzold, K./Kürsten, W. (Hrsg.), Corporate Governance – Herausforderungen und Lösungsansätze, Heidelberg: Physica, S. 41–72.

Wördenweber, B./Wickord, W. (2008): Technologie- und Innovationsmanagement im Unternehmen – Lean Innovation, Berlin: Springer.

Wolke, T. (2008): Risikomanagement, München: Oldenbourg.

World Business Council for Sustainable Development (WBCSD) (2009): About the WBCSD – History of the WBCSD, http://www.wbcsd.org/templates/TemplateWBCSD2/layout.asp?type=p&MenuId=NDEx&doOpen=1&ClickMenu= LeftMenu, Zugriff: 22.09.2009.

Wüthrich, H. A./Osmetz, D./Kaduk, S. (2006): Musterbrecher. Führung neu leben, Wiesbaden: Grabler.

Yunus, M. (2008): Die Armut besiegen, München: Hanser.

Zapf, W. (1989): Über Soziale Innovationen, in: Soziale Welt (Hrsg.), Heft 1/2, S.170–183.

Zell, H. (2007): Projektmanagement – lernen, lehren und für die Praxis, Norderstedt: Books on Demand.

Anhang: Informationsportale

www.bne-portal.de

Für die im Jahre 2002 durch die Vereinten Nationen ausgerufene Weltdekade ‚Bildung für Nachhaltige Entwicklung' (2005 bis 2014) entwickelte die Deutsche UNESCO-Kommission ein Internetportal. Auf der Homepage ‚Bildung für nachhaltige Entwicklung' findet man Informationen über die deutsche und internationale Umsetzung der Weltdekade. Zudem wird über Wettbewerbe, Veranstaltungen zur Bildung für nachhaltige Entwicklung und viele andere Themen informiert.

www.cccdeutschland.org

Das CCCD (Centrum für Corporate Citizenship Deutschland) ist eine gemeinnützige Organisation, welche Foren für den fachlichen Austausch zwischen Corporate Citizen sowie zwischen Unternehmen, Wissenschaft, Politik und Bürgergesellschaft organisiert. Zudem fördert und betreibt es anwendungsorientierte Forschung und ermöglicht Lernprozesse durch Diskussions- und Fortbildungsangebote. Zusätzlich unterstützt das CCCD Kooperationen und Partnerschaften von Unternehmen mit Partnern aus Bürgergesellschaft, Wissenschaft und Politik. Die Organisation dient als sogenanntes Think Space und Kompetenzzentrum sowie als Dialogplattform für ‚Good Corporate Citizens'.

www.corporatecitizen.de

Anhand einer soliden Grundlage an interdisziplinärem Allgemeinwissen und einem aktuellen Wissensstand betreut das ‚Center for Corporate Citizenship' ein eigenes Netzwerk, mit dem es die Forschung und die Praxis unterstützt. Durch ein geeignetes Forum fördert es den Austausch von Wissen, Gedanken und Forschungsfragen. Zudem wird eine Basis zur Entwicklung von Ideen in die Gesellschafts- und Wirtschaftspraxis geboten.

www.csr-akademie.de

Die ‚dokeo CSR-Akademie' ist ein Netzwerk mit hochqualifizierten und erfahren Experten, welche sich mit den Themen Corporate Social Responsibility, Nachhaltigkeit und Umwelt beschäftigt. Sie unterstützen große Unternehmen bei der Implementierung dieser Fragen und Problematiken.

www.csr-blackboard.de

Die Plattform ist eine Datenbank für Studenten und Wissenschaftler, die einen freien Zugang zu Wissen und Information gewährleistet. Neben wissenschaftlichen Arbeiten, Referaten und anderen Textdokumenten aus dem Bereich CSR und Nachhaltigkeit werden zudem Literaturempfehlungen, Veranstaltungshinweise und Praktika angeboten. Der Grundgedanke des Konzeptes ist die Schaffung einer Community durch einen freien Up- und Download.

www.csr-in-deutschland.de

Das Bundesministerium für Arbeit und Soziales (BMAS) entwickelt unter dem Leitbegriff ‚UnternehmensWerte' die nationale Corporate-Social-Responsibility-Strategie der Bundesregierung. Grund für die Entwicklung einer solchen Plattform war die Konferenz ‚Unternehmen in Verantwortung – ein Gewinn für alle'. Das im Januar 2009 berufene CSR-Forum durch das BMAS hat die Aufgabe, die Entwicklung von Empfehlungen für die nationale CSR-Strategie und später die Begleitung und die Unterstützung ihrer Umsetzung zu ermöglichen.

www.csr-mittelstand.de

Das durch die Stadt Detmold durchgeführte bzw. geförderte Informationsportal ‚Zukunft Mittelstand! – Erfolgsfaktor gesellschaftliches Engagement/ Corporate Social Responsibility' will kleine und mittelständische Unternehmen über die Implementierung von Corporate Social Responsibility informieren und beraten. Zur erfolgreichen Umsetzung wird auf Einzelgespräche, Workshops, Vorträge und Informationsmaterial zurückgegriffen.

www.csr-news.net

Im Bereich der Corporate Social Responsibility, mit etwa 100.000 Besuchern pro Monat, gehört CSR NEWS zu einer der meistbesuchten Informationsplattformen weltweit. CSR NEWS ist Eigentum der ‚Stiftung Unternehmensverantwortung', welche ihren Mitgliedern einen Überblick über die gesellschaftliche Verantwortung von Unternehmen und allen dazugehörigen Themen gibt.

www.csr-weltweit.de

Im Jahre 2008 entstand auf Initiative des Auswärtigen Amtes und der Bertelsmann Stiftung in Zusammenarbeit mit politischen und wirtschaftlichen Partnern das Informationsportal ‚CSR WeltWeit – Deutsche Unternehmen Global Engagiert'. Das Ziel dieses Informationsportals ist die Unterstützung gesellschaftlichen Engagements deutscher Unternehmen im Ausland. Durch ein umfangreiches Informationsangebot hilft ‚CSR WeltWeit' Unternehmen ihre CSR-Aktivitäten an die internationalen gesellschaftlichen Bedürfnisse auszurichten. Zur Zielgruppe gehören Führungspersonen deutscher klein- und mittelständischer Unternehmen sowie Vertreter großer Unternehmen mit Auslandsniederlassungen.

www.csrgermany.de

Das durch den Bundesverband der Deutschen Industrie (BDI) und des Bundesverbandes der Deutschen Arbeitgeberverbände (BDA) zur Verfügung gestellt Internetportal ermöglicht der Öffentlichkeit ein umfangreiches und vielfältiges Engagement der Unternehmen darzustellen, ein CSR-Netzwerk zu schaffen und den Austausch von Erfahrungen zu fördern.

www.dnwe.de

Das Ziel des ‚Deutschen Netzwerk Wirtschaftsethik' ist es, den gedanklichen Austausch von Informationen und Ideen im Sinne von ethischen Fragen zu fördern. Das DNWE wurde im Jahre 1987 gegründet und ist ein nationaler Verband des European Business Network (EBEN). EBEN hat derzeit mehr als 1100 Mitglieder in unterschiedlichen Ländern.

www.econsense.de

ECONSENSE (Forum Nachhaltige Entwicklung der Deutschen Wirtschaft e. V.) ist eine globale Vereinigung agierender Unternehmen und Organisationen der deutschen Wirtschaft zu den Themengebieten Corporate Social Responsibility und nachhaltige Entwicklung. Die Internetplattform ist als Think Tank und Dialogplattform einzuordnen.

www.nachhaltigkeit.info

Das Internet-Lexikon ‚Lexikon der Nachhaltigkeit' wurde durch die Aachener Stiftung ‚Kathy Beys' im Jahr 2000 entwickelt. Seit dem Jahr 2002 hat sich das Internet-Lexikon als Wissensdatenbank zum Thema Nachhaltigkeit etabliert. Neben der Einsicht in viele Wissensquellen wird dem Besucher ermöglicht, eigene Artikel zu schreiben und zu veröffentlichen.

www.nachhaltigkeitsrat.de

Der durch die Bundesregierung im Jahre 2001 berufene Rat für Nachhaltige Entwicklung hat die Aufgabe, die Öffentlichkeit in ihrer Nachhaltigkeitspolitik zu beraten und soll anhand von Vorschlägen zu Zielen und Indikatoren zur Entwicklung der Nachhaltigkeitsstrategie beitragen. Zudem sollen Projekte die Umsetzung dieser Strategien unterstützen, welche durch den Rat für Nachhaltige Entwicklung vorgeschlagen werden. Des Weiteren besteht die Aufgabe des Rates darin, einen gesellschaftlichen Dialog zu entwickeln und zu fördern, welcher durch das Aufzeigen von Folgen gesellschaftlichen Handelns und Diskussionen verschiedener Lösungsansätze ermöglicht wird.

www.sneep.info

S.N.E.E.P. (Student Network for Ethics in Economic Education and Practice)' ist eine Plattform und ein Forum für nachhaltiges Wirtschaften für interessierte Studierende. Themen sind Corporate Social Responsibility, Öko-soziale Marktwirtschaft und Bereiche der Wirtschaftsethik. S.N.E.E.P. bietet zudem eigene Veranstaltungen an und vermittelt u. a. Praktika an Studierende.

www.upj-online.de

Die UPJ e.V. (Unternehmen: Partner und Jugend) ist ein bundesweites Netzwerk von Unternehmen, gesellschaftlichen Mittlerorganisationen und Persönlichkeiten aus Wirtschaft und Verwaltung. Zur Lösung von gesellschaftlichen Problemen ermöglicht die UPJ unter dem Motto ‚Soziale Kooperation macht Sinn' eine langfristige Zusammenarbeit dieser Akteure.

Über die Autoren

Jan Jonker – Prof. Dr.; Professor an der Nijmegen School of Management (NSM) an der Radboud University Nijmegen (NL); seit über 20 Jahren als Wirtschaftsberater aktiv, insbesondere mit dem Fokus auf Corporate Social Responsibility in Verbindung mit der Entwicklung von Geschäftskonzepten, -strategien und Implementierung; Er unterrichtet in den Niederlanden, England, Frankreich und Deutschland die Themengebiete Organisationstheorie, Organisationsveränderung, qualitative Forschungsmethoden, Total Quality Management (TQM), Sustainable Development (SD) and Corporate Social Responsibility (CSR); Autor von über 20 Büchern und 150 Artikeln: u. a. CSR across Europe (2005), The Challenge of Organising and Implementing CSR (2006), Management Models for CSR (2006), und Management Models for the Future (2009); Msc von der Leiden University und PhD von der Radboud University Nijmegen (NL); janjonker@wxs.nl.

Wolfgang Stark – Prof. Dr.; Gründer und Leiter des Labors für Organisationsentwicklung (www.orglab.de) an der Universität Duisburg-Essen; praxisbezogene forschende Lehre an der Zollverein School for Management and Design (www.zollvereinschool.de) und am Instituto Superior Psicologia Aplicada (www.ispa.pt) in Lissabon (Gastprofessur); langjähriger Leiter des Weiterbildungsstudiengangs ‚Personal- und Organisationsentwicklung' im Haus der Technik (Essen); Studium der Psychologie, Pädagogik, Philosophie, Betriebs- und Volkswirtschaftslehre an der Universität Würzburg und der TU Berlin; Arbeitsschwerpunkte sind u. a. Management und Organisationskultur, Führung und Nachhaltigkeit in Organisationen, Corporate Social Responsibility und Corporate Citizenship, Lernen in Organisationen, Social Entrepreneurship, Empowerment, Bürgerschaftliches Engagement und Partizipationsforschung; seine Arbeit wurde mehrfach ausgezeichnet – u. a. mit einem Jimmy and Rosalynn Carter Campus Community Partnership Award 2007 und der Auswahl als „Ausgewählter Ort im Land der Ideen 2008"; wolfgang.stark@uni-due.de.

Stefan Tewes – Dipl.-Kfm.; wissenschaftlicher Mitarbeiter am Labor für Organisationsentwicklung an der Universität Duisburg-Essen; Studium der

Wirtschaftswissenschaften und Business Administration an der Mercator School of Management (Duisburg), der Lander University, SC (Greenwood) und der Universität Duisburg-Essen (Essen); Hauptforschungsgebiet ist aktuell die Entwicklung einer systemdynamischen Wirkungsanalyse von Corporate Social Responsibility; stefan.tewes@uni-due.de.

Alle drei Autoren arbeiten seit Herbst 2009 an der Entwicklung eines internationalen Post-Masterstudiengangs im Bereich CSR. Zusammen mit verschiedenen Partnern in Europa wird dieses Projekt von der EU gefördert.

Printed by Printforce, the Netherlands